Gesetz,
betreffend die Abänderung des Siebenten Titels im Allgemeinen Berggesetze für die Preußischen Staaten vom 24. Juni 1865,

vom 19. Juni 1906

(von den Knappschaftsvereinen)

nebst Kommentar

von

Otto Steinbrinck,
Geheimem Oberbergrat und vortragendem Rat im Ministerium
für Handel und Gewerbe.

Berlin 1906.
J. Guttentag, Verlagsbuchhandlung,
G. m. b. H.

Vorwort.

Durch das Gesetz vom 19. Juni 1906, betreffend die Abänderung des 7. Titels im Allgemeinen Berggesetze vom 24. Juni 1865, hat der von den Knappschaftsvereinen handelnde Titel 7 des Berggesetzes eine völlige Neugestaltung erfahren. Ein erheblicher Teil der durch das Gesetz getroffenen neuen Vorschriften enthält wesentliche Abänderungen des bisherigen Rechtszustandes. Diese Abänderungen berühren einmal die Rechte und Pflichten der Knappschaftsmitglieder wie der beteiligten Werksbesitzer. Ferner enthalten diese Abänderungen erhebliche Eingriffe in die bestehende Organisation sowie in die bisherige Geschäftsführung der einzelnen Knappschaftsvereine und werden daher eine Umarbeitung der zur Zeit in Geltung befindlichen Knappschaftssatzungen zur Folge haben. Die Vornahme dieser Satzungsänderung wird zudem mannigfache Vorarbeiten innerhalb eines verhältnismäßig kurz bemessenen Zeitraums erfordern. Endlich werden durch die abgeänderten gesetzlichen Vorschriften den Aufsichtsbehörden neue bedeutsame Aufgaben zugewiesen.

Die am preußischen Knappschaftswesen beteiligten Kreise werden sich daher mit den durch das neue Gesetz veranlaßten wesentlichen Änderungen des bisherigen Rechtszustandes baldigst vertraut machen müssen. Die alsbaldige Herausgabe eines Kommentars, der sowohl die Ziele des Gesetzes als auch dessen einzelne Bestimmungen näher erläutert, dürfte diesen Kreisen ihre in mancher Beziehung nicht einfache Aufgabe erleichtern und daher nicht unwillkommen sein, wenngleich die zu dem Gesetz zu erwartenden Ausführungsvorschriften naturgemäß zur Zeit noch nicht erlassen sind und somit bei der vorliegenden Arbeit noch nicht haben Berücksichtigung finden können.

Das dem Kommentar beigegebene ausführliche Sachregister, das von dem Geheimen expedierenden Sekretär uud Kalkulator im Ministerium für Handel und Gewerbe, Herrn Rechnungsrat Pohl aufgestellt ist, wird sich für die Benutzung des Kommentars förderlich erweisen.

Berlin, im Juni 1906.

Steinbrinck.

Inhaltsverzeichnis.

Abkürzungen.

ABG. = Allgemeines Berggesetz vom 24. Juni 1865 (GS. S. 705).

AH. = Haus der Abgeordneten.

Arbeiter-Versorgung = Die Arbeiter-Versorgung. Zentralorgan für das gesamte Kranken-, Unfall- und Invaliden-Versicherungswesen im Deutschen Reiche. Berlin-Grunewald.

Arndt = Kommentar zum Allgemeinen Berggesetz, 2. Aufl., Halle (Saale), 1888.

Art. = Artikel.

Bd. = Band.

Begr. = Begründung zu dem Entwurf eines Gesetzes, betreffend die Abänderung des 7. Titels im Allgemeinen Berggesetze vom 24. Juni 1865. Drucksachen des Hauses der Abgeordneten, Session 1905/06, A zu Nr. 24.

BGB. = Bürgerliches Gesetzbuch.

Brassert = Kommentar zum Allgemeinen Berggesetz, Bonn 1888.

Ges. = Gesetz.

GS. = Gesetz-Sammlung für die Königlich Preußischen Staaten.

GUVG. = Gewerbe-Unfallversicherungsgesetz in der Fassung der Bekanntmachung vom 5. Juli 1900 (RGBl. S. 585).

Handb. der Unfallvers. = Handbuch der Unfallversicherung. Die Reichs-Unfallversicherungsgesetze, dargestellt von Mitgliedern des Reichs-Versicherungsamts nach den Akten dieser Behörde. Leipzig 1901.

HH. = Herrenhaus.

IVG. = Invalidenversicherungsgesetz in der Fassung der Bekanntmachung vom 19. Juli 1899 (RGBl. S. 463).

Klostermann-Fürst = Kommentar zum Allgemeinen Berggesetz, 5. Aufl., Berlin, 1896.

KommBerAH. = Bericht der Kommission des Abgeordnetenhauses. Drucksachen des Hauses der Abgeordneten, Session 1905/06, Nr. 802.

KommBerHH. = Bericht der Kommission des Herrenhauses. Drucksachen des Herrenhauses, Session 1905/06, Nr. 125.

Kompaß = Der Kompaß. Organ der Knappschafts-Berufsgenossenschaft für das Deutsche Reich. Herausgegeben im Selbstverlage des Berufsgenossenschaftsvorstandes. Berlin.

KVG. = Krankenversicherungsgesetz in der Fassung der Bekanntmachung vom 10. April 1892 (RGBl. S. 417) mit den durch die Novellen vom 30. Juni 1900 (RGBl. S. 332) und vom 25. Mai 1903 (RGBl. S. 233) herbeigeführten Änderungen.

MinBesch. = Bescheid des Ministers für Handel und Gewerbe bezw. der öffentlichen Arbeiten.

MinErl. = Erlaß des Ministers für Handel und Gewerbe bezw. der öffentlichen Arbeiten.

OberlGer. = Oberlandesgericht.

Obertrib. = Obertribunal.

OberverwGer. = Oberverwaltungsgericht.

PreußVerwBl. = Preußisches Verwaltungs-Blatt. Wochenschrift für Verwaltung und Verwaltungsrechtspflege in Preußen. Berlin.

RekBesch. = Rekurs-Bescheid des Ministers für Handel und Gewerbe bezw. der öffentlichen Arbeiten.

RG. = Reichsgericht.

RGBl. = Reichs-Gesetzblatt.

S. = Seite.

Urt. = Urteil.

Verfg. = Verfügung.

Verord. = Verordnung.

Zeitschr. f. Bergr. = Zeitschrift für Bergrecht. Früher Cöln und Bonn, jetzt Berlin.

Einleitung.

Das Allgemeine Berggesetz vom 24. Juni 1865 stellt den Knappschaftsvereinen die doppelte Aufgabe, den in bergbaulichen Betrieben beschäftigten Arbeitern einerseits in Krankheitsfällen eine ausreichende Krankenunterstützung und andererseits im Falle ihrer Unfähigkeit zur Berufsarbeit eine laufende Invalidenunterstützung sowie im Falle ihres Todes weitere laufende Unterstützungen an die hinterbliebenen Witwen und Waisen zu gewähren. Die Vorschriften des von den Knappschaftsvereinen handelnden Siebenten Titels im Allgemeinen Berggesetze haben bisher noch keine Abänderung durch die Landesgesetzgebung erfahren. Sie waren in ihren Grundzügen in das Allgemeine Berggesetz übernommen aus dem preußischen Knappschaftsgesetz vom 10. April 1854 (GS. S. 139), stehen also jetzt über ein halbes Jahrhundert in Geltung. Zur Zeit des Erlasses dieser Vorschriften steckte das preußische Knappschaftswesen im Vergleich zu den heutigen Verhältnissen noch in den Kinderschuhen. Die bisherigen gesetzlichen Vorschriften müssen daher in vielfachen Beziehungen heute als veraltet bezeichnet werden. Hinzu kommt, daß der Knappschaftstitel des Allgemeinen Berggesetzes durch die Reichsgesetzgebung — insbesondere die Arbeiterversicherungsgesetzgebung des Reiches — in einem Maße geändert und beeinflußt ist, daß nur kundige Spezialisten mit Sicherheit zu beurteilen vermögen, ob eine einzelne Vorschrift noch zu Recht besteht, oder in welchem Maße sie durch die Reichsgesetzgebung abgeändert ist. Das Bedenklichste indessen ist, daß die dauernde Leistungsfähigkeit vieler Knappschaftsvereine nicht ausreichend sichergestellt erscheint, und daß die bisherige Gesetzgebung keine Handhabe bot, um den hieraus drohenden Gefahren begegnen zu können. Berücksichtigt man dabei die Tatsache, daß die preußischen Knappschaftsvereine im Jahre 1904 mehr als 660000 aktive Mitglieder in sich vereinten, denen die gesamte Krankenunterstützung — und zwar in dem gleichen Mindestmaße, wie dies für die Betriebskrankenkassen durch das Krankenversicherungsgesetz vorgeschrieben ist — zu gewähren ist, daß diese Knappschaftsvereine daneben und außerdem im Jahre 1904 an mehr als 69000 Berufsinvaliden, 56000 Witwen und 48000 Waisen fortlaufende Pensionen zu entrichten hatten, und daß der Gesamtbetrag der neben der vollen reichsgesetzlichen Krankenunterstützung sowie unabhängig von den reichsgesetzlichen Unfall- und Invalidenrenten im Jahre 1904 gewährten fortlaufenden Pensionen sich auf nahezu 28½ Millionen Mark belaufen hat, so erhellt ohne weiteres, daß die dauernde Leistungsfähigkeit der Knappschaftsvereine für weite Volkskreise von ganz außerordentlicher Bedeutung ist.

Das vorliegende Gesetz stellt sich hiernach die Aufgabe, einmal die berggesetzlichen Bestimmungen über das Knappschaftswesen mit den für letzteres maßgebenden Vorschriften der Reichsgesetzgebung in Einklang zu bringen und sodann die Lücken und Mängel zu beseitigen, welche die bisherigen berggesetzlichen Vorschriften über die Knappschaftsvereine sachlich aufweisen.

Hinsichtlich dieser sachlichen Änderungen sieht das Gesetz als seine Hauptaufgabe an, auf tunlichste Sicherstellung der den einzelnen Knappschaftsvereinen obliegenden Leistungen hinzuwirken. Das preußische Knappschaftswesen krankt in dieser Beziehung bisher an zwei Hauptübelständen: einmal an der ungemeinen Zersplitterung in eine übergroße Zahl von Knappschaftsvereinen und sodann an der Tatsache, daß bei den meisten Knappschaftsvereinen früher, und zum Teil noch jetzt, Beiträge und Leistungen nicht nach sachgemäßen Grundsätzen bemessen worden sind. Die hauptsächlichsten Gefahren drohen den Knappschaftsvereinen vor allem aus einer unsachgemäßen Bemessung der Beiträge für die Pensionskassen. In dieser Beziehung verlangt das Gesetz fortan eine derartige Bemessung der Beiträge, daß letztere unter Hinzurechnung der etwaigen weiteren Einnahmen der Pensionskasse und unter Berücksichtigung aller sonstigen für die Leistungsfähigkeit des Knappschaftsvereins in Betracht kommenden Umstände die dauernde Erfüllbarkeit der Pensionskassenleistungen ermöglichen. Neben den zur Durchführung dieses Grundsatzes notwendigen Befugnissen gewährt das Gesetz in dieser Beziehung der Aufsichtsbehörde noch weitere Befugnisse, die zugleich geeignet sind, dem zweiten Hauptübel, der übermäßigen Zersplitterung der Knappschaftsvereine, entgegenzutreten.

Einem weiteren erheblichen Mißstand des heutigen Knappschaftswesens sucht das Gesetz durch seine Vorschriften über die Erhaltung der Pensionskassenansprüche ausscheidender Mitglieder zu begegnen, und zwar einmal durch Einführung eines gesetzlichen Gegenseitigkeitsverhältnisses aller preußischen Knappschaftsvereine und sodann durch die Gewährung der Möglichkeit, unter gewissen Umständen die bis zum Ausscheiden aus einem Verein erworbenen Ansprüche gegen Entrichtung einer mäßigen Anerkennungsgebühr aufrecht zu erhalten.

Ferner haben die Rechtsmittel gegen die Entscheidungen über Mitgliederansprüche durch das Gesetz eine Neuregelung erfahren. Diese Neuregelung beseitigt Unzuträglichkeiten, welche mit der bisherigen Regelung verbunden waren, und enthält zugleich eine Annäherung an die in dieser Beziehung in Betracht kommenden Grundsätze der Arbeiterversicherungsgesetzgebung des Reiches.

Weitere bedeutsame Änderungen betreffen die Aufbringung der Mittel für die den Knappschaftsvereinen obliegenden Leistungen. Die bisherige Vorschrift, daß die Werksbesitzer mindestens die Hälfte der Beiträge der von ihnen beschäftigten beitrittspflichtigen Mitglieder zu entrichten hatten, ist namentlich mit Rücksicht auf den Umstand, daß nach den bisherigen und künftigen gesetzlichen Bestimmungen Vorstand und Generalversammlung sich je zur Hälfte aus Vertretern der Werksbesitzer und der Mitglieder zusammensetzen, dahin geändert worden, daß die Werksbesitzer die gleichen Beiträge zu entrichten haben wie die von ihnen beschäftigten beitrittspflichtigen Mitglieder. Ferner beseitigt der Entwurf den bisher in einzelnen Knappschaftsvereinen noch bestehenden Mißstand, daß auch diejenigen Mitglieder, welche satzungsgemäß keine Anwartschaft auf Pensionskassenleistungen erwerben können, gleichwohl zu den gleichen oder annähernd gleichen Beiträgen herangezogen wurden wie die vollberechtigten Mitglieder.

Weiter trifft das Gesetz neue Vorschriften über Erwerb und Verlust der Mitgliedschaft, um in dieser Beziehung bei der Handhabung der bisherigen Vorschriften entstandene Zweifel und Mißstände zu beseitigen.

Endlich berührt das Gesetz durch mehrere neue Vorschriften auch die Organisation der Knappschaftsvereine. Von besonderer Bedeutung zugleich auch für die angestrebte Sanierung der Knappschaftsvereine ist in dieser Beziehung die Vorschrift des Gesetzes, wonach die den Knappschaftsvereinen gesetzlich obliegenden, ihrem Wesen nach verschiedenen Versicherungszweige — die Krankenversicherung einerseits und die Invaliden-, Witwen- und Waisenversicherung andererseits — innerhalb der einzelnen Knappschaftsvereine rechnungsmäßig voneinander getrennt gehalten werden müssen.

Endlich mag hier nicht unerwähnt bleiben, daß auch die Auflösung der Knappschaftsvereine, über welche das bisherige Gesetz keine näheren Vorschriften enthielt, im gegenwärtigen Gesetz einer Regelung unterzogen worden ist.

Der dem gegenwärtigen Gesetz zugrunde liegende Regierungsentwurf ist nach eingehendem Benehmen mit den Interessenten, insbesondere dem Allgemeinen Deutschen Knappschaftsverband, welchem fast sämtliche preußische Knappschaftsvereine als Mitglieder angehören, aufgestellt worden. Dem endgültigen Gesetzentwurf sind zwei vorläufige Gesetzentwürfe vorausgegangen, welche in den Jahren 1900 und 1903 zur Kenntnis der Knappschaftsvereine gebracht und von diesen bzw. dem Allgemeinen Deutschen Knappschaftsverband unter Beteiligung von Regierungsvertretern insbesondere in den Jahren 1902/03 eingehend beraten worden sind. Der hierauf aufgestellte, mit ausführlicher Begründung versehene endgültige Gesetzentwurf ist im Dezember 1905 dem Abgeordnetenhause vorgelegt worden (Drucks. Nr. 24 des AH. 1905/06). Nach der in der Sitzung des Abgeordnetenhauses vom 22. Januar 1906 stattgehabten ersten Lesung wurde der Gesetzentwurf einer besonderen Kommission von 21 Mitgliedern zur Vorberatung überwiesen. Diese Kommission hat über ihre Tätigkeit und die Arbeiten der von ihr zur Vorberatung einiger Anträge bestellten Subkommission unter dem 11. Mai 1906 dem Abgeordnetenhause schriftlichen Bericht erstattet (Drucks. Nr. 302 des AH. 1905/06). Das Abgeordnetenhaus hat darauf in den Sitzungen vom 16. Mai in zweiter Lesung und vom 21. Mai in dritter Lesung über den Gesetzentwurf beraten und ihn in der Sitzung vom 22. Mai im wesentlichen in der dem Entwurf von der Kommission gegebenen Fassung endgültig angenommen. Das Abgeordnetenhaus hat sich dabei den Grundzügen des Regierungsentwurfs durchweg angeschlossen, jedoch an einer Anzahl von Einzelbestimmungen des Entwurfs Änderungen beschlossen.

Die bedeutsamste dieser Änderungen besteht in der Beseitigung der Vorschrift des Regierungsentwurfs, wonach die zur Teilnahme an der Verwaltung berufenen Vertreter der Mitglieder, die sog. Knappschaftsältesten, in geheimer Wahl gewählt werden mußten. Nach dem Beschlusse des Abgeordnetenhauses soll vielmehr der bisherige Rechtszustand insoweit aufrecht erhalten werden, als die Vereinssatzung darüber zu bestimmen hat, ob die Wahl der Knappschaftsältesten bei den betreffenden Knappschaftsvereinen öffentlich oder geheim erfolgen soll. Weiter hat das Abgeordnetenhaus, den Grundsätzen der Reichsversicherungsgesetzgebung folgend, die im Regierungsentwurf aufrecht erhaltene Möglichkeit beseitigt, wonach durch die Satzung auch den invaliden Mitgliedern die Wählbarkeit zum Knappschaftsältesten beigelegt werden konnte. Ferner hat das Abgeordnetenhaus hinsichtlich der Zusammensetzung des Knappschaftsvorstandes und des bei Stimmengleichheit im Vorstand einzuschlagenden Verfahrens in den Regierungsentwurf Bestimmungen eingefügt, welche bezwecken, die ordnungsmäßige Verwaltung der Knappschaftsvereine zu erleichtern. Endlich hat das Abgeordnetenhaus als Rechtsmittel gegen die Entscheidungen des Oberbergamts als Aufsichtsbehörde in einigen für die Knappschaftsvereine besonders bedeutsamen Angelegenheiten die Beschwerde an das durch das gegenwärtige Gesetz neu gebildete Oberschiedsgericht in Knappschaftsangelegenheiten vorgesehen an Stelle des im Regierungsentwurf auch für diese Fälle vorgesehenen Rekurses an den Handelsminister. Die übrigen vom Abgeordnetenhause beschlossenen sachlichen Änderungen des Regierungsentwurfs sind nicht von solcher Bedeutung, daß sie an dieser Stelle einer besonderen Erwähnung bedürften.

Die hiernach dem Gesetzentwurf gegebene Fassung ist durch ein Kompromiß zwischen den maßgebenden Parteien des Abgeordnetenhauses unter Zurückstellung der von den einzelnen Parteien gehegten Sonderwünsche vereinbart worden und hat dazu geführt, daß der Gesetzentwurf in der Schlußabstimmung mit überwältigender Mehrheit Annahme gefunden hat.

Im Herrenhause ist der Gesetzentwurf zunächst von der Kommission für Handels- und Gewerbe-Angelegenheiten durchberaten worden. Die Kommission hat über ihre Tätigkeit dem Herrenhause unter dem 26. Mai 1906 schriftlich Bericht erstattet (Drucks. Nr. 125 des HH. 1905/06) und die unveränderte Annahme des Gesetzes in der vom Abgeordnetenhause beschlossenen Fassung beantragt. Das Herrenhaus hat den Gesetzentwurf in der Sitzung vom 30. Mai 1906 beraten und bei der Abstimmung mit einer an Einstimmigkeit grenzenden Mehrheit in der vom Abgeordnetenhause beschlossenen Fassung angenommen.

Der Gesetzentwurf ist darauf in der vom Landtag beschlossenen Fassung als „Gesetz, betreffend die Abänderung des Siebenten Titels im Allgemeinen Berggesetze vom 24. Juni 1865, vom 19. Juni 1906“ in der am 28. Juni 1906 ausgegebenen Nr. 28 der Gesetz-Sammlung für die Königlich Preußischen Staaten Seite 199 ff. veröffentlicht worden.

Gesetz,

betreffend die Abänderung des Siebenten Titels im Allgemeinen Berggesetze vom 24. Juni 1865. Vom 19. Juni 1906.

Wir Wilhelm, von Gottes Gnaden König von Preußen rc. verordnen unter Zustimmung beider Häuser des Landtags Unserer Monarchie, was folgt:

Artikel I.

Der Siebente Titel im Allgemeinen Berggesetze für die Preußischen Staaten vom 24. Juni 1865 (Gesetz-Samml. S. 705 ff.) erhält folgende Fassung:

§ 165.

Für die Arbeiter, welche auf den dem gegenwärtigen Gesetz unterworfenen[1] Bergwerken, Aufbereitungsanstalten,[2] Salinen[3] und den zugehörigen Betriebsanstalten[4] beschäftigt sind,[5] sollen,[6] soweit das Gesetz nicht besondere Ausnahmen vorsieht,[7] Knappschaftsvereine bestehen, welche den Zweck haben, ihren Mitgliedern und deren Angehörigen nach näherer Bestimmung des Gesetzes[8] und der Satzungen[9] (§ 169) Unterstützungen zu gewähren.

Inwieweit auch die Werksbeamten und die Verwaltungsbeamten der Knappschaftsvereine zum Beitritte verpflichtet und berechtigt sind, bestimmt sich nach den §§ 171 und 172.[10]

Sind mit den im Abs. 1 bezeichneten Werken zugleich Gewerbsanlagen verbunden, welche nicht unter der Aufsicht der Bergbehörde stehen,[11] so können[12] die bei diesen Gewerbsanlagen beschäftigten Arbeiter und Beamten[13] auf den gemeinschaftlichen Antrag der Werksbesitzer und der Mehrheit der künftigen beitrittspflichtigen Mitglieder[14] durch den Knappschaftsvorstand in den Knappschaftsverein aufgenommen werden.

[1] **Die dem gegenwärtigen Gesetze unterworfenen Bergwerke** usw. sind nicht nur diejenigen Betriebe, auf welche das Allgemeine Berggesetz vom 24. Juni 1865 unmittelbare Anwendung findet, sondern auch diejenigen, auf welche sein 7. Titel nachträglich durch besondere Gesetze oder Verordnungen ausgedehnt worden ist (vgl. auch Art. II dieses Gesetzes). Neben dem gesamten auf Verleihung beruhenden Bergbau unterliegen den Vorschriften des 7. Titels hiernach der Braunkohlenbergbau im Bereich des westpreußischen Provinzialrechts vom 19. April 1844 (ABG. § 210), der Stein- und Braunkohlenbergbau im Bereich des kursächsischen Mandats vom 19. August 1743 (Ges. v. 22. Februar 1869 § 9 Buchst. e, GS. S. 401) und des Fürstentums Calenberg (Verord., betr. Einführung des ABG. in das Gebiet des vormaligen Königreichs Hannover, vom 8. Mai 1867 Art. XIII, GS. S. 601), der Stein- und Kalisalzbergbau in der Provinz Hannover (Ges. v. 14. Juli 1895 § 1 Ziff. 7, GS. S. 295) und die linksrheinischen Dachschiefer-, Traß- und Basaltlavabrüche (§ 214a des ABG. in der Fassung des Ges. v. 7. Juli 1902, GS. S. 255). Dagegen unterliegt der Eisenerzbergbau in dem Herzogtum Schlesien und der Grafschaft Glatz den Vorschriften des 7. Titels nicht (§ 211b des ABG. in der Fassung des Ges. v. 8. April 1894 GS. S. 41).

[2] Nach § 196 Abs. 2, § 58 ABG. unterstehen dem gegenwärtigen Gesetz diejenigen Aufbereitungsanstalten, die vom Bergwerkseigentümer zur Aufbereitung der eigenen Bergwerkserzeugnisse betrieben werden.

[3] In der Provinz Hannover unterstehen nach Art. II der Verordnung, betr. die Einführung des ABG. in das Gebiet des

vormaligen Königreichs Hannover, vom 8. Mai 1867 (GS. S. 601) die Salinen dem Knappschaftszwange nicht. An diesem Rechtszustand ist auch durch das Gesetz, betr. die Ausdehnung verschiedener Bestimmungen des ABG. vom 24. Juni 1865 auf den Stein- und Kalisalzbergbau in der Provinz Hannover, vom 14. Juli 1895 (GS. S. 295) nichts geändert worden.

4 Daß nicht nur die in Abs. 1 genannten Betriebe im engsten Sinne, sondern auch die zu ihnen gehörigen und mit ihnen zu einem einheitlichen Betriebe verbundenen Betriebsanstalten dem Knappschaftszwange unterliegen, entspricht der bisherigen Praxis.

5 Daß die Mitgliedschaft schon mit der Beschäftigung — nicht erst wie bisher mit dem Beitritt — beginnen soll, entspricht dem Charakter der Knappschaftsvereine als Zwangskassen und den Vorgängen bei der Arbeiterversicherungsgesetzgebung des Reiches. Begr. S. 4.

6 Der Ausdruck „sollen" des bisherigen Gesetzes ist in bewußtem Gegensatz zum Ausdruck „müssen" beibehalten worden, weil für einzelne isoliert gelegene, kleinere knappschaftspflichtige Betriebe der Knappschaftszwang bisher noch nicht hat durchgeführt werden können. Begr. S. 4; KommBerAH. S. 4.

7 Eine besondere Ausnahme ist vorgesehen für den schlesischen Eisenerzbergbau und die Salinen in der Provinz Hannover; vgl. oben Anm. 1 und 3.

8 Hinsichtlich der den Knappschaftsvereinen gesetzlich obliegenden Leistungen vgl. § 171 b und § 172 a.

9 „Die Worte ‚und der Satzungen' fehlten bisher; ihre Einschaltung erscheint erforderlich, um zum Ausdruck zu bringen, daß es nach wie vor der Festsetzung durch die Satzung überlassen werden soll, die näheren Voraussetzungen zum Bezuge der Leistungen zu bestimmen, soweit sich diese nicht unmittelbar aus dem Gesetze ergeben." Begr. S. 4.

10 Abweichend vom bisherigen Wortlaut des Gesetzes ist in §§ 171 und 172 entsprechend dem KVG. und zahlreichen Satzungen auch eine Beitrittspflicht gewisser Beamten vorgesehen.

11 Die betreffende Gewerbsanlage muß mit dem knappschaftspflichtigen Werke verbunden sein, d. h. im Zusammenhange mit diesem als verwandte Unternehmung von demselben Besitzer betrieben werden (Brassert S. 442). Die Bildung von Knappschafts-

vereinen ist auf die in Abs. 1 und 3 des § 165 bezeichneten Werke beschränkt. Andere als die hier bezeichneten Werke können weder einem bestehenden Knappschaftsvereine beitreten, noch einen besonderen Knappschaftsverein für sich bilden; vgl. auch MinErl. vom 10. Juli 1888 und vom 6. Juni 1890, Zeitschr. f. Bergr. Bd. 30 S. 540, Bd. 31 S. 416. Wegen der Hüttenwerke und der dem ABG. nicht unterliegenden Aufbereitungsanstalten vgl. § 166 Abs. 2.

[12] Eine Verpflichtung des Knappschaftsvorstandes, dem Antrage zu entsprechen, besteht nicht.

[13] Da fortan auch die in § 171 Abs. 2 bezeichneten Beamten zur Mitgliedschaft im Knappschaftsverein verpflichtet sind, kommen neben den Arbeitern auch Beamte als antragsberechtigt in Betracht.

[14] Der Antrag muß von den Werksbesitzern und den künftigen beitrittspflichtigen Mitgliedern gemeinschaftlich ausgehen. Ein einseitiger Antrag des einen Teils genügt nicht. Eine bestimmte Form ist für den Antrag nicht vorgeschrieben. Urt. des RG. vom 27. Oktober 1882, Zeitschr. f. Bergr. Bd. 24 S. 368; Verfüg. des Oberbergamts Clausthal vom 19. September 1881, das. S. 536. Indessen ist auf Beschluß der Kommission des Abgeordnetenhauses jetzt ausdrücklich im Gesetz ausgesprochen, daß für den Antrag der künftigen beitrittspflichtigen Mitglieder die Mehrheit dieser Mitglieder notwendig ist, aber auch ausreicht. KommBerAH. S. 3.

§ 166.

Die bestehenden Knappschaftsvereine und knappschaftlichen Krankenkassen bleiben in Wirksamkeit. Der gegenwärtige Titel findet jedoch auch auf sie Anwendung.[1]

[2]Die Besitzer sowie die Beamten[3] und Arbeiter der Hüttenwerke und der dem gegenwärtigen Gesetze nicht unterworfenen Aufbereitungsanstalten, welche bereits einem Knappschaftsverein angehören, scheiden auf ihren gemeinschaftlichen Antrag[4] aus dem Verein aus.

Unter der gleichen Voraussetzung scheiden die Besitzer sowie die Beamten und Arbeiter der im § 165 Abs. 3 bezeichneten, nicht unter der Aufsicht der Bergbehörde stehenden Gewerbsanlagen aus dem Verein aus, sofern ihre Verbindung mit knappschaftspflichtigen Werken gelöst wird.[5]

Das Ausscheiden eines nach Abs. 2 oder 3 austrittsberechtigten Vereinswerkes tritt erst in Wirksamkeit, wenn eine vermögensrechtliche Auseinandersetzung zwischen dem ausscheidenden Werke und dem Knappschaftsvereine stattgefunden hat.[6] Streitigkeiten, welche hinsichtlich der vermögensrechtlichen Auseinandersetzung zwischen dem austrittsberechtigten Vereinswerk und dem Knappschaftsverein entstehen, werden mangels Verständigung über eine schiedsrichterliche Entscheidung von dem Oberschiedsgericht entschieden (§ 186m).[7]

[1] Wie bei Erlaß des ABG., so wird auch im gegenwärtigen Gesetz bestimmt, daß die zur Zeit seines Inkrafttretens bestehenden Knappschaftsvereine in Wirksamkeit bleiben, daß indessen die neuen gesetzlichen Bestimmungen auch auf die bestehenden Knappschaftsvereine Anwendung finden. Abweichend vom bisherigen Wortlaut waren indessen neben den Knappschaftsvereinen auch die seit Erlaß des ABG. ins Leben getretenen besonderen Krankenkassen ausdrücklich zu erwähnen. Die im Schlußsatz des bisherigen Abs. 1 enthaltene Übergangsbestimmung ist fortgefallen und durch neue Übergangsbestimmungen in Art. III und IV ersetzt.

[2] Zu Abs. 2. Nach dem Knappschaftsgesetz vom 10. April 1854 (GS. S. 139) bestand die Knappschaftspflicht für alle unter der Aufsicht der Bergbehörden stehenden Betriebe. Dazu gehörten nach dem damaligen Rechtszustand auch die Hütten und alle Aufbereitungsanstalten. Durch das Gesetz über die Kompetenz der Oberbergämter vom 10. Juni 1861 (GS. S. 425) wurden indessen alle Hüttenwerke und die kein Zubehör von Bergwerken bildenden selbständigen Aufbereitungsanstalten aus dem Ressort der Bergbehörden ausgeschieden, dem Ressort der Regierungen überwiesen und den Bestimmungen der Gewerbegesetze unterstellt. Zugleich wurde die Knappschaftspflicht dieser Werke aufgehoben und den bereits einem Knappschaftsverein angehörigen Besitzern und

Arbeitern der Werke freigestellt, im Knappschaftsverein zu verbleiben oder aus dem Verein auszuscheiden. Das ABG. hat in § 166 Abs. 2 die Befugnis der genannten Werke zum Austritt aus dem Knappschaftsverein aufrecht erhalten. Diese Vorschrift ist mit einer in Anm. 3 erläuterten Abweichung wörtlich in § 166 Abs. 2 des gegenwärtigen Gesetzes übernommen. Nach dieser Vorschrift ist die Befugnis zum Austritt nicht an eine bestimmte Frist gebunden und geht insbesondere nicht — wie das Urt. des Landgerichts Trier vom 29. Oktober 1886, Zeitschr. f. Bergr. Bd. 28 S. 83 irrig annimmt — durch langjähriges Verbleiben im Knappschaftsverein verloren (Brassert S. 443; Klostermann-Fürst Anm. 2 zu § 166; Urt. des OberlGer. Cöln v. 19. März 1887, Zeitschr. f. Bergr. Bd. 28 S. 385 u. des RG. v. 11. November 1887, Zeitschr. f. Bergr. Bd. 29 S. 239). Durch den Austritt eines Hüttenwerks usw. aus dem Knappschaftsverein werden die gegen letzteren erworbenen Rechte der Unterstützungsempfänger nicht berührt, vielmehr bleibt die Unterstützungspflicht des Knappschaftsvereins bestehen, und es wird deshalb durch den Austritt des Einzelwerks dessen rechtliche Verpflichtung begründet, den Knappschaftsverein von der bestehenden Unterstützungspflicht zu befreien; Urt. des Obertrib. vom 9. September 1873, Zeitschr. f. Bergr. Bd. 15 S. 361.

[3] Abweichend von dem bisherigen Wortlaut des § 166 Abs. 2 sind im gegenwärtigen Gesetz auch die Beamten als bei dem Antrag auf Ausscheiden beteiligt aufgeführt, weil nach dem gegenwärtigen Gesetz auch Beamte beitrittspflichtig sind.

[4] Voraussetzung des Ausscheidens ist ein gemeinschaftlicher Antrag des Werkbesitzers und sämtlicher auf dem Werke beschäftigter Knappschaftsmitglieder, vgl. Urt. des Landgerichts Aachen vom 8. Mai 1880, Zeitschr. f. Bergr. Bd. 21 S. 330.

[5] „Wird die Verbindung zwischen einer nach § 165 Abs. 3 dem Knappschaftsverein beigetretenen Gewerbsanlage und dem betreffenden knappschaftspflichtigen Vereinswerk gelöst, so muß für die Gewerbsanlage die Austrittsmöglichkeit gleichfalls gegeben sein. Es empfiehlt sich, den Austritt in gleicher Weise wie bei den Hüttenwerken an den gemeinschaftlichen Antrag der Besitzer dieser Gewerbsanlage und der auf ihr beschäftigten Mitglieder und an

die vorgängige vermögensrechtliche Auseinandersetzung (Abs. 4) zu binden." Begr. S. 5.

[6] Der im ersten Satze des Abs. 4 ausgesprochene Grundsatz, daß das tatsächliche Ausscheiden eines austrittsberechtigten Vereinswerks außer dem gemeinschaftlichen Antrag der Besitzer und Mitglieder eine vermögensrechtliche Auseinandersetzung zwischen dem Knappschaftsverein und dem ausscheidenden Werke zur Voraussetzung hat, ist in das Gesetz neu aufgenommen. An sich ist der Grundsatz indessen nicht neu, sondern bereits bisher durch die Praxis der Aufsichtsbehörden, wie auch durch eine Entscheidung des RG. vom 11. November 1887, Zeitschr. f. Bergr. Bd. 29 S. 239, als maßgebend anerkannt. Durch die Austrittserklärung erwirbt das Werk das durch die vorgängige Auseinandersetzung suspensiv bedingte Recht des Ausscheidens, sodaß die in der Zeit zwischen der Austrittserklärung und der endgültigen Auseinandersetzung etwa eingetretenen Mitbesitzer und Arbeiter des Werks an diese rechtliche Lage gebunden sind und es deren ausdrücklicher Zustimmung nicht mehr bedarf (vgl. das vorerwähnte Urt. des RG.).

[7] Der letzte Satz des Abs. 4 ist durch die Kommission des Abgeordnetenhauses dem Gesetzentwurf eingefügt worden (KommBer.-AH. S. 5 bis 7). Die Kommission hielt es nicht für zweckmäßig, bei Streitigkeiten über die vermögensrechtliche Auseinandersetzung die Beteiligten auf den ordentlichen Rechtsweg zu verweisen; vielmehr soll durch die den §§ 100 bis 102 des JVG. nachgebildete Vorschrift mangels Verständigung der Beteiligten über eine schiedsrichterliche Entscheidung das durch §§ 186*l* und 186m des Gesetzes neu geschaffene Oberschiedsgericht in Knappschaftsangelegenheiten diese Streitigkeiten entscheiden. Das Oberschiedsgericht besteht alsdann aus 5 Mitgliedern, nämlich dem Vorsitzenden, einem Vertreter der Werksbesitzer, einem Vertreter der Knappschaftsmitglieder, einem richterlichen Beamten und einem Versicherungsverständigen (§ 186m Abs. 2 Ziff. 3).

§ 167.

[1]Die Bestimmung der Bezirke, für welche neue Knappschaftsvereine gegründet, sowie die Bestimmung derjenigen bereits bestehenden Knappschaftsvereine, welchen die diesem

Gesetz unterworfenen, außerhalb des Bezirkes eines bestehenden Knappschaftsvereins belegenen Bergwerke, Aufbereitungsanstalten und Salinen bei der Eröffnung des Betriebs zugeteilt werden sollen, hängt zunächst von dem Beschlusse der Beteiligten ab. Kann hierüber eine Einigung nicht erzielt werden, so entscheidet nach Anhörung der Werksbesitzer und eines von den künftigen beitrittspflichtigen Mitgliedern[2] zu wählenden Ausschusses[3] auf den Vorschlag des Oberbergamts der Minister für Handel und Gewerbe.[4]

Wo ein ständiger Arbeiterausschuß besteht, ist dieser zu hören. Die Wahl eines Ausschusses nach Abs. 1 findet alsdann nur durch die beitrittspflichtigen Beamten statt.[5]

[1] Zu Abs. 1. „Bei der Betriebseröffnung von knappschaftspflichtigen Werken in einem Bezirk, für den ein Knappschaftsverein noch nicht besteht, kann die Bildung eines neuen Knappschaftsvereins schon um deswillen nur noch in Ausnahmefällen in Frage kommen, weil der in §§ 168a, 169, 175, 175c des vorliegenden Gesetzentwurfs aufgestellten Voraussetzung nach Sicherstellung der dauernden Erfüllbarkeit der Verpflichtungen in solchen Fällen durchweg nicht wird entsprochen werden können. Außerdem würde die Gründung neuer und naturgemäß kleinerer Knappschaftsvereine mit der allseitig als notwendig erkannten und auch durch den vorliegenden Gesetzentwurf geförderten Zusammenlegung der kleinen Vereine zu großen leistungsfähigen Vereinen oder Verbänden in Widerspruch stehen. Hiernach wird in der Regel die Zuteilung solcher Werke an einen bereits bestehenden Knappschaftsverein in Frage kommen müssen. Bereits in § 1 Ziff. 7 des Gesetzes, betr. die Ausdehnung verschiedener Bestimmungen des ABG. vom 24. Juni 1865 auf den Stein- und Kalisalzbergbau in der Provinz Hannover, vom 14. Juli 1895 (GS. S. 295), durch welches unter anderem auch Titel 7 des ABG. auf den hannoverschen Stein- und Kalisalzbergbau für anwendbar erklärt worden ist, ist der Aufsichtsbehörde ein gewisser Einfluß auf die Ausgestaltung der knappschaftlichen Organisation für die dort in Rede stehenden Werke eingeräumt worden, um den mit der Gründung nicht lebensfähiger Knappschaftsvereine verbundenen Schwierigkeiten und Unzu-

träglichkeiten vorzubeugen (vgl. Verhandl. d. HH. 1895 Bd. 2, Anlagen, S. 409). Nach Vorgang dieses Gesetzes ist hier der Aufsichtsbehörde der gleiche Einfluß eingeräumt." Begr. S. 5 f.

[2] In Abänderung des bisherigen Rechtszustandes sind nicht mehr nur die Arbeiter, sondern auch die in § 171 Abs. 2 aufgeführten Beamten zur Mitgliedschaft gesetzlich verpflichtet. An der Wahl des Ausschusses müssen daher auch die beitrittspflichtigen Beamten sich beteiligen können.

[3] Über die Wahl des Ausschusses trifft das Gesetz keine Bestimmungen; es bleibt daher der Aufsichtsbehörde überlassen, die geeigneten Anordnungen zu treffen. Vgl. Brassert S. 444 Anm. 1 zu § 167.

[4] Während das ABG. die Entscheidung dem Oberbergamt übertrug, ist die Entscheidung hier nach Vorgang des in Anm. 1 erwähnten Gesetzes vom 14. Juli 1895 der Zentralstelle übertragen, zumal es sich bei der zu treffenden Entscheidung um die Zuteilung zu Knappschaftsvereinen in verschiedenen Oberbergamtsbezirken handeln kann.

[5] Durch die Berggesetznovelle vom 24. Juni 1892 (GS. S. 131) sind den bestehenden oder gewählten Arbeiterausschüssen gewisse Aufgaben übertragen worden. Die Novelle vom 14. Juli 1905 (GS. S. 307) hat nicht nur diese Aufgaben erweitert, sondern auch den Arbeiterausschuß für alle Bergwerke zwingend vorgeschrieben, auf denen in der Regel mindestens 100 Arbeiter beschäftigt werden. Mit Rücksicht auf diese veränderte Rechtslage ist der im ABG. nicht enthaltene Abs. 2 in das Gesetz aufgenommen.

§ 168.[1]

Jeder Knappschaftsverein hat nach näherer Bestimmung des Gesetzes und der Satzung zu gewähren:

1. die Krankenversicherung seiner Mitglieder nach §§ 171b bis 171e (Krankenkassenleistungen);
2. Unterstützungen an die arbeitsunfähig gewordenen Mitglieder sowie an die Angehörigen verstorbener Mitglieder nach §§ 172a bis 172e (Pensionskassenleistungen).[2]

Für diese beiden den Knappschaftsvereinen obliegenden Aufgaben ist die Rechnungsführung nach Krankenkasse und Pensionskasse getrennt vorzunehmen.[3] Ausnahmen hiervon sind nur bei geringem Geschäftsumfange statthaft und unterliegen der besonderen Genehmigung durch die Aufsichtsbehörde.[4]

[1] Der bisherige § 168 Abs. 1 ist weggefallen, „da die Berechtigung und Verpflichtung zum Beitritt sich in der Krankenkasse und in der Pensionskasse fortan nicht mehr übereinstimmend regeln sollen (§§ 171, 172). Die bisherige Unterstellung, daß ‚die Bergwerke‘ usw. dem Verein beizutreten verpflichtet seien, war ohnehin rechtlich und tatsächlich nicht einwandfrei. Mitglieder der Kasse können begrifflich nur die Arbeiter und Beamten sein, deren Unterstützung der Zweck des Vereins ist. Die Arbeitgeber, denen das Gesetz die Verpflichtung zur Zahlung von Beiträgen auferlegt (u. a. m.), haben dementsprechend die Berechtigung, bei der Verwaltung beteiligt zu werden und im Vorstand vertreten zu sein.“ Begr. S. 7.

[2] „Die Knappschaftsvereine vereinigen in sich zwei ihrem Wesen nach voneinander verschiedene Versicherungszweige: die Krankenversicherung einerseits und die Invaliden-, Witwen- und Waisenversicherung andererseits. Sowohl diese Verschiedenheit des Wesens als auch der Einfluß der Arbeiterversicherungsgesetzgebung des Reiches lassen es als notwendig erscheinen, die beiden Aufgaben der Knappschaftsvereine zu trennen und die Trennung schon an dieser Stelle zu bestimmen. . . . In Frage konnte nur kommen, ob die den Knappschaftsvereinen obliegende doppelte Aufgabe die Bildung besonderer Kassen für jede der beiden Aufgaben erforderlich macht, oder ob eine bloß rechnungsmäßige und buchmäßige Trennung beider Versicherungszweige innerhalb desselben Vereins ausreicht. Die sächsische Berggesetznovelle vom 2. April 1884 (vgl. Zeitschr. f. Bergr. Bd. 25 S. 290) hat den ersteren Weg beschritten und die Bildung besonderer, voneinander unabhängiger Kassen für jede der beiden Aufgaben vorgeschrieben. Indessen iegt kein zwingender Grund vor, der sächsischen Novelle darin zu folgen; vielmehr ist es schon mit Rücksicht auf die historische Entwickelung des preußischen Knappschaftswesens erwünscht, die Ver-

eine als Ganzes, als eine, alle in Betracht kommenden Aufgaben umfassende Organisation beizubehalten und die Abtrennung selbständiger Krankenkassen in weiterem Ausbau des bisherigen § 172 nur fakultativ vorzusehen." Begr. S. 6.

[3] „Die hier vorgeschriebene getrennte Rechnungsführung hat zur Folge, daß für jeden der beiden Kassenzweige besondere Etats aufgestellt, die Einnahmen und Ausgaben besonders gebucht und die Beiträge besonders festgestellt werden müssen." Begr. S. 7.

[4] „Die Möglichkeit ist nicht ausgeschlossen, daß bei einzelnen der bestehenden kleinen Knappschaftsvereine von besonders geringem Geschäftsumfang diese auch bloß rechnungsmäßige Trennung nicht notwendig sein und eine dennoch erfolgende Trennung sich als nicht zweckmäßig erweisen würde. In einem solchen Ausnahmefalle soll mit besonderer Genehmigung der Aufsichtsbehörde von der Trennung abgesehen werden dürfen. Diese Genehmigung wird selbstredend nur nach vorgängiger genauer Prüfung erteilt und zurückgenommen werden, sobald die Verhältnisse diese Ausnahme nicht mehr rechtfertigen oder aus sonstigen Gründen die Trennung angezeigt erscheint." Begr. S. 7.

§ 168a.

Innerhalb der einzelnen Knappschaftsvereine können[1] nach dem gemeinschaftlichen Beschlusse der beteiligten Werksbesitzer und Knappschaftsältesten,[2] sofern der Knappschaftsvorstand und die Generalversammlung[3] zustimmen, besondere Krankenkassen für die zugehörigen Werke, und zwar für jedes einzelne Werk oder gruppenweise für mehrere Werke, errichtet werden.[4] Die Errichtung besonderer Krankenkassen kann auch auf einen Teil der Vereinswerke beschränkt werden.[5]

Die Errichtung einer besonderen Krankenkasse ist nur dann zulässig, wenn durch die Zahl der im Kassenbezirke regelmäßig beschäftigten Arbeiter oder durch sonstige Umstände die dauernde Leistungsfähigkeit der Krankenkasse ausreichend sichergestellt erscheint.[6]

Die Geschäftsführung der besonderen Krankenkassen unterliegt der Beaufsichtigung durch den Knappschaftsvorstand.[7] In der Satzung des Knappschaftsvereins sind gegebenenfalls die näheren Bestimmungen hierüber zu treffen.

[1] Die Entscheidung darüber, ob besondere Krankenkassen zu errichten sind, überläßt das Gesetz, wie § 172 Abs. 1 des bisherigen Gesetzes, zunächst der Autonomie der Beteiligten. Da die Vorschriften des gegenwärtigen Gesetzes auch für das vormalige Herzogtum Nassau gelten (vgl. unten Art. II), so ist damit Art. V der Verordnung, betr. die Einführung des ABG. vom 24. Juni 1865 in das Gebiet des vormaligen Herzogtums Nassau, vom 22. Februar 1867 (GS. S. 237) beseitigt und insbesondere auch die Sondervorschrift in Abs. 3 des Art. V aufgehoben, wonach im Gebiet des vormaligen Herzogtums Nassau auf sämtlichen Werken besondere Krankenkassen eingerichtet werden mußten. Begr. S. 8.

[2] An dem gemeinschaftlichen Beschlusse haben nicht sämtliche Werksbesitzer und Knappschaftsälteste teilzunehmen, sondern nur diejenigen, für welche die Abzweigung der besonderen Krankenkasse erfolgen soll. Begr. S. 7.

[3] Neben der bisher bereits gesetzlich vorgeschriebenen Zuständigkeit des Knappschaftsvorstandes verlangt das Gesetz in jedem einzelnen Falle auch die Zustimmung der Generalversammlung, weil es sich um eine Änderung in der Organisation des Knappschaftsvereins handelt. Begr. S. 7.

[4] Diese Fassung schließt den Fall nicht aus, daß ein Knappschaftsverein für alle seine Werke eine einzige besondere Krankenkasse errichtet. Begr. S. 7.

[5] Der im bisherigen Gesetz nicht enthaltene Schlußsatz des Abs. 1 ist sachlich nicht neu, sondern entspricht der bisherigen Praxis der Aufsichtsbehörden.

[6] „Die Errichtung einer besonderen Krankenkasse erscheint selbstredend nur zulässig, wenn eine ausreichende Gewähr für ihre dauernde Leistungsfähigkeit vorhanden ist. In der Regel wird eine solche Gewähr in einer ausreichenden Anzahl regelmäßig beschäftigter Mitglieder liegen. Das KVG. verlangt daher für die Errichtung einer Ortskrankenkasse eine Mindestmitgliederzahl von

einhundert (§ 16) und für die Errichtung einer Betriebs-(Fabrik-) Krankenkasse eine solche von fünfzig (§ 60). . . .

Die Mitgliederzahl ist zwar in der Regel das wichtigste, indessen nicht stets das einzige für die dauernde Leistungsfähigkeit einer Krankenkasse maßgebende Moment. Unter besonders gearteten Umständen wird auch eine Mitgliederzahl von einhundert für sich allein die dauernde Leistungsfähigkeit nicht genügend sicherstellen können, während andere Umstände auch bei geringerer Mitgliederzahl diese Sicherstellung bieten können. Es erscheint daher richtiger, im Gesetz die Errichtung besonderer Krankenkassen nicht an die bloße Tatsache der Erreichung einer bestimmten Mindestmitgliederzahl zu binden, sondern statt dessen den für die Zulassung maßgebenden Grundsatz festzulegen. Für die Anwendung des Grundsatzes werden alsdann die im KVG. aufgestellten Mindestmitgliederzahlen zwar ein Anhalten bieten, aber nicht den alleinigen Gesichtspunkt abgeben, nach welchem die Frage der dauernden Leistungsfähigkeit und damit der Zulassung einer besonderen Krankenkasse zu beurteilen ist.“ Begr. S. 7f.

[7] Das Gesetz hat an dem bisherigen Aufsichtsrecht des Knappschaftsvorstandes über die Geschäftsführung der besonderen Krankenkassen festgehalten. Eine besondere Beschwerdeinstanz für die Entscheidungen des Krankenkassenvorstandes bildet der Knappschaftsvorstand indessen fortan nicht mehr. Vgl. § 166 Abs. 1, § 186 und Begr. S. 8.

§ 169.

Für jeden neu gegründeten Knappschaftsverein haben die Werksbesitzer unter Mitwirkung eines von den künftigen beitrittspflichtigen Mitgliedern[1] zu wählenden Ausschusses[2] eine mit dem Gesetz in Übereinstimmung stehende Satzung aufzustellen. Dieselbe unterliegt der Bestätigung des Oberbergamts, welche nur versagt werden darf, wenn die Satzung den gesetzlichen Vorschriften zuwiderläuft[3, 4] oder Bestimmungen enthält, welche mit dem gesetzlichen Zwecke des Knappschaftsvereins nicht im Zusammenhange stehen.[5, 6]

Mit dem Antrag auf Erteilung der Bestätigung sind

die Unterlagen[8] einzureichen, welche zur Beurteilung der dauernden Erfüllbarkeit der Leistungen der Pensionskasse (§ 175c Abs. 2) notwendig sind. Vor der Entscheidung über die Bestätigung hat das Oberbergamt eine sachverständige Prüfung der Unterlagen[8] herbeizuführen.[7] War mit den Unterlagen[8] ein versicherungstechnisches Gutachten nicht eingereicht,[9] so können die Kosten der Anfertigung eines solchen Gutachtens dem Knappschaftsverein auferlegt werden.[10]

[11]Wird die Bestätigung vom Oberbergamte versagt, so erfolgt die Entscheidung durch Beschluß. Gegen diesen Beschluß findet, insoweit die dauernde Erfüllbarkeit der Leistungen der Pensionskasse in Frage steht,[12] binnen einer Frist von einem Monate[13] vom Tage der Zustellung an den Vorstand ab die Beschwerde an das Oberschiedsgericht[14] statt (§ 186 m). Im übrigen bewendet es bei den Vorschriften in §§ 191 bis 194.[12]

Wo ein ständiger Arbeiterausschuß besteht, wählt dieser die Vertreter der Arbeiter zu dem im Abs. 1 bezeichneten Ausschusse.[15]

Wird die Satzung nach vorgängiger Aufforderung nicht innerhalb sechs Monaten vorgelegt,[16] so hat das Oberbergamt dieselbe rechtsverbindlich aufzustellen.[17]

Für die Errichtung besonderer Krankenkassen finden die Bestimmungen im Abs. 1, 4 und 5 entsprechende Anwendung. Erfolgt die Errichtung in einem schon bestehenden Knappschaftsvereine, so werden die Mitglieder durch die gewählten Knappschaftsältesten vertreten.[18]

Die Knappschaftsvereine und besonderen Krankenkassen erlangen durch die Bestätigung ihrer Satzung die Rechtsfähigkeit.[19. 20]

1 In Abänderung des bisherigen Rechtszustandes sind nicht mehr nur die Arbeiter, sondern auch die in § 171 Abs. 2 aufge-

führten Beamten zur Mitgliedschaft gesetzlich verpflichtet. An der Wahl des Ausschusses müssen daher auch die beitrittspflichtigen Beamten sich beteiligen können.

² Über die Wahl des Ausschusses trifft das Gesetz keine Bestimmungen; es bleibt daher den Aufsichtsbehörden überlassen, die geeigneten Anordnungen zu treffen. Vgl. Anm. 3 zu § 167 und Brassert S. 444 Anm. 1 zu § 167, S. 446 Anm. 1 zu § 169.

³ Zu den gesetzlichen Vorschriften, welchen die Satzung nicht zuwiderlaufen darf, gehören in erster Linie die Vorschriften dieses Gesetzes, daneben aber auch die Vorschriften der übrigen für die Knappschaftsvereine maßgebenden Gesetze, insbesondere auch die Vorschriften des bürgerlichen Rechts (vgl. auch Klostermann-Fürst Anm. 2 zu § 169). Zu den erst durch das gegenwärtige Gesetz geschaffenen Vorschriften, denen die Satzung Rechnung tragen muß, gehören fortan namentlich auch die in §§ 168a, 175 und 175c aufgestellten Erfordernisse hinsichtlich der dauernden Erfüllbarkeit der Kassenleistungen.

⁴ Nach dem bisher geltenden Recht wurde nach der Praxis der Aufsichtsbehörden wie der Gerichte als zulässig angesehen, in der Satzung zu bestimmen, daß lediglich Organe des Knappschaftsvereins unter Ausschluß des Rechtsweges darüber zu entscheiden haben, ob die tatsächlichen Voraussetzungen für den Bezug der satzungsmäßigen Leistungen vorliegen (vgl. Brassert S. 446 Anm. 3, Klostermann-Fürst Amn. 1 zu § 171). Eine derartige Bestimmung der Satzung würde fortan den Vorschriften in § 186 Abs. 2 zuwiderlaufen und ist daher jetzt nicht mehr zulässig.

⁵ „Daß die Bestätigung zu solchen Satzungsbestimmungen versagt werden muß, welche mit dem gesetzlichen Zwecke des Knappschaftsvereins nicht im Zusammenhange stehen, liegt in der Natur der Sache, ist indessen durch einen Zusatz am Schlusse des Abs. 1 noch ausdrücklich ausgesprochen." Begr. S. 9.

⁶ Durch die Bestätigung einer Satzung werden etwa in ihr enthaltene gesetzwidrige Bestimmungen nicht rechtsverbindlich. Auch kann die Ungültigkeit derartiger gesetzwidriger Bestimmungen nicht nur im Rechtswege, sondern auch vor der Aufsichtsbehörde geltend gemacht werden. RekBesch. vom 21. Januar 1894, Zeitschr. f. Bergr. Bd. 35 S. 404; Arndt Anm. 1 zu § 169; Kloster-

mann-Fürst Anm. 3 zu § 169. Anderer Meinung hinsichtlich der Zuständigkeit der Aufsichtsbehörde Brassert S. 446 Anm. 5.

7 „Zu den gesetzlichen Vorschriften, denen die Satzung Rechnung tragen muß, gehören auch die in §§ 168a, 175 und 175c aufgestellten Erfordernisse hinsichtlich der dauernden Erfüllbarkeit der Kassenleistungen. Während das Vorliegen dieses Erfordernisses hinsichtlich der Leistungen der Krankenkasse verhältnismäßig unschwer festzustellen ist, erfordert diese Feststellung bei den Pensionskassen der Natur dieses Versicherungszweiges gemäß unter allen Umständen eine Klarstellung der Unterlagen und eine sachverständige Prüfung. Es darf zwar erwartet werden, daß die Knappschaftsvereine selbst nur auf Grund einer vorgängigen sachverständigen Prüfung die Pensionskassenleistungen in ihrer Satzung festlegen werden. Davon abgesehen war indessen dem Oberbergamt die Verpflichtung aufzuerlegen, nur nach vorgängiger sachverständiger Prüfung hinsichtlich der dauernden Erfüllbarkeit der Pensionskassenleistungen die Entscheidung über die nachgesuchte Bestätigung zu treffen. Übrigens ist in Aussicht genommen, diese sachverständige Prüfung bei der Zentralstelle vornehmen zu lassen, sodaß eine einheitliche Handhabung dieser Vorschrift dadurch gewährleistet sein wird.

Daß das Oberbergamt vor der Entscheidung über den Antrag auf Bestätigung der Satzung auch die Unterlagen für die dauernde Erfüllbarkeit der Krankenkassenleistungen einfordern und auch in dieser Hinsicht eine sachverständige Prüfung herbeiführen kann, bedurfte als selbstverständlich im Gesetz nicht der besonderen Erwähnung." Begr. S. 9.

8 Die „Unterlagen" haben sich auf die Klarlegung aller der Umstände zu erstrecken, welche für die Beurteilung der dauernden Erfüllbarkeit der Pensionskassenleistungen von Bedeutung sind. Als solche kommen neben der Höhe der Beiträge und der sonstigen Einnahmen der Kasse namentlich in Betracht: die größere oder geringere Nachhaltigkeit der Vereinswerke, die größere oder geringere Bedeutung und Ausdehnung der Betriebe, für welche der Knappschaftsverein errichtet ist, Zahl und Lebensalter der aktiven Mitglieder und der Unterstützungsempfänger überhaupt sowie der erfahrungsgemäß in Zugang und in Abgang kommenden aktiven Mitglieder und Unterstützungsempfänger. Vgl. Begr. S. 29. Zu

den dem Oberbergamt vorzulegenden Unterlagen gehören daher die statistischen und sonstigen Angaben über alle für die Beurteilung der dauernden Erfüllbarkeit der Pensionskassenleistungen des betreffenden Knappschaftsvereins maßgebenden Umstände. Außerdem gehört zu diesen Unterlagen ein die Bedeutung der maßgebenden Umstände würdigendes versicherungstechnisches Gutachten. Vgl. auch KommBerHH. S. 5.

9 Der letzte Satz des Abs. 2 ist in der Kommission des Abgeordnetenhauses in das Gesetz eingefügt worden. Kommission wie Regierungsvertreter waren sich zwar darin einig, daß zu den Unterlagen, welche zur Beurteilung der dauernden Erfüllbarkeit der Pensionskassenleistungen notwendig sind, unter allen Umständen auch ein versicherungstechnisches Gutachten gehöre. Dagegen hielt die Kommission die Möglichkeit nicht für ausgeschlossen, daß ein einzelner Knappschaftsverein, namentlich bei der erstmaligen Ausführung dieser neuen Gesetzesvorschrift, ein solches Gutachten nicht rechtzeitig würde beschaffen können. In diesem Falle hat die Aufsichtsbehörde die Erstattung eines solchen Gutachtens vor Erteilung der Bestätigung zu veranlassen. Vgl. auch Ber. der Subkommission des AH., Anl. II des KommBerAH. S. 34; KommBerHH. S. 5.

10 Die Kosten eines solchen Gutachtens hat naturgemäß der betreffende Knappschaftsverein zu tragen. Die fakultative Fassung der Vorschrift ist nach der Erklärung der Antragsteller gewählt, um der Aufsichtsbehörde die Möglichkeit zu gewähren, unter besonderen Umständen, insbesondere bei kleinen, leistungsschwachen Vereinen, von der Auferlegung der Kosten absehen zu können.

11 Zu Abs. 3. Der Absatz ist durch die Kommission des Abgeordnetenhauses dem Gesetz eingefügt worden (KommBerAH. S. 114 ff. u. Anl. II des Ber. S. 34 f.). Während der Regierungsentwurf gegen die Versagung der Bestätigung durch das Oberbergamt wie bisher nur den Rekurs an den Handelsminister vorsah, wünschten weite Kreise der Interessenten in diesem sowie in weiteren für die Knappschaftsvereine besonders bedeutsamen Punkten eine weitergehende Rechtsgarantie. Das Abgeordnetenhaus hat diesem Wunsche dadurch Rechnung getragen, daß es bei Versagung der Satzungsbestätigung wegen nicht erwiesener dauernder Erfüllbarkeit der Pensionskassenleistungen sowie bei der Anordnung

von Beitragserhöhungen oder Leistungsminderungen (§ 175d Abs. 2), bei der Auflösung eines Knappschaftsvereins oder einer besonderen Krankenkasse wegen Leistungsunfähigkeit sowie bei der Anordnung der Vereinigung von Pensionskassen (§ 177c) und endlich bei der Entscheidung über Anträge, welche bei der Beschlußfassung im Vorstand wiederholt Stimmengleichheit erzielt haben (§ 180a Abs. 2), an Stelle des Rechtsmittels des Rekurses an den Handelsminister die Beschwerde an das durch §§ 186l und 186m des Gesetzes neu geschaffene Oberschiedsgericht in Knappschaftsangelegenheiten eingeführt hat.

12 Die Beschwerde an das Oberschiedsgericht ist nur zulässig, wenn und insoweit die Bestätigung aus dem Grunde versagt wird, weil dem gesetzlichen Erfordernis der dauernden Erfüllbarkeit der Pensionskassenleistungen nicht genügt sei. Wenn und insoweit die Bestätigung der Satzung aus irgend einem anderen Grunde versagt wird, ist nicht die Beschwerde an das Oberschiedsgericht, sondern der Rekurs an den Handelsminister gegeben. Da für die Versagung der Bestätigung ein Beschluß des Oberbergamts vorgeschrieben ist, muß der Rekurs innerhalb der gesetzlichen Frist von 4 Wochen vom Tage der Zustellung an den Vorstand ab bei dem O b e r b e r g a m t eingelegt werden. Durch Einlegung bei einer anderen Behörde wird das Rekursrecht nicht gewahrt. Vgl. §§ 192, 193 ABG.

13 Die Ausschlußfrist für die Einlegung der Beschwerde an das Oberschiedsgericht beträgt nicht wie bei dem Rekurs 4 Wochen, sondern einen Monat, weil die neuere Gesetzgebung im Interesse einer einfacheren Berechnung allgemein die vierwöchige Frist durch die einmonatige zu ersetzen pflegt. — Wegen Berechnung der Frist vgl. § 242 ABG.

14 Das Oberschiedsgericht entscheidet in diesem Falle in der Besetzung von fünf Mitgliedern, nämlich dem Vorsitzenden, einem Vertreter der Werksbesitzer, einem Vertreter der Knappschaftsmitglieder, einem Versicherungsverständigen und einem Bergbauverständigen. § 186m Abs. 2 Ziff. 3b.

15 Vgl. Anm. 5 zu § 167.

Die beitrittspflichtigen Beamten wählen auch da, wo ein ständiger Arbeiterausschuß besteht, ihre Vertreter zu dem in Abs. 1 bezeichneten Ausschuß unmittelbar. Begr. S. 9; KommBerAH. S. 13.

[16] Der Lauf der Frist beginnt mit der Aufforderung des Oberbergamts. Begr. S. 9; KommBerAH. S. 10.

[17] Eine nach fruchtlosem Ablauf der gesetzlichen Frist von der Aufsichtsbehörde aufgestellte Satzung kann von den Beteiligten nur insofern angefochten werden, als sie „den gesetzlichen Vorschriften zuwiderläuft oder Bestimmungen enthält, welche mit dem gesetzlichen Zwecke des Knappschaftsvereins nicht im Zusammenhange stehen". Vgl. auch Brassert S. 446 Anm. 4; Bescheid des Oberbergamts München vom 6. Juni 1874, Zeitschr. f. Bergr. Bd. 16 S. 264.

[18] „Erfolgt die Errichtung besonderer Krankenkassen in einem schon bestehenden Knappschaftsverein, so ist in den von den Mitgliedern gewählten Knappschaftsältesten eine Vertretung der Mitglieder zur Mitwirkung bei der Aufstellung der Satzung bereits vorhanden. Der in Abs. 1 vorgesehenen Wahl eines Ausschusses bedarf es daher in diesem Falle nicht." Begr. S. 9.

[19] „Die Vorschrift des alten § 165 Abs. 3 ist an diese Stelle übernommen und zwar unter Einbeziehung der besonderen Krankenkassen. Von den besonderen Krankenkassen besaßen bisher nur die im Herzogtum Nassau errichteten Kassen juristische Persönlichkeit, und zwar letztere auf Grund des Art. V Abs. 5 der Einführungsverordnung für Nassau vom 22. Februar 1867 (GS. S. 237). Es erscheint zweckmäßig und unbedenklich, diese Einrichtung, die sich in Nassau bewährt hat, auf alle besonderen Krankenkassen auszudehnen." Begr. S. 9.

[20] In der Kommission des Abgeordnetenhauses war sowohl in erster wie in zweiter Lesung ein Antrag gestellt worden, den letzten Absatz des § 169 durch eine Vorschrift zu erweitern, durch welche den Krankenhäusern und Heilanstalten der Knappschaftsvereine neben der ihnen heute bereits auf dem Gebiet der Kommunalbesteuerung zustehenden Abgabenfreiheit auch die Stempelfreiheit und Freiheit von Gerichtskosten gewährt werden sollte. Nach eingehenden Verhandlungen ist der Antrag aus grundsätzlichen Erwägungen in beiden Lesungen von der Kommission abgelehnt worden. Vgl. des näheren KommBerAH. S. 10 bis 14.

Die gegenwärtige Rechtslage ist im übrigen die folgende:

a) Die Krankenhäuser der Knappschaftsvereine sind öffentliche Anstalten im Sinne des § 20 des Gesetzes über die Beurkundung des Personenstandes vom 6. Februar 1875

(RGBl. S. 23). Ihre Vorsteher oder der von der zuständigen Behörde ermächtigte Beamte haben daher die in den §§ 17 bis 20, 22 bis 24, 56 bis 58 des Gesetzes bei Geburten und Sterbefällen vorgesehenen Anzeigepflichten. Urt. d. Oberl.-Ger. Breslau vom 20. November 1900, Zeitschr. f. Bergr. Bd. 42 S. 361.

b) Die Krankenhäuser der Knappschaftsvereine sind öffentliche Krankenhäuser im Sinne des § 24 Abs. 1 Buchst. h des Kommunalabgabengesetzes vom 14. Juli 1893 (GS. S. 152) und deshalb von der Gemeinde- Grund- und Gebäudesteuer befreit. Diese Befreiung erstreckt sich indessen nicht auf die nicht für Zwecke der Krankenanstalt unmittelbar verwendeten Gebäudeteile. Urt. des OberverwGer. vom 15. Mai 1903 und 28. November 1905, Zeitschr. f. Bergr. Bd. 46 S. 275, Bd. 47 S. 275.

c) Die Krankenhäuser der Knappschaftsvereine sind nicht öffentliche Krankenanstalten im Sinne des § 5 Abs. 1 Buchst. d des Stempelsteuergesetzes vom 31. Juli 1895 (GS. S. 413), des Tarifs (Befreiungen Ziff. 2g) des Erbschaftssteuergesetzes vom 30. Mai 1873/19. Mai 1891/31. Juli 1895 (GS. 1873 S. 329, 1891 S. 72, 78, 1895 S. 412) und des § 8 Abs. 1 Ziff. 2 des Gerichtskostengesetzes in der Fassung der Bekanntmachung vom 6. Oktober 1899 (GS. S. 326). Die Knappschaftsvereine sind daher von der Entrichtung der Stempelsteuer zu Verträgen über den Erwerb der Grundstücke zum Bau ihrer Krankenhäuser sowie von den in diesen Gesetzen festgesetzten sonstigen Abgaben auch hinsichtlich ihrer Krankenhäuser nicht befreit. Beschluß des Kammergerichts vom 4. Juli 1904, Zeitschr. f. Bergr. Bd. 46 S. 280.

§ 170.

Zu allen Abänderungen von Satzungen[1] der Knappschaftsvereine und besonderen Krankenkassen ist erforderlich, daß die Änderungen von der Generalversammlung[2] nach den näheren Bestimmungen der Satzung[3] beschlossen werden und sodann die Bestätigung des Oberbergamts[4] nach Maßgabe des § 169 erlangen.[5, 6]

[1] Gegenstand der Abänderung von Knappschaftssatzungen ist auch die Verschmelzung bestehender Knappschaftsvereine. Diese Verschmelzung hat nicht die vorgängige Auflösung der einzelnen Vereine oder den einstimmigen Beschluß der Beteiligten zur Voraussetzung, sondern kann durch übereinstimmende Satzungsänderung der einzelnen Vereine rechtsgültig vollzogen werden. MinBesch. vom 7. August 1872, Zeitschr. f. Bergr. Bd. 15 S. 408, RekBesch. vom 8. Dezember 1880, Zeitschr. f. Bergr. Bd. 22 S. 138; vgl. auch Urt. des Obertrib. vom 9. Februar 1877, Zeitschr. f. Bergr. Bd. 20 S. 94. Die Verschmelzung bestehender Knappschaftsvereine kann fortan unter Umständen auch durch die Aufsichtsbehörde angeordnet werden. Vgl. unten § 177b.

[2] Nach §§ 181a, 182b ist das Institut der Generalversammlung fortan für alle Knappschaftsvereine und besonderen Krankenkassen zwingend vorgeschrieben und die Abänderung der Satzung der Generalversammlung vorbehalten, während nach dem bisherigen Wortlaut des § 170 vorgeschrieben war, daß Satzungsänderungen „von den Beteiligten nach den hierüber in das Statut aufzunehmenden näheren Bestimmungen beschlossen werden".

[3] Die näheren Bestimmungen über das bei Satzungsänderungen durch die Generalversammlung zu beobachtende Verfahren sind der Satzung vorhalten. Durch diese Bestimmungen der Satzung kann indessen an den in § 181b Abs. 2 getroffenen gesetzlichen Vorschriften, daß die Beschlußfassung der Generalversammlung für jeden der beiden Teile — Werksbesitzer und Knappschaftsälteste — besonders zu erfolgen hat, und daß Anträge, welchen nicht von beiden Teilen zugestimmt wird, als abgelehnt gelten, nichts geändert werden.

[4] Die Bestätigung von Satzungsänderungen kann deren Rechtsgültigkeit nicht bewirken, wenn der zugrunde liegende Beschluß der Generalversammlung aus formellen oder materiellen Gründen hinfällig ist. Klostermann-Fürst Anm. 2 zu § 170; Arndt Anm. 1 zu § 170; Urt. des Obertrib. vom 9. Februar 1877, Zeitschr. f. Bergr. Bd. 20 S. 94. Vgl. auch oben Anm. 6 zu § 169.

[5] Hiernach sind die in § 169 Abs. 1 Satz 2, Abs. 2 und Abs. 3 getroffenen Vorschriften auch für alle Abänderungen bestehender Satzungen maßgebend. Das Oberbergamt darf also die Bestätigung einer Satzungsänderung nur versagen, wenn sie den

gesetzlichen Vorschriften zuwiderläuft oder Bestimmungen enthält, welche mit dem gesetzlichen Zwecke des Knappschaftsvereins nicht im Zusammenhange stehen. Ferner sind jedenfalls stets dann, wenn in der Satzungsänderung Bestimmungen enthalten sind, welche auf die Leistungsfähigkeit der Pensionskassen von Einfluß sein können — insbesondere bei Änderungen der Beiträge und der Leistungen —, mit dem Antrag auf Bestätigung die Unterlagen einzureichen, welche zur Beurteilung der dauernden Erfüllbarkeit der Leistungen der Pensionskasse notwendig sind. Das Oberbergamt hat alsdann nach § 169 Abs. 2 Satz 2 und 3 zu verfahren. Die Versagung der Bestätigung hat durch Beschluß zu erfolgen. Gegen diesen Beschluß findet, insoweit die dauernde Erfüllbarkeit der Leistungen der Pensionskasse in Frage steht, die Beschwerde an das Oberschiedsgericht, im übrigen der Rekurs an den Handelsminister statt. Vgl. im einzelnen § 169 Abs. 1 bis 3 und 6 sowie oben Anm. 3 bis 14 zu § 169.

[6] Das bisherige Gesetz enthielt über die Frage, ob und inwieweit die satzungsmäßig festgestellten Leistungen der Knappschaftsvereine durch Satzungsänderungen herabgesetzt werden können, keine ausdrücklichen Bestimmungen. Infolgedessen hat diese Frage bisher vielfach den Gegenstand von Erörterungen und Entscheidungen gebildet; vgl. Brassert S. 448 f.; Klostermann-Fürst Anm. 10 zu § 171; Arndt Anm. 3 zu § 171. Diese Frage ist im vorliegenden Gesetz durch die ausdrücklichen Vorschriften in § 171 b Abs. 3 u. § 175 d Abs. 1 entschieden.

§ 170a.

Die Satzungen der Knappschaftsvereine und besonderen Krankenkassen müssen Bestimmung treffen:[1]

1. über Namen, Sitz und Bezirk[2] des Vereins;[3]
2. über die Klassen der dem Beitrittszwang unterliegenden und über die zum Beitritte berechtigten Personen;
3. über die zur An- und Abmeldung derselben bestimmten Stellen und über den Zeitpunkt der An- und Abmeldung;
4. über die Bemessung,[4] den Ort und die Zeit der Ein-

zahlung etwa vorzuschreibender Eintrittsgelder[5] sowie der Beiträge;

5. über Art und Umfang der einzelnen Unterstützungen;
6. über die Bildung und Zusammenberufung des Vorstandes, die Art seiner Beschlußfassung und die Entschädigung, welche den Vorstandsmitgliedern und Knappschaftsältesten für die ihnen infolge ihrer Teilnahme an den Generalversammlungen sowie an den Sitzungen des Vorstandes und der Ausschüsse erwachsenen Reise- und Zehrungskosten, sowie den Knappschaftsältesten und den von diesen gewählten Vorstandsmitgliedern außerdem noch für den aus gleichem Anlaß entgangenen Arbeitsverdienst zu gewähren ist;[5, 6]
7. über die Zusammensetzung und Berufung der Generalversammlung, über die Art ihrer Beschlußfassung und den Umfang ihrer Befugnisse, soweit nicht § 181a maßgebend ist;
8. über die Verwaltung des Vereins,[3] soweit nicht die §§ 181 und 182a maßgebend sind;
9. über die Aufstellung und Prüfung der Jahresrechnung;
10. über die Art rechtsverbindlicher Veröffentlichungen in Angelegenheiten des Vereins;[3]
11. über die Abänderung der Satzung.

Jedes Mitglied des Knappschaftsvereins und der besonderen Krankenkasse erhält ein Exemplar der Satzung und etwaiger Abänderungen.[7]

[1] „Die Vorschriften sind aufgenommen nach dem Vorgang in § 23 KVG. und in § 14 der sächsischen Berggesetznovelle vom 2. April 1884 (Zeitschr. f. Bergr. Bd. 25 S. 293). Entsprechende Anordnungen empfehlen sich aus dem Grunde, weil die Satzungen einzelner, insbesondere der kleineren Knappschaftsvereine bisher vielfach dürftig gewesen sind, manche Vorschriften vermissen ließen, deren Aufnahme im Interesse des Verständnisses und der Über-

sichtlichkeit erwünscht ist, und deshalb für eine wirksame Handhabung des Aufsichtsrechts mitunter Schwierigkeiten boten." Begr. S. 10.

2 „Der ‚Bezirk' des Vereins kann wie bisher sowohl geographisch als auch nach Arten von Werken abgegrenzt sein." Begr. S. 10.

3 „Der Ausdruck ‚Verein' soll hier sowohl den Knappschaftsverein wie auch die besondere Krankenkasse umfassen." Begr. S. 10.

4 „Das Wort ‚Bemessung' ist gewählt, weil es nicht unbedingt erforderlich sein soll, die Höhe der Beiträge in der Satzung so festzulegen, daß jede Änderung der Beiträge nur im Wege der Satzesänderung erfolgen kann." Begr. S. 10.

5 Vgl. Anm. 1 zu § 174.

6 Hiernach muß von den Knappschaftsvereinen und besonderen Krankenkassen fortan eine Entschädigung gewährt werden:

a) den Knappschaftsältesten und allen Vorstandsmitgliedern für die Reise- und Zehrungskosten, welche ihnen infolge ihrer Teilnahme an den Generalversammlungen sowie an den Sitzungen des Vorstandes und der Ausschüsse erwachsen;

b) den Knappschaftsältesten und den von diesen gewählten Vorstandsmitgliedern außerdem noch für den ihnen aus gleichem Anlaß entgangenen Arbeitsverdienst.

Diese Entschädigungen brauchen nicht ihrer Höhe nach in der Satzung festgesetzt zu sein, vielmehr genügt es, daß die Grundsätze für ihre Bemessung in der Satzung festgelegt werden. KommBerAH S. 16, 17.

Neben der hier unter Ziff. 6 erwähnten Entschädigung wird den Knappschaftsältesten vielfach noch eine weitere Entschädigung gewährt für ihre Mühewaltung im allgemeinen, für Papier, Schreibmaterialien usw. Auf diese letztere Entschädigung beziehen sich die Vorschriften unter Ziff. 6 nicht. Die Knappschaftsvereine sind also nicht durch das Gesetz gezwungen, den Knappschaftsältesten eine derartige weitere Entschädigung zu gewähren oder die Grundsätze für ihre Bemessung in der Satzung festzulegen. KommBerAH. S. 17.

[7] Die bisherige tatsächliche Übung der meisten Knappschaftsvereine, wonach jedem Mitglied des Vereins ein Exemplar der Satzung und etwaiger Abänderungen ausgehändigt wurde, ist nunmehr eine allen Knappschaftsvereinen und besonderen Krankenkassen obliegende gesetzliche Verbindlichkeit.

§ 171.[1]

Die Arbeiter, welche im Betriebe der in dem Bezirk eines bereits bestehenden oder neu gegründeten Knappschaftsvereins belegenen Bergwerke, Aufbereitungsanstalten, Salinen und zugehörigen Betriebsanstalten sowie der zu dem Knappschaftsvereine gehörigen Hüttenwerke und sonstigen Gewerbsanlagen beschäftigt werden,[2] sind, sofern nicht die Beschäftigung durch die Natur ihres Gegenstandes oder im voraus durch den Arbeitsvertrag auf einen Zeitraum von weniger als einer Woche beschränkt ist, Mitglieder der Krankenkasse des Knappschaftsvereins oder der errichteten besonderen Krankenkasse. Einer Beitrittserklärung bedarf es nicht.[3]

Mitglieder der Krankenkassen sind auch die Werksbeamten sowie die Verwaltungsbeamten der Knappschaftsvereine und besonderen Krankenkassen, wenn ihr Arbeitsverdienst an Lohn oder Gehalt sechszweidrittel Mark für den Arbeitstag oder, sofern Lohn oder Gehalt nach größeren Zeitabschnitten bemessen ist, zweitausend Mark für das Jahr gerechnet, nicht übersteigt. Als Gehalt oder Lohn gelten auch Tantiemen und Naturalbezüge; für sie wird der vom Revierbeamten festzusetzende Durchschnittswert in Ansatz gebracht.[4]

Zum Beitritte berechtigt sind auch die übrigen Werksbeamten und Verwaltungsbeamten der Knappschaftsvereine und besonderen Krankenkassen.[5]

In Staatsbetrieben mit Pensionsberechtigung angestellte Beamte unterliegen den Vorschriften im Abs. 2 und 3 nicht.

Sie sind indessen zum Beitritte berechtigt, wenn die vorgesetzte Dienstbehörde zustimmt.[6]

[1] Zu §§ 171 bis 171e:

Die §§ 171 bis 171e behandeln die Krankenversicherung der Knappschaftsmitglieder. Neben diesen landesgesetzlichen Vorschriften kommen für die Knappschaftsvereine und ihre Mitglieder noch in Betracht die Vorschriften des Krankenversicherungsgesetzes in der Fassung des Gesetzes vom 10. April 1892 (RGBl. S. 417) und der Novellen vom 30. Juni 1900 (RGBl. S. 332) und vom 25. Mai 1903 (RGBl. S. 233), ferner die Vorschriften des Gewerbe-Unfallversicherungsgesetzes in der Fassung der Bekanntmachung vom 5. Juli 1900 (RGBl. S. 585) und endlich die Vorschriften des Invalidenversicherungsgesetzes in der Fassung der Bekanntmachung vom 19. Juli 1899 (RGBl. S. 463). Die für die Knappschaftsvereine besonderes Interesse bietenden Vorschriften dieser Gesetze sind unten im Anhang zusammengestellt. Eine ausführliche Erläuterung dieser Vorschriften liegt außerhalb der Aufgaben eines Kommentars zu dem Knappschaftsgesetz. In dieser Beziehung wird vielmehr auf die Kommentare zu diesen Gesetzen verwiesen, insbesondere auf die Kommentare

a) zum Krankenversicherungsgesetz von: v. Woedtke, 5. Aufl., Berlin 1896; Jul. Hahn, 4. Aufl., Berlin-Grunewald 1905; Th. Petersen, 5. Aufl., Hamburg 1906; Dr. F. Hoffmann, 5. Aufl., Berlin 1905 (Heymannsche Taschen-Gesetzsammlung); v. Woedtke-Eucken-Addenhausen, 11. Aufl., Berlin 1905 (Guttentagsche Sammlung deutscher Reichsgesetze);

b) zum Gewerbe-Unfallversicherungsgesetz von: v. Woedtke-Caspar, 5. Aufl., Berlin 1901; v. Woedtke-Caspar, 8. Aufl., Berlin 1904 (Guttentagsche Sammlung deutscher Reichsgesetze); Dr. F. Hoffmann, 3. Aufl., Berlin 1906 (Heymannsche Taschen-Gesetzsammlung);

c) zum Invalidenversicherungsgesetz von: v. Landmann und v. Rasp, 2. Aufl., München 1901; Gebhard-Düttmann, 2. Aufl., Altenburg 1901 nebst Nachtrag 1 bis 3 Altenburg 1906; Isenbart und Spielhagen, 2. Aufl., Berlin 1903 nebst Nachtrag, 2. Aufl., Berlin 1906; v. Woedtke, 9. Aufl., Berlin 1902 (Guttentagsche Sammlung deutscher Reichsgesetze); Dr. F. Hoffmann, 3. Aufl., Berlin 1905 (Heymannsche Taschen-Gesetzsammlung).

A. Krankenversicherungsgesetz.

Nach § 1 KVG. sind auch die Knappschaftsmitglieder der durch dieses Gesetz aufgestellten Krankenversicherungspflicht unterworfen. Dagegen tritt nach § 74 a. a. O. für die Mitglieder der Knappschaftsvereine weder die Gemeindekrankenversicherung noch die Verpflichtung ein, einer nach Maßgabe des KVG. errichteten Krankenkasse anzugehören; indessen müssen die satzungsmäßigen Leistungen der Knappschaftsvereine in Krankheitsfällen die für die Betriebs-(Fabrik-)Krankenkassen vorgeschriebenen Mindestleistungen erreichen, und es sind außerdem in § 74 Abs. 3 a. a. O. bestimmte Vorschriften des KVG. namhaft gemacht, welche auch auf die Knappschaftsvereine Anwendung finden.

Außer §§ 1 und 74 kommen von den Vorschriften des KVG. hier namentlich in Betracht die Vorschriften:

a) über die Mindestleistungen der Knappschaftsvereine in Krankheitsfällen, vgl. unten § 171 b dieses Gesetzes;

b) in § 20 Abs. 5 über die Überweisung des auf Grund der Reichsgesetze über Unfallversicherung zu gewährenden Sterbegeldes an die Krankenkassen bis zur Höhe des von letzteren gewährten Sterbegeldes;

c) in § 26 Abs. 1 und Abs. 2 Satz 1 über den Beginn der Unterstützungsansprüche und die Erhebung eines Eintrittsgeldes (wegen des Eintrittsgeldes vgl. unten Anm. 1 zu § 174);

d) in § 56 Abs. 2 bis 4 über die Übertragung, Verpfändung, Pfändung und Aufrechnung der Unterstützungsansprüche, vgl. unten § 173 dieses Gesetzes;

e) in § 56 a über die Befugnis der höheren Verwaltungsbehörde — hier des Oberbergamts, MinErl. vom 17. August 1892, Zeitschr. f. Bergr. Bd. 33 S. 424 —, die Krankenkassen zur Bestellung weiterer Kassenärzte, Apotheker und Krankenhäuser zu verpflichten;

f) in § 57 a über die Befugnis der Krankenkassen, an außerhalb ihres Bezirks wohnende Mitglieder durch die für den Wohnort in Betracht kommende Ortskrankenkasse oder Gemeindekrankenversicherung die Krankenunterstützung zu gewähren;

g) in §§ 76 b bis 76 d über die Verpflichtung der Krankenkassen zur Anzeige der durch Betriebsunfall herbeigeführten Erkrankungsfälle an die Berufsgenossenschaften usw. und die Übernahme des Heilverfahrens durch die Berufsgenossenschaften, vgl. GUVG. § 11 Abs. 2 (Anhang Buchst. B).

Endlich sei hier noch erwähnt, daß § 58 KVG. auf die Knappschaftsvereine keine Anwendung findet, daß also bei Ersatzansprüchen, welche von Gemeinden und Krankenkassen gegen Knappschaftsvereine geltend gemacht werden, das Verwaltungsstreitverfahren nicht stattfindet. Urt. des OberverwGer. vom 7. November 1901, PreußVerwBl. Bd. 23 S. 313, Arbeiter-Versorgung 19. Jahrg. 1902, S. 116.

B. Gewerbe-Unfallversicherungsgesetz.

Nach § 1 Abs. 1 Ziff. 1 GUVG. sind die beitrittspflichtigen Knappschaftsmitglieder und die bis zu dreitausend Mark Jahresgehalt beziehenden beitrittsberechtigten Beamten bei den auf Grund des GUVG. errichteten Berufsgenossenschaften usw. gegen die Folgen der bei dem Betriebe sich ereignenden Unfälle versichert. Diese Versicherung berührt sowohl die Krankenkassenleistungen wie die Pensionskassenleistungen der Knappschaftsvereine. Wegen der Einwirkung der Unfallversicherung auf die Pensionskassenleistungen vgl. unten Anm. 1 zu § 172a. Hinsichtlich der Krankenkassenleistungen begreift die Unfallversicherung insbesondere einmal die in Anm. 3 zu § 171b erwähnte Erhöhung des Krankengeldes für die fünfte bis einschließlich dreizehnte Woche nach Eintritt des Unfalls durch den Betriebsunternehmer (GUVG. § 12 Abs. 1), ferner die nachstehend aufgeführten Leistungen der Berufsgenossenschaften usw. in sich:

a) freie ärztliche Behandlung, Arznei und sonstige Heilmittel sowie die zur Sicherung des Erfolges des Heilverfahrens und zur Erleichterung der Folgen der Verletzung erforderlichen Hilfsmittel (Krücken, Stützapparate und dgl.) (GUVG. § 9 Abs. 1 Ziff. 1);
b) eine Rente für die Dauer der Erwerbsunfähigkeit (GUVG. § 9 Abs. 1 Ziff. 2);
c) ein Sterbegeld bei tödlicher Verunglückung (GUVG. § 15 Abs. 1 Ziff. 1).

Außerdem sind die Berufsgenossenschaften usw. insbesondere auch befugt:

a) an Stelle der vorstehend unter a und b aufgeführten Pflichtleistungen unter bestimmten Voraussetzungen freie Kur und Verpflegung in einer Heilanstalt unter den aus GUVG. § 11 Abs. 2 und 3 hinsichtlich der Knappschaftskassen sich ergebenden Einschränkungen zu gewähren, wobei den Angehörigen des in einer Heilanstalt Untergebrachten ein Anspruch auf Rente insoweit zusteht, als sie dieselbe nach §§ 16 ff. GUVG. im Falle seines Todes würden beanspruchen können (GUVG. § 22);

b) unter Umständen auch später jederzeit ein neues Heilverfahren eintreten zu lassen (GUVG. § 23);

c) der Krankenkasse gegen Ersatz der ihr dadurch erwachsenden Kosten die Fürsorge für den Verletzten über den Beginn der vierzehnten Woche hinaus bis zur Beendigung des Heilverfahrens in dem von der Berufsgenossenschaft usw. für geboten erachteten Umfange zu übertragen (GUVG. § 11 Abs. 1);

d) an Stelle der Krankenkassen das Heilverfahren schon vor Ablauf der dreizehnten Woche zu übernehmen (GUVG. § 11 Abs. 2, KVG. § 76c).

Was das gegenseitige Verhältnis der Leistungen der Krankenkasse zu denjenigen der Berufsgenossenschaften usw. anlangt, so liegt zunächst auf der Hand, daß durch diejenigen tatsächlichen Leistungen der Berufsgenossenschaften usw., die ihrem Wesen nach nicht als getrennte Leistungen der Krankenkassen und Berufsgenossenschaften nebeneinander gewährt werden können (z. B. freie ärztliche Behandlung und Arznei sowie Verpflegung in einem Krankenhause), die Krankenkassen entlastet werden. Ferner kommt hinsichtlich des Sterbegeldes hier in Betracht die Vorschrift in § 20 Abs. 5 KVG., wonach den Krankenkassen bis zur Höhe des von ihnen gewährten Sterbegeldes durch Überweisung des auf Grund der Unfallversicherungsgesetze zu gewährenden Sterbegeldes Ersatz zu leisten ist. Im übrigen wird dieses Verhältnis in § 25 GUVG. dahin geregelt, daß die Verpflichtung der Krankenkassen, ihren Mitgliedern und deren Angehörigen und Hinterbliebenen Unterstützungen zu gewähren, durch das GUVG. nicht berührt wird, daß dagegen den Krankenkassen durch Überweisung von Rentenbeträgen Ersatz zu leisten ist, wenn von den Krankenkassen auf Grund ihrer Verpflichtung Unterstützungen für einen Zeitraum gewährt werden, für welchen dem Unterstützten auf Grund des GUVG. ein Entschädigungsanspruch zustand oder noch zusteht. Für die Bemessung dieser Ersatzleistung stellt § 25 Abs. 3 bis 5 GUVG. folgende Grundsätze auf:

a) Ist die von der Krankenkasse geleistete Unterstützung eine vorübergehende, so können als Ersatz höchstens drei Monatsbeträge der Rente, und zwar mit nicht mehr als der Hälfte in Anspruch genommen werden.

b) Ist die Unterstützung eine fortlaufende, so kann, wenn die Unterstützung in der Gewährung des Unterhalts in einer Anstalt besteht, für dessen Dauer und in dem zur Ersatzleistung erforderlichen Betrage die fortlaufende Überweisung der vollen Rente, im übrigen die fortlaufende Überweisung von höchstens der halben Rente beansprucht werden.

c) Als Ersatz für die Gewährung von freier ärztlicher Behandlung, Arznei sowie Brillen, Bruchbändern und ähnlichen Heilmitteln gilt die Hälfte des gesetzlichen Mindestbetrages des Krankengeldes der betreffenden Krankenkasse.

Streitigkeiten, welche aus den vorerörterten Bestimmungen zwischen den Beteiligten über den Anspruch auf Überweisung von Rentenbeträgen entstehen, werden nach § 26 Abs. 2 GUVG. im Verwaltungsstreitverfahren entschieden. Zuständig ist der Bezirksausschuß. Gegen dessen Entscheidung ist die Revision an das Oberverwaltungsgericht zulässig. Zu den „Beteiligten" im Sinne des § 26 Abs. 2 GUVG. gehören nach feststehender und zutreffend begründeter Rechtsprechung des Oberverwaltungsgerichts nicht nur die Krankenkasse und die Berufsgenossenschaft, sondern auch der Rentenberechtigte (vgl. z. B. Urt. des OberverwGer. vom 17. September 1903, Zeitschr. f. Bergr. Bd. 44 S. 490). Das Reichsgericht hat diese Frage allerdings im entgegengesetzten Sinne entschieden in dem Urt. vom 5. März 1904, Zeitschr. f. Bergr. Bd. 45 S. 221.

Über das Verhältnis der auf Grund des GUVG. zu gewährenden Leistungen zu den Pensionskassenleistungen der Knappschaftsvereine vgl. unten Anm. 1 zu § 172 a.

C. Invalidenversicherungsgesetz.

Nach § 1 JVG. sind die beitrittspflichtigen Knappschaftsmitglieder bei den auf Grund des JVG. errichteten Versicherungsanstalten und zugelassenen besonderen Kasseneinrichtungen gegen Invalidität im Sinne des JVG. und gegen Alter versichert. Für die Zulassung als besondere Kasseneinrichtung sind §§ 8 bis 10 JVG. (vgl. Anhang Buchst. C) maßgebend. Von den preußischen Knappschaftsvereinen sind als besondere Kasseneinrichtungen zugelassen der Saarbrücker Knappschaftsverein und der Allgemeine Knappschaftsverein in Bochum; außerdem ist zugelassen die von fast sämtlichen Knappschaftsvereinen der Oberbergamtsbezirke Halle und Clausthal sowie einigen außerpreußischen Knappschaftsvereinen lediglich für die reichsgesetzliche Invaliden- und Altersversicherung ihrer Mitglieder gebildete Norddeutsche Knappschaftspensionskasse in Halle a. S. Die den Versicherungsanstalten und zugelassenen Kasseneinrichtungen durch das JVG. zugewiesenen Aufgaben berühren sich vorzugsweise mit den Aufgaben der knappschaftlichen Pensionskassen. Das gegenseitige Verhältnis der beiderseitigen Leistungen wird daher in der Hauptsache bei den von den Pensionskassenleistungen der Knappschaftsvereine handelnden Bestimmungen dieses Gesetzes erörtert; vgl. Anm. 1 zu § 172 a. Als für die Krankenkassen der Knappschaftsvereine maßgebende Vorschriften des JVG. sind hier besonders hervorzuheben:

a) die Vorschriften in § 18 JVG. Danach sind die Versicherungsanstalten befugt, wenn zu besorgen ist, daß als Folge der Erkrankung des Versicherten den Anspruch auf reichsgesetzliche Invalidenrente begründende Erwerbsunfähigkeit eintreten wird, zur Abwendung dieses Nachteils ein Heilverfahren eintreten zu lassen. Macht eine Versicherungsanstalt von dieser Befugnis Gebrauch, so gehen vom Beginn des Heilverfahrens bis zu dessen Beendigung die Verpflichtungen der Krankenkassen gegen den Versicherten auf die Versicherungsanstalt über. Dagegen hat die Krankenkasse der Versicherungsanstalt Ersatz zu leisten in Höhe desjenigen Krankengeldes, welches der Versicherte von der Krankenkasse für sich beanspruchen konnte. Die Versicherungsanstalt hat somit alsdann eine Vergütung weder für die auf sie übergehende Gewährung der ärztlichen Behandlung und Arznei, noch für die Angehörigenunterstützung bei Krankenhauspflege zu beanspruchen.

b) die Vorschriften in § 19 JVG. Danach ist die Versicherungsanstalt, welche ein Heilverfahren eintreten läßt, befugt, die Fürsorge für den Erkrankten der Krankenkasse, welcher er angehört oder zuletzt angehört hat, in dem von der Versicherungsanstalt für geboten erachteten Umfang zu übertragen. Insoweit die dadurch der Krankenkasse auferlegten Leistungen über den Umfang der von ihr gesetzlich oder satzungsmäßig zu leistenden Fürsorge hinausgehen, hat die Versicherungsanstalt die Kosten zu tragen. Bestand eine Fürsorgepflicht der Krankenkasse überhaupt nicht mehr, so ist der Krankenkasse von der Versicherungsanstalt bei Unterbringung des Versicherten in ein Krankenhaus das einundeinhalbfache Krankengeld, sonst das halbe Krankengeld zu ersetzen, sofern nicht höhere Aufwendungen nachgewiesen werden.

c) die Vorschriften in § 23 JVG., wonach Streitigkeiten zwischen den Versicherungsanstalten und Krankenkassen aus den unter a und b erwähnten Bestimmungen, sofern es sich um Geltendmachung der den Versicherungsanstalten eingeräumten Befugnisse handelt, von der Aufsichtsbehörde der beteiligten Krankenkasse, sofern es sich um Ersatzansprüche handelt, im Verwaltungsstreitverfahren entschieden werden. In letzterem Falle ist der Bezirksausschuß zuständig; gegen dessen Entscheidung ist das Rechtsmittel der Revision an das Oberverwaltungsgericht zulässig.

Über das Verhältnis der auf Grund des JVG. zu gewährenden Leistungen zu den Pensionskassenleistungen der Knappschaftsvereine vgl. unten Anm. 1 zu § 172a.

[2] „Durch die im Eingang des Abs. 1 gewählte Fassung: ‚Die Arbeiter, welche im Betriebe der ..... Bergwerke ..... beschäftigt werden' hat klarer als bisher zum Ausdruck gebracht werden sollen, daß für die Beitrittspflicht zur Krankenkasse des Knappschaftsvereins — abgesehen von der im weiteren Wortlaut der Vorschrift behandelten Beschränkung der Beschäftigungsdauer auf weniger als eine Woche — ausschließlich die Tatsache entscheidend ist, daß der Arbeiter im Betriebe eines Vereinswerks beschäftigt wird, sodaß es für die Beitrittspflicht bedeutungslos ist, ob der Arbeiter im Dienste des Werksbesitzers selbst steht oder im Dienste eines selbständigen Unter-

nehmers, dem die Ausführung einer bestimmten, zum Betriebe des Vereinswerks gehörigen Arbeit vom Werksbesitzer übertragen ist." Begr. S. 10.

³ „Im Anschluß an den alten § 168 wird die Zugehörigkeit der auf den dem Knappschaftszwange unterliegenden Betrieben beschäftigten Arbeiter zu den Krankenkassen geregelt; an Stelle der Beitrittspflicht tritt indessen entsprechend dem KVG. die Mitgliedschaft kraft Gesetzes mit Ausnahme der vorübergehenden Beschäftigung." Begr. S. 10.

⁴ An Stelle der im bisherigen Gesetz nur vorgesehenen Beitritts**berechtigung** der Werksbeamten sowie der Verwaltungsbeamten der Knappschaftsvereine und der besonderen Krankenkassen ist für diejenigen dieser Beamten, bei denen die hier in Abs. 2 aufgeführten Voraussetzungen der reichsgesetzlichen Krankenversicherungspflicht vorliegen (KVG. § 2b), die Mitgliedschaft kraft **Gesetzes** getreten. Begr. S. 11.

⁵ Für diejenigen Werksbeamten und Verwaltungsbeamten der Knappschaftsvereine und besonderen Krankenkassen, auf welche die in Abs. 2 aufgeführten Voraussetzungen der reichsgesetzlichen Krankenversicherungspflicht nicht zutreffen, ist an der bisherigen Beitritts**berechtigung** festgehalten. Begr. S. 11.

⁶ „Im allgemeinen sollen die in Staatsbetrieben mit Pensionsberechtigung angestellten Beamten den Knappschaftsvereinen nicht angehören, und zwar auch nicht den Krankenkassen dieser Vereine. Vgl. auch § 3 KVG. und § 1 Abs. 3 der sächsischen Berggesetznovelle vom 2. April 1884. Indessen kann in besonderen Fällen die Zugehörigkeit solcher Beamten zur Krankenkasse wünschenswert erscheinen, z. B. bei gering besoldeten Beamten, die auf entlegenen Werken wohnen. Der Entwurf gewährt daher diesen Beamten die Möglichkeit zum Beitritt, bindet diese Möglichkeit aber an die Zustimmung der vorgesetzten Dienstbehörde. Diese Vorschrift ermöglicht, den Verhältnissen des einzelnen Falles sachgemäß Rechnung zu tragen." Begr. S. 11.

§ 171a.[1]

Von dem Beitrittszwange sind auf ihren Antrag solche Personen zu befreien, welche infolge von Verletzungen, Gebrechen, chronischen Krankheiten oder Alter nur teilweise oder nur zeitweise erwerbsfähig sind, wenn der unterstützungspflichtige Armenverband der Befreiung zustimmt.[2]

Wird der Antrag vom Vorstand abgelehnt, so entscheidet auf die Beschwerde des Antragstellers die Aufsichtsbehörde endgültig.[3]

[1] Vgl. Anm. 1 zu § 171.

[2] Abs. 1 gibt lediglich die Vorschrift des § 3a Abs. 1 Ziff. 1 KVG. über die Einschränkung der reichsgesetzlichen Krankenversicherungspflicht wieder. Der a. a. O. § 3a Abs. 1 Ziff. 2 erwähnte Fall ist hier unerwähnt geblieben, weil er beim Bergbau nicht vorkommen wird. Begr. S. 11.

[3] Abs. 2 entspricht dem § 3a Abs. 2 KVG. Über den Antrag entscheidet der Vorstand vorbehaltlich der Beschwerde an die Aufsichtsbehörde, welche endgültig entscheidet. Der letzteren ausdrücklichen Vorschrift hätte es gegenüber der allgemeinen Vorschrift in § 186 des Gesetzes nicht unbedingt bedurft; sie ist indessen der größeren Klarheit wegen hier aufgenommen. Begr. S. 11.

§ 171 b.[1]

Die Leistungen, welche die Knappschaftsvereine und besonderen Krankenkassen ihren Mitgliedern und deren Angehörigen in Krankheits- und Sterbefällen zu gewähren haben, müssen die im Krankenversicherungsgesetze für die Betriebs-(Fabrik-)Krankenkassen vorgeschriebenen Mindestleistungen erreichen.[2, 3]

[4]Eine Erhöhung und Erweiterung dieser Leistungen ist nach näherer Bestimmung der Satzungen in demselben Umfange zulässig, wie er im Krankenversicherungsgesetze für die Betriebs-(Fabrik-)Krankenkassen vorgesehen ist.[5] Außerdem sind zulässig satzungsmäßige Bestimmungen, nach welchen den Knappschaftsinvaliden und deren Angehörigen gegen Entrichtung von Beiträgen freie Kur und Arznei in Krankheitsfällen sowie den Mitgliedern des Knappschaftsvereins

oder der Krankenkasse und deren Angehörigen oder Hinterbliebenen in Fällen der Notlage nach dem Ermessen des Vorstandes außerordentliche Unterstützungen gewährt werden können.[6] Steht nach der Satzung eines Knappschaftsvereins den Knappschaftsinvaliden und ihren Angehörigen freie Kur und Arznei in Krankheitsfällen zu, ohne daß die Invaliden hierfür Beiträge zu entrichten haben, so sind diese Leistungen für Rechnung der Pensionskasse zu gewähren.[7]

Abänderungen der Satzung, durch welche die bisherigen Krankenkassenleistungen herabgesetzt werden, finden auf solche Mitglieder, welchen bereits zur Zeit der Abänderung ein Unterstützungsanspruch wegen eingetretener Krankheit zusteht, für die Dauer dieser Krankheit keine Anwendung.[8] Abänderungen der Satzung, durch welche die bisherigen Krankenkassenleistungen erweitert werden, finden auf die vorbezeichneten Unterstützungsfälle dann Anwendung, wenn dies in der Satzung ausdrücklich bestimmt ist.[9]

Der Höchstbetrag einer nach der Satzung wider ein Mitglied zu verhängenden Ordnungsstrafe darf den dreifachen Betrag des täglichen Krankengeldes und bei Knappschaftsinvaliden das Dreifache desjenigen Betrags, welchen sie als Krankengeld zuletzt zu beanspruchen hatten, für jeden einzelnen mit Ordnungsstrafe zu belegenden Fall nicht übersteigen.[10]

Die mit Ärzten, Apothekern und Krankenhäusern über die ärztliche Behandlung, die Lieferung der Arznei und die Kur und Verpflegung der Mitglieder abgeschlossenen Verträge sind dem Oberbergamte mitzuteilen.[11]

[1] Vgl. Anm. 1 zu § 171.

[2] Nach § 74 Abs. 2 KVG. müssen die satzungsmäßigen Leistungen der Knappschaftsvereine in Krankheitsfällen die für die Betriebs-(Fabrik-)Krankenkassen vorgeschriebenen Mindestleistungen erreichen.

Diese Mindestleistungen sind im KVG. durch § 64 in Verbindung mit § 20, §§ 6, 7 und 8 sowie § 26a sowohl ihrer Art als auch dem Maße nach vorgeschrieben. Die vorerwähnten Vorschriften des KVG. sind im Anhang Buchst. A ihrem Wortlaut nach wiedergegeben.

Das vorliegende Gesetz hat in § 171b an diesem reichsgesetzlichen Grundsatz festgehalten, obwohl zahlreiche Knappschaftsvereine in ihren satzungsmäßigen Leistungen über die ihnen hiernach gesetzlich obliegenden Mindestleistungen erheblich hinausgehen. In der Kommission des Abgeordnetenhauses waren mehrfache Anträge gestellt, die dahin abzielten, höhere Mindestleistungen gesetzlich festzulegen; sämtliche Anträge sind indessen abgelehnt worden. Die Ablehnung erfolgte einerseits in der Erwägung, daß die Hauptaufgabe des Gesetzes — die Knappschaftsvereine leistungsfähig zu gestalten — gefährdet werden könnte, wenn man allen Vereinen ohne Rücksicht auf ihre finanzielle Lage durch Gesetz den Zwang auferlegen wollte, in ihren Krankenkassenleistungen höher zu gehen als einzelne Kassen vielleicht könnten, andererseits aber in der Erwartung, daß die leistungsfähigen Vereine wie bisher so auch künftig höhere Leistungen als die gesetzlichen Mindestleistungen gewähren werden. Vgl. KommBerAH. S. 18ff.

Die den Knappschaftsvereinen hiernach obliegenden Mindestleistungen, welche übrigens noch die in § 26a KVG. aufgeführten Beschränkungen erfahren können, sind die folgenden:

a) im Falle einer Krankheit vom Beginn der Krankheit ab freie ärztliche Behandlung, Arznei sowie Brillen, Bruchbänder und ähnliche Heilmittel (KVG. § 20 Abs. 1 Ziff. 1, § 6 Abs. 1 Ziff. 1);

b) bei mit Krankheit verbundener oder durch Krankheit herbeigeführter Erwerbsunfähigkeit vom dritten Tage nach dem Tage der Erkrankung ab ein Krankengeld für jeden Arbeitstag (KVG. § 20 Abs. 1 Ziff. 1, § 6 Abs. 1 Ziff. 2). Das Krankengeld kann von den einzelnen Kassen je nach ihrer Wahl in dreifach verschiedener Weise festgesetzt werden: entweder wird zugrunde gelegt der durchschnittliche Tagelohn derjenigen Klassen der Versicherten, für welche die Kasse errichtet ist, soweit er 4 Mark für den Arbeitstag nicht überschreitet, wobei die Festsetzung des durchschnittlichen

Tagelohns für männliche und weibliche sowie für Personen über und unter 16 Jahren besonders zu erfolgen hat (KVG. § 20 Abs. 1 Ziff. 1, § 8 Abs. 2); oder es werden unter Berücksichtigung der zwischen den Kassenmitgliedern hinsichtlich der Lohnhöhe bestehenden Verschiedenheiten besondere Mitgliederklassen gebildet und alsdann der durchschnittliche Tagelohn jeder dieser Mitgliederklassen zugrunde gelegt, soweit er 5 Mark für den Arbeitstag nicht überschreitet (KVG. § 20 Abs. 2): oder es wird der wirkliche Arbeitsverdienst jedes einzelnen Mitgliedes zugrunde gelegt, soweit dieser 5 Mark für den Arbeitstag nicht übersteigt (KVG. § 26a Abs. 2 Ziff. 6). In jedem dieser Fälle beträgt der Mindestbetrag des Krankengeldes für jeden Arbeitstag die Hälfte des der Bemessung zugrunde gelegten durchschnittlichen Tagelohns bzw. Arbeitsverdienstes (KVG. § 20 Abs. 1 Ziff. 1, § 6 Abs. 1 Ziff. 2);

c) an Stelle der unter a und b vorgesehenen Leistungen kann unter den in § 7 KVG. vorgesehenen Voraussetzungen freie Kur und Verpflegung in einem Krankenhause gewährt werden. Hat der in einem Krankenhause Untergebrachte Angehörige, deren Unterhalt er bisher aus seinem Arbeitsverdienst bestritten hat, so ist neben der freien Kur und Verpflegung die Hälfte des gesetzlichen Mindestbetrages des Krankengeldes für diese Angehörigen zu zahlen (KVG. § 20 Abs. 1 Ziff. 1, § 7);

d) die unter a bis c bezeichneten Leistungen müssen bis zum Ablauf der sechsundzwanzigsten Woche nach Beginn der Krankheit bzw. des Krankengeldbezuges gewährt werden, falls die Krankheit oder Erwerbsunfähigkeit so lange andauert (KVG. § 20 Abs. 1 Ziff. 1, § 6 Abs. 2);

e) an Wöchnerinnen, die selbst Mitglied sind und innerhalb des letzten Jahres vom Tage der Entbindung ab gerechnet mindestens sechs Monate dem Verein oder einer auf Grund des KVG. errichteten Kasse oder einer Gemeindekrankenversicherung angehört haben, auf die Dauer von sechs Wochen nach ihrer Niederkunft eine Unterstützung in Höhe des Krankengeldes (KVG. § 20 Abs. 1 Ziff. 2);

f) für den Todesfall eines Mitgliedes ein Sterbegeld im

zwanzigfachen Betrage des für die Berechnung des Krankengeldes zugrunde gelegten durchschnittlichen Tagelohns. Das Sterbegeld ist auch dann zu gewähren, wenn ein als Vereinsmitglied Erkrankter erst nach Beendigung der Krankenunterstützung gestorben ist, indessen die Erwerbsunfähigkeit auch nach Beendigung der Krankenunterstützung fortgedauert hat und der Tod infolge derselben Krankheit vor Ablauf eines Jahres nach Beendigung der Krankenunterstützung eingetreten ist (KVG. § 20 Abs. 1 Ziff. 3 u. Abs. 3).

Eine ausführliche Erläuterung der vorerwähnten Vorschriften des KVG. liegt außerhalb der Aufgaben eines Kommentars zum Knappschaftsgesetz. Es wird vielmehr in dieser Beziehung auf die in Anm. 1 zu § 171 S. 40 aufgeführten Kommentare zum KVG. verwiesen.

[3] Außer den im KVG. selbst vorgeschriebenen Mindestleistungen kommt hier noch die auch für die Knappschaftsvereine bindende Vorschrift in § 12 GUVG. (vgl. Anhang Buchst. B) in Betracht, wonach bei Betriebsunfällen vom Beginn der fünften Woche nach Eintritt des Unfalls bis zum Ablauf der dreizehnten Woche das auf Grund des KVG. zu gewährende Krankengeld auf mindestens zwei Drittel des bei seiner Berechnung zugrunde gelegten Arbeitslohns zu bemessen und die Differenz zwischen diesem und dem satzungsmäßig niedrigeren Krankengeld der Krankenkasse von dem Unternehmer des Betriebes, in welchem sich der Unfall ereignet hat, zu ersetzen ist.

[4] Von der in Abs. 2 zugelassenen Erhöhung und Erweiterung der in Abs. 1 vorgeschriebenen Krankenkassenleistungen darf in der Satzung nur insoweit Gebrauch gemacht werden, als die dauernde Leistungsfähigkeit der Kasse dadurch nicht beeinträchtigt wird. Vgl. Begr. S. 12.

[5] Während bisher für die Krankenkassenleistungen der Knappschaftsvereine eine Höchstgrenze gesetzlich nicht vorgeschrieben war, hat das Gesetz in § 171 b Abs. 2 nunmehr auch den Grundsatz aufgestellt, daß eine Erhöhung und Erweiterung der gesetzlichen Mindestleistungen durch die Satzungen nur in demselben Umfang zulässig ist, wie dies im KVG. für die Betriebs-(Fabrik-)Krankenkassen vorgesehen ist. Die hiernach zulässigen Erhöhungen und Er-

weiterungen der Krankenkassenleistungen sind nach KVG. §§ 64 und 21 (vgl. Anhang Buchst. A) die folgenden:

a) Verlängerung der Dauer der Krankenunterstützung bis zu einem Jahre (KVG. § 21 Abs. 1 Ziff. 1);
b) Gewährung des Krankengeldes auch für die sog. Karenztage sowie allgemein auch für Sonn- und Festtage (KVG. § 21 Abs. 1 Ziff. 1a);
c) Bemessung des Krankengeldes bis zu drei Vierteln des durchschnittlichen Tagelohns (KVG. § 21 Abs. 1 Ziff. 2);
d) Gewährung auch anderer als der oben in Anm. 2 unter a aufgezählten Heilmittel (KVG. § 21 Abs. 1 Ziff. 2);
e) Gewährung eines Krankengeldes bei Unterbringung im Krankenhause an Mitglieder mit von ihnen unterhaltenen Angehörigen bis zur Hälfte, an Mitglieder ohne solche Angehörige bis zu einem Viertel des durchschnittlichen Tagelohns (KVG. § 21 Abs. 1 Ziff. 2a u. 3);
f) Fürsorge für Rekonvaleszenten für die Dauer eines Jahres von Beendigung der Krankenunterstützung ab, namentlich auch Unterbringung in einer Rekonvaleszentenanstalt (KVG. § 21 Abs. 1 Ziff. 3a);
g) Schwangerschaftsunterstützung bis zur Gesamtdauer von sechs Wochen an weibliche Mitglieder, die mindestens sechs Monate der Kasse angehören, sowie an nicht selbst dem Krankenversicherungszwang unterliegende Ehefrauen von Mitgliedern (KVG. § 21 Abs. 1 Ziff. 4 u. 5);
h) freie ärztliche Behandlung, Arznei und sonstige Heilmittel für erkrankte Angehörige, die nicht selbst dem Krankenversicherungszwang unterliegen (KVG. § 21 Abs. 1 Ziff. 5);
i) Bemessung des Sterbegeldes bis zum vierzigfachen Betrage des durchschnittlichen Tagelohns und auf den Mindestbetrag von fünfzig Mark (KVG. § 21 Abs. 1 Ziff. 6);
k) Gewährung des Sterbegeldes beim Tode der Ehefrau oder eines Kindes des Mitgliedes, sofern für diese Personen nicht aus eigener Krankenversicherungspflicht ein Sterbegeld zu gewähren ist, und Bemessung des Sterbegeldes beim Tode der Ehefrau bis zu zwei Dritteln, beim Tode eines Kindes bis zur Hälfte des für das Mitglied festgestellten Sterbegeldes (KVG. § 21 Abs. 1 Ziff. 7).

[6] In Satz 2 werden für die Knappschaftsvereine noch zwei fernere Erweiterungen ihrer Krankenkassenleistungen zugelassen, welche über die für die sonstigen Krankenkassen durch das KVG. für zulässig erklärten Leistungserweiterungen hinausgehen. „Eine große Zahl von Knappschaftsvereinen gewährt von jeher ihren Invaliden in Krankheitsfällen freie Kur und Arznei. Des weiteren sehen die Satzungen der meisten Knappschaftsvereine die Möglichkeit vor, den Mitgliedern und ihren Angehörigen oder Hinterbliebenen in Fällen besonderer Not außerordentliche Unterstützungen zu gewähren. Mit diesen eingelebten Einrichtungen durch gesetzlichen Zwang zu brechen, erscheint nicht angezeigt. Es war daher durch eine ausdrückliche Bestimmung die Möglichkeit zu gewähren, diese Einrichtungen beizubehalten." Begr. S. 12.

[7] Die Gewährung von freier Kur und Arznei an die Invaliden und ihre Angehörigen stellt eine Krankenkassenleistung nur dann dar, wenn von den Invaliden dafür Beiträge entrichtet werden. Werden die Invaliden dagegen — wie dies nach den bestehenden Satzungen vielfach der Fall ist — zu solchen Beiträgen nicht mehr herangezogen, so fällt diese Leistung naturgemäß der Pensionskasse zur Last. Begr. S. 12.

[8] Die Vorschrift in Satz 1 über die Anwendbarkeit von Leistungsherabsetzungen auf schwebende Krankheitsfälle ist aus § 26a Abs. 3 KVG. entnommen.

[9] Die Vorschrift in Satz 2 über die Anwendbarkeit von Leistungserhöhungen auf schwebende Krankheitsfälle entspricht der Handhabung des KVG. Vgl. Entscheidungen des OberverwGer. Bd. 38 S. 325.

[10] „Daß die Satzungen Vorschriften enthalten dürfen, wie sie § 26a KVG. für die Ortskrankenkassen zuläßt (Einschränkungen der Leistungen unter gewissen Voraussetzungen, Ordnungsstrafen u. a. m.), ist bisher nicht bezweifelt worden. Eine besondere Festlegung dieser Befugnis erscheint gegenüber dem mehrfachen Hinweis, daß die Leistungen nach „näherer Bestimmung der Satzung" zu erfolgen haben (§ 168), nicht erforderlich. Indessen erscheint es angezeigt, das Höchstmaß der wider Mitglieder zulässigen Ordnungsstrafen mit der Vorschrift in § 26a Abs. 2 Ziff. 2a KVG. in der Fassung der Novelle vom 25. Mai 1903 in Einklang zu bringen." Begr. S. 12.

[11] Die in Abs. 5 den Vereinen auferlegte Pflicht entspricht der den übrigen Krankenkassen durch § 26a Abs. 2 Ziff. 2b KVG. in der Fassung der Novelle vom 25. Mai 1903 auferlegten Pflicht.

§ 171c.[1]

Kassenmitglieder, welche aus der ihre Mitgliedschaft bei der Krankenkasse des Knappschaftsvereins oder bei einer besonderen Krankenkasse begründenden Beschäftigung freiwillig oder infolge Kündigung oder Entlassung durch den Werksbesitzer ausscheiden, verlieren, soweit das Gesetz nicht besondere Ausnahmen vorsieht, ihre Ansprüche auf die Leistungen der Kasse.[2]

Nichtbeitrittspflichtige Kassenmitglieder verlieren außerdem ihre Ansprüche auf die Leistungen der Kasse, wenn sie dem Vorstand ihren Austritt anzeigen oder die Beiträge an zwei aufeinander folgenden Zahlungsterminen nicht geleistet haben.[3]

[1] Vgl. Anm. 1 zu § 171.

[2] Die Vorschrift in Abs. 1 „gibt einen alten Grundsatz der Knappschaftssatzungen wieder, dessen Aufnahme hinsichtlich der Krankenkassen in das Gesetz mit Rücksicht auf die Ausnahmen in den folgenden Paragraphen angezeigt ist. Durch das Ausscheiden aus der die Mitgliedschaft begründenden Beschäftigung werden die Kassenleistungen in einem bereits eingetretenen Unterstützungsfalle nicht beendet, da eine solche Beendigung mit der Vorschrift in § 171b Abs. 1 dieses Gesetzes und § 74 Abs. 2 KVG. in Widerspruch stehen würde, das Gesetz also in dieser Beziehung eine besondere Ausnahme vorsieht." Begr. S. 12.

[3] Vgl. KVG. § 63 Abs. 4, § 19 Abs. 6, § 4 Abs. 4.

§ 171d.[1]

Kassenmitglieder, welche vor ihrem Ausscheiden aus der die Mitgliedschaft begründenden oder zu derselben berechtigenden Beschäftigung mindestens zwei Jahre hindurch ununterbrochen der Krankenkasse eines Knappschaftsvereins oder einer besonderen Krankenkasse angehört haben, bleiben, solange sie sich im Gebiete des Deutschen Reichs aufhalten und nicht zu einer Beschäftigung übergehen, vermöge welcher sie Mitglieder einer anderen Knappschafts- oder einer Orts-, Betriebs-(Fabrik-), Bau- oder Innungs-Krankenkasse werden, Mitglieder der Kasse, sofern sie ihre dahingehende Absicht binnen einer Woche dem Vorstand anzeigen. Die Zahlung der vollen satzungsmäßigen Kassenbeiträge zum ersten Fälligkeitstermin ist der ausdrücklichen Anzeige gleich zu achten, sofern der Fälligkeitstermin innerhalb der für die letztere vorgeschriebenen einwöchigen Frist liegt.[2]

Die Mitgliedschaft erlischt, wenn die Beiträge an zwei aufeinander folgenden Zahlungsterminen nicht geleistet werden.

Zur Erhaltung der Mitgliedschaft haben die im Abs. 1 erwähnten Mitglieder die vollen für andere Kassenmitglieder von diesen und von den Werksbesitzern aufzubringenden Beiträge (§§ 174 und 175) aus eigenen Mitteln zu leisten. Sie dürfen weder Stimmrechte ausüben, noch Kassenämter übernehmen.[4]

[1] Vgl. Anm. 1 zu § 171.

[2] In Abs. 2 sind die für die übrigen Krankenkassen maßgebenden Vorschriften in § 27 Abs. 1 KVG. wiedergegeben über die Erhaltung der Mitgliedschaft für solche Mitglieder, welche aus der die Mitgliedschaft begründenden Beschäftigung ausscheiden. Mit Rücksicht auf den besonderen Charakter der Knappschaftsvereine als rein bergrechtliche Organisationen sind diese Vorschriften indessen nur für diejenigen Mitglieder für anwendbar erklärt, welche mindestens zwei Jahre hindurch ununterbrochen einem Knappschaftsverein oder einer besonderen Krankenkasse angehört haben. Die im Regierungsentwurf enthaltene weitergehende Einschränkung, wonach die Erhaltung der Mitgliedschaft nur für die

Dauer eines Jahres zulässig sein sollte, ist in der Kommission des Abgeordnetenhauses aus dem Entwurf gestrichen worden. Vgl. KommBerAH. S. 21 f.

[3] Vgl. KVG. § 27 Abs. 2.

[4] Die in Rede stehenden Mitglieder dürfen also insbesondere weder an der Wahl der Knappschaftsältesten sich beteiligen noch zu Knappschaftsältesten gewählt werden. Aus letzterem Grunde können sie außer den Kassenämtern auch das Amt eines Beisitzers beim Schiedsgericht oder Oberschiedsgericht nicht versehen (§ 186 b Abs. 3, § 186 m Abs. 2).

§ 171 e.[1, 2]

Personen, welche infolge eintretender Erwerbslosigkeit[3] aus der Krankenkasse ausscheiden, verbleibt der Anspruch auf die gesetzlichen Mindestleistungen der Kasse in Unterstützungsfällen, welche während der Erwerbslosigkeit und innerhalb eines Zeitraums von drei Wochen nach dem Ausscheiden aus der Kasse (§ 171 c) eintreten, wenn der Ausscheidende vor seinem Ausscheiden mindestens drei Wochen ununterbrochen einer Knappschafts- oder einer Orts-, Betriebs-(Fabrik-), Bau- oder Innungs-Krankenkasse angehört hat.

Der Anspruch fällt fort, wenn der Beteiligte sich nicht im Gebiete des Deutschen Reichs aufhält, soweit nicht die Satzung Ausnahmen zuläßt.

[1] Vgl. Anm. 1 zu § 171.

[2] 171 e gibt lediglich den Inhalt des § 28 KVG. wieder, der damit auch für die preußischen Knappschaftsvereine und besonderen Krankenkassen maßgebend geworden ist.

[3] Erwerbslosigkeit besteht in dem Fehlen einer gegen Entgelt stattfindenden Beschäftigung. Urt. des OberverwGer. vom 27. Oktober 1890 (Entscheidungen des OberverwGer. Bd. 20 S. 365).

§ 172.[1]

Diejenigen Arbeiter und Beamten, welche gemäß § 171

Abs. 1 und 2 der Krankenkasse des Knappschaftsvereins oder einer besonderen Krankenkasse als Mitglieder angehören, sind ohne Antrag als Mitglieder in die Pensionskasse des Knappschaftsvereins aufzunehmen, sofern sie den in den Satzungen aufgestellten Erfordernissen über Lebensalter und Gesundheit genügen.[2, 3] Als Erfordernis für die Aufnahme darf das Mindestlebensalter nicht über achtzehn Jahre und das Höchstlebensalter nicht unter vierzig Jahre festgesetzt werden.

Diejenigen Beamten, welche gemäß § 171 Abs. 3 berechtigt sind, den Krankenkassen beizutreten, sind unter den im Abs. 1 bezeichneten Voraussetzungen[4] ebenfalls berechtigt, den Pensionskassen als Mitglieder beizutreten.[5]

Für die Beamten kann eine besondere Abteilung der Pensionskasse eingerichtet werden.[6]

Arbeiterinnen können durch die Satzung von der Mitgliedschaft in der Pensionskasse ausgeschlossen werden.[7]

Personen, welche wegen Nichterfüllung der satzungsmäßigen Erfordernisse nicht als Mitglieder in die Pensionskasse aufgenommen werden, dürfen zur Zahlung von Pensionskassenbeiträgen nicht herangezogen werden.[8] Indessen können Personen, welche durch ihr Verhalten die Feststellung nicht ermöglichen, ob die satzungsmäßigen Erfordernisse für ihre Aufnahmepflicht vorliegen, bis zur Ermöglichung dieser Feststellung bereits zur Zahlung der Pensionskassenbeiträge herangezogen werden. Auf die Leistungen der Pensionskasse erlangen diese Personen erst dann Anwartschaft, wenn ihre Aufnahmefähigkeit festgestellt ist, und zwar erst vom Zeitpunkte dieser Feststellung ab.[9]

[1] „Dieser Paragraph enthält im Zusammenhang mit § 172a einen vollständigen Bruch mit dem bisher nach vielen Knappschaftssatzungen üblichen System, wonach die sog. Minderberechtigten zwar Beiträge zu zahlen hatten, aber Pension für sich

und ihre Angehörigen überhaupt nicht oder nur unter Voraussetzungen erhielten, die meist nicht erfüllbar waren, und wonach ein Zwang, in die Klasse der Meistberechtigten überzutreten, nicht bestand." Begr. S. 13.

[2] Hiernach gehören alle diejenigen Personen, welche zur Mitgliedschaft in der Krankenkasse verpflichtet sind, ohne weiteres auch der Pensionskasse an, sofern sie den in der Satzung hinsichtlich des Lebensalters und der Gesundheit aufgestellten Erfordernissen entsprechen. Begr. S. 13. Für die auf Grund gesetzlicher Verpflichtung der Krankenkasse angehörigen Mitglieder ist also das einzige Erfordernis für ihre gleichzeitige Zugehörigkeit zur Pensionskasse die Tatsache, daß sie den in der Satzung hinsichtlich des Lebensalters und der Gesundheit aufgestellten Erfordernissen genügen. Weitere Erfordernisse für die Aufnahme darf — abgesehen von dem in Abs. 4 zugelassenen Ausschluß der Arbeiterinnen — die Satzung nicht aufstellen; vgl. auch Begr. S. 13. Die Verpflichtung zur Pensionskassenmitgliedschaft trifft hiernach auch die im Betriebe eines knappschaftspflichtigen Werkes beschäftigten sog. Unternehmerarbeiter; vgl. Anm. 2 zu § 171. Anträge, die dahin zielten, durch die Satzung diese Arbeiter oder einzelne Klassen derselben von dieser Verpflichtung ausschließen zu können, sind von der Kommission des Abgeordnetenhauses abgelehnt worden. Vgl. KommBerAH. S. 24 und 29 bis 31.

[3] Die Feststellung, ob ein einzelner Arbeiter oder Beamter den satzungsmäßigen Erfordernissen über Lebensalter und Gesundheit genügt, ist nicht Voraussetzung seiner Annahme zu knappschaftspflichtiger Beschäftigung; vielmehr kann diese Feststellung auch nach Aufnahme der Beschäftigung und der dadurch erlangten Mitgliedschaft zur Krankenkasse in unmittelbarem Anschluß an diese Aufnahme erfolgen. Vgl. auch KommBerAH. S. 25.

[4] Die in Abs. 1 bezeichneten Voraussetzungen betreffen lediglich das Lebensalter und die Gesundheit. Die Mitgliedschaft zur Krankenkasse ist hiernach für die beitrittsberechtigten Beamten nicht Voraussetzung der Mitgliedschaft zur Pensionskasse.

[5] Für die bloß beitrittsberechtigten Beamten kann auch durch die Satzung der Beitrittszwang zur Pensionskasse nicht eingeführt werden. Vgl. auch RekBesch. vom 17. August 1895, Zeitschr. f. Bergr. Bd. 37 S. 121.

[6] Der Abs. 3 ist durch die Kommission des Abgeordnetenhauses in das Gesetz eingefügt worden. Notwendig war die Einfügung des Zusatzes nicht, da auch ohne ausdrückliche Erwähnung an dieser Stelle die Möglichkeit, durch die Satzung für einzelne Mitgliederklassen besondere Abteilungen der Pensionskasse zu bilden, nicht würde bezweifelt werden können. Die Bildung einer besonderen Beamtenabteilung hat lediglich die buch- und rechnungsmäßige Trennung der Einnahmen und Ausgaben der Pensionskasse einerseits für die Arbeitermitglieder und andererseits für die Beamtenmitglieder zur Folge. Die Verwaltung steht dem Knappschaftsvorstand zu. Vgl. auch KommBerAH. S. 24 und 26 bis 28.

[7] Die Möglichkeit, Arbeiterinnen von der Pensionskassenmitgliedschaft auszuschließen, entspricht dem bisherigen Rechtszustand und ist in den Sonderverhältnissen dieser Arbeiterklasse sachlich begründet. Vgl. des näheren Begr. S. 14, KommBerAH. S. 29 f.

[8] Zur Erreichung des in Anm. 1 dargelegten Zweckes des § 172 ist hier der Grundsatz ausgesprochen, daß Personen, welche den satzungsmäßigen Erfordernissen zur Aufnahme in die Pensionskasse nicht genügen, auch nicht zur Zahlung von Pensionskassenbeiträgen herangezogen werden dürfen. Begr. S. 14.

[9] Von dem in Satz 1 des Abs. 5 ausgesprochenen Grundsatz ist in Satz 2 und 3 eine Ausnahme zugelassen. „Die Feststellung des Lebensalters erfordert vielfach, die Feststellung des Gesundheitszustandes aber stets eine Mitwirkung desjenigen, um dessen Aufnahmepflicht es sich handelt. Weigert dieser seine Mitwirkung, indem er z. B. der ärztlichen Untersuchung sich nicht unterzieht, so muß er durch ein geeignetes Zwangsmittel zu der notwendigen Mitwirkung angehalten werden können, da andernfalls die Erfüllung der gesetzlichen Zwangsvorschrift über die Zugehörigkeit zur Pensionskasse von dem Belieben des Aufnahmepflichtigen abhängig sein würde." Begr. S. 14. Der nach Satz 2 zu Beiträgen Herangezogene kann seine Heranziehung zu Beiträgen ohne gleichzeitige Eröffnung der Anwartschaft auf Pensionskassenleistungen jederzeit dadurch beseitigen, daß er seinen unberechtigten Widerstand aufgibt. Vgl. auch Begr. S. 14.

§ 172a.[1]

[2]Die Leistungen, welche die Pensionskassen der Knappschaftsvereine nach näherer Bestimmung der Satzung[3] ihren Mitgliedern mindestens zu gewähren haben, sind:

1. eine lebenslängliche[4] Invalidenpension[5] bei eingetretener Unfähigkeit zur Berufsarbeit;[6]
2. eine Pension[6] für die Witwen auf Lebenszeit oder bis zur Wiederverheiratung;
3. eine Beihilfe[5] zur Erziehung der Kinder verstorbener Mitglieder und Invaliden bis zur Vollendung des vierzehnten Lebensjahrs;
4. ein Beitrag zu den Begräbniskosten der Invaliden.[7]

[8]Dem Mitgliede steht ein Anspruch auf Invalidenpension nicht zu, wenn die Arbeitsunfähigkeit vorsätzlich herbeigeführt ist. Die Gewährung der Invalidenpension kann ganz oder teilweise versagt werden, wenn das Mitglied die Arbeitsunfähigkeit bei Begehung eines durch strafgerichtliches Urteil festgestellten Verbrechens[9] oder vorsätzlichen Vergehens[10] sich zugezogen hat. In Fällen der letzteren Art kann die Invalidenpension, sofern der Versicherte eine im Inlande wohnende Familie besitzt, deren Unterhalt er bisher aus seinem Arbeitsverdienste bestritten hat, ganz oder teilweise der Familie überwiesen werden.

Die Leistungen können durch die Satzung an die Zurücklegung einer bestimmten Wartezeit gebunden werden. Die Wartezeit darf auf einen längeren Zeitraum als fünf Jahre nicht festgesetzt werden.[11]

Eine Invalidenpension nach Abs. 1 Ziffer 1 ist bereits vor zurückgelegter Wartezeit zu gewähren, wenn die Arbeitsunfähigkeit durch Verunglückung bei der Berufsarbeit verursacht ist.[12]

Steht eine der im Abs. 1 unter Ziffer 1 bis 3 bezeichneten Unterstützungen einem Ausländer zu, so kann der Berechtigte, falls er einen Wohnsitz im Deutschen Reiche nicht besitzt oder seinen Wohnsitz im Deutschen Reiche aufgibt, mit dem dreifachen Jahresbetrage der Unterstützung abgefunden werden.[13]

Tritt in den Verhältnissen des Empfängers einer Invalidenpension eine Veränderung ein, welche ihn nicht mehr als unfähig zur Berufsarbeit erscheinen läßt, so kann ihm die Pension entzogen werden.[14]

[1] Neben den landesgesetzlichen Vorschriften in § 172a über die Pensionskassenleistungen kommen für die Knappschaftsvereine und ihre Mitglieder noch in Betracht die Vorschriften des GUVG. in der Fassung der Bekanntmachung vom 5. Juli 1900 (RGBl. S. 585) und des JVG. in der Fassung der Bekanntmachung vom 19. Juli 1899 (RGBl. S. 463). Die für die Knappschaftsvereine in Betracht kommenden Vorschriften dieser Gesetze sind im Anhang Buchst. B und C zusammengestellt. Inwieweit die Knappschaftsmitglieder durch diese beiden Reichsgesetze im allgemeinen berührt werden, und in welchen Beziehungen die auf Grund dieser Gesetze den Knappschaftsmitgliedern zu gewährenden Leistungen zu den Krankenkassenleistungen der Knappschaftsvereine stehen, ist oben in Anm. 1 zu § 171 bereits dargelegt worden. Diese Darlegungen sind, soweit die Pensionskassenleistungen der Knappschaftsvereine in Frage kommen, hier noch wie folgt zu ergänzen, indem wegen ausführlicher Erläuterung der reichsgesetzlichen Vorschriften auch hier auf die in Anm. 1 zu § 171 (S. 40) aufgeführten Kommentare zu den beiden Reichsgesetzen verwiesen wird.

A. Gewerbe-Unfallversicherungsgesetz.

Die reichsgesetzliche Unfallversicherung der Knappschaftsmitglieder begreift, soweit gleichzeitig die Pensionskassenleistungen der Knappschaftsvereine in Frage kommen, namentlich die nachstehenden Leistungen der Berufsgenossenschaften usw. in sich:

a) eine dem Unfallverletzten für die Dauer der völligen oder teilweisen Erwerbsunfähigkeit zu gewährende und nach dem Grade der Erwerbsunfähigkeit sowie nach dem Arbeitsverdienst des Unfallverletzten abgestufte Rente, welche vom Beginn der vierzehnten Woche nach Eintritt des Unfalls oder, falls der Anspruch auf Krankengeld schon vor Ablauf der dreizehnten Woche weggefallen ist, vom Tage des Wegfalls des Krankengeldes ab zu gewähren ist (GUVG. § 9 Abs. 1 Ziff. 2, § 13 Abs. 1);

b) eine den Hinterbliebenen eines durch Betriebsunfall Getöteten vom Todestage ab zu gewährende und nach dem Arbeitsverdienst des Verunglückten und dem Grade der Verwandtschaft abgestufte Rente (GUVG. § 15 Abs. 1 Ziff. 2, §§ 16 bis 20).

Für das gegenseitige Verhältnis der Leistungen der knappschaftlichen Pensionskassen zu denjenigen der Berufsgenossenschaften usw. ist der in Anm. 1 zu § 171 unter B bereits besprochene § 25 GUVG. maßgebend. Danach wird die Verpflichtung der Knappschaftsvereine, ihren Mitgliedern und deren Angehörigen und Hinterbliebenen Unterstützungen zu gewähren, durch das GUVG. nicht berührt; dagegen ist den Knappschaftsvereinen durch Überweisung von Rentenbeträgen Ersatz zu leisten, wenn von diesen auf Grund ihrer Verpflichtung Unterstützungen für einen Zeitraum gewährt werden, für welchen dem Unterstützten auf Grund des GUVG. ein Entschädigungsanspruch zustand oder noch zusteht. Für die Bemessung dieser Ersatzleistung stellt § 25 Abs. 4 und 5 GUVG. folgende Grundsätze auf.

a) Ist die von der Pensionskasse geleistete Unterstützung eine vorübergehende, so können als Ersatz höchstens drei Monatsbeträge der Rente, und zwar mit nicht mehr als der Hälfte in Anspruch genommen werden.

b) Ist die Unterstützung eine fortlaufende, so kann, wenn die Unterstützung in der Gewährung des Unterhalts in einer Anstalt besteht, für dessen Dauer und in dem zur Ersatzleistung erforderlichen Betrage die fortlaufende Überweisung der vollen Rente, im übrigen die fortlaufende Überweisung von höchstens der halben Rente beansprucht werden.

Voraussetzung für die Geltendmachung eines Überweisungsanspruchs gemäß § 25 GUVG. ist die Tatsache, daß die Bewilligung der knappschaftlichen Leistungen und die Bewilligung der berufsgenossenschaftlichen Leistungen in ursächlichem Zusammenhang stehen. Ein solcher ursächlicher Zusammenhang ist nach der Praxis des Oberverwaltungsgerichts nicht nur dann anzunehmen, wenn der Betriebsunfall den unmittelbaren oder ausschließlichen Grund für die knappschaftliche Leistung bildet, sondern auch dann, wenn der Betriebsunfall einen der für die knappschaftliche Leistung in erheblichem Maße ausschlaggebenden Gründe bildet. Auch im letzteren Falle regelt sich die Bemessung des Überweisungsanspruchs lediglich nach den vorerörterten Grundsätzen des § 25 GUVG., ohne daß es auf eine Prüfung der weiteren Frage ankommt, für welchen Teil der knappschaftlichen Leistungen etwa der Unfall oder eine andere hiervon unabhängige Ursache maßgebend gewesen sind. Vgl. Urt. des OberverwGer. vom 26. Oktober 1905, Zeitschr. f. Bergr. Bd. 47 S. 127 und vom 1. März 1906, Kompaß 1906 S. 123.

Für die Entscheidung von Streitigkeiten, welche aus den vorerörterten Bestimmungen über den Anspruch auf Überweisung zwischen den Beteiligten entstehen, ist § 26 Abs. 2 GUVG. maßgebend. Vgl. des näheren oben Anm. 1 zu § 171 unter B am Schlusse.

B. Invalidenversicherungsgesetz.

Gegenstand der Versicherung nach dem IVG. ist der Anspruch auf Gewährung einer Rente für den Fall der Erwerbsunfähigkeit oder des Alters (IVG. § 15 Abs. 1), und zwar wird gewährt, sofern die gesetzliche Wartezeit zurückgelegt ist und die gesetzlichen Beiträge geleistet sind (§ 28 IVG.):

a) Invalidenrente, und zwar ohne Rücksicht auf das Lebensalter an denjenigen Versicherten, dessen Erwerbsfähigkeit infolge von Alter, Krankheit oder anderen Gebrechen dauernd auf weniger als ein Drittel herabgesetzt ist (IVG. § 15 Abs. 2, § 5 Abs. 4), sowie an denjenigen nicht dauernd erwerbsunfähigen Versicherten, welcher während sechsundzwanzig Wochen ununterbrochen erwerbsunfähig gewesen ist, für die weitere Dauer seiner Erwerbsunfähigkeit (IVG. § 16);

b) Altersrente, und zwar ohne Rücksicht auf das Vorhandensein von Erwerbsunfähigkeit an denjenigen Versicherten, welcher das siebenzigste Lebensjahr vollendet hat (IVG. § 15 Abs. 3).

Was das gegenseitige Verhältnis der auf Grund des JVG. zu gewährenden Leistungen und der Pensionskassenleistungen der Knappschaftsvereine anlangt, so ist dasselbe durch § 52, § 173 Abs. 1 JVG. im allgemeinen wie folgt geregelt:

a) Die Knappschaftsvereine sind berechtigt, ihre Unterstützungen für solche Personen, welchen auf Grund der reichsgesetzlichen Bestimmungen ein Anspruch auf Invaliden- oder Altersrenten zusteht, um den Wert dieser Renten oder zu einem geringeren Betrag zu ermäßigen (JVG. § 52 Abs. 1);

b) Voraussetzung der nach a zulässigen Ermäßigung ist indessen, daß die Beiträge der Werksbesitzer und Knappschaftsmitglieder zur knappschaftlichen Pensionskasse oder im Falle der Zustimmung der Werksbesitzer wenigstens die Beiträge der Mitglieder in entsprechendem Verhältnis herabgemindert werden (JVG. § 52 Abs. 1);

c) der nach b erforderlichen Ermäßigung der Beiträge bedarf es jedoch nicht, sofern die durch die Herabminderung der Unterstützungen ersparten Beträge zu anderen Wohlfahrtseinrichtungen für Betriebsbeamte, Arbeiter oder deren Hinterbliebene verwendet werden sollen und diese anderweite Verwendung durch das Statut geregelt und von der Aufsichtsbehörde genehmigt wird, oder soweit die Beiträge in der bisherigen Höhe erforderlich sind, um die der Kasse verbleibenden Leistungen zu decken (JVG. § 52 Abs. 3).

Die vorstehend erörterten Grundsätze gelten für diejenigen Knappschaftsvereine, welche als besondere Kasseneinrichtungen im Sinne des JVG. zugelassen sind, allerdings mit einer Einschränkung: Werden bei diesen Knappschaftsvereinen für die Gewährung der reichsgesetzlichen Leistungen besondere Beiträge von den Versicherten erhoben, oder sind die Pensionskassenbeiträge bei diesen Knappschaftsvereinen behufs Gewährung der reichsgesetzlichen Leistungen erhöht worden, so dürfen die reichsgesetzlichen Renten auf die sonstigen Pensionskassenleistungen nur insoweit angerechnet werden, daß der zur Auszahlung gelangende Teil der letzteren für die einzelnen Mitgliederklassen im Durchschnitt mindestens den vom Reich zu den reichsgesetzlichen Renten gewährten Zuschuß von jährlich fünfzig Mark erreicht (JVG. § 8 Abs. 1 Ziff. 5).

Die preußischen Knappschaftsvereine haben zu der ihnen nach vorstehendem zustehenden Befugnis in verschiedener Weise Stellung genommen: Ein Teil der Vereine hat von der Befugnis keinen Gebrauch gemacht und gewährt seinen invaliden Mitgliedern die gleichen Unterstützungen, einerlei, ob diese neben der knappschaftlichen Invalidenpension noch eine reichsgesetzliche Invaliden- oder Altersrente beziehen oder nicht. Ein weiterer Teil der Vereine hat seine Invalidenpensionen für diejenigen seiner Mitglieder, welche eine reichsgesetzliche Invaliden- oder Altersrente beziehen, um einen Teil dieser letzteren Renten ermäßigt. Ein letzter Teil der Vereine hat diese Ermäßigung bis zum vollen Betrage der reichsgesetzlichen Renten eintreten lassen.

[2] Zu Abs. 1. Die Regelung der den Pensionskassen obliegenden Mindestleistungen entspricht den bisherigen Vorschriften in § 171 Abs. 1 Ziff. 4 bis 6 und — soweit die Invaliden in Frage kommen — in Ziff. 3 (Begr. S. 14). Dagegen ist in Fortfall gekommen „die Vorschrift des bisherigen § 171 Abs. 2, wonach für die Knappschaftsmitglieder der am wenigsten begünstigten Klasse, wenn sie bei der Arbeit verunglücken, auch eine Invalidenunterstützung gewährt werden muß. Diese Vorschrift mußte naturgemäß schon aus dem formalen Grunde in Fortfall kommen, weil die nach dem vorliegenden Gesetzentwurf noch minderberechtigten Mitglieder lediglich der Krankenkasse und nicht der Pensionskasse angehören und daher auf Leistungen der Pensionskasse überhaupt keinen Anspruch erheben können. Der Fortfall dieser Vorschrift ist indessen auch sachlich unbedenklich. Wird ein Krankenkassenmitglied durch Verunglückung bei der Arbeit arbeitsunfähig, so steht ihm ein Anspruch auf Unfallrente an die Berufsgenossenschaft gemäß §§ 9 ff. GUVG., und zwar zu einem Betrage zu, welcher die von den Knappschaftsvereinen an die verunglückten minderberechtigten Mitglieder bisher gewährten Invalidenunterstützungen durchweg erheblich übersteigt. Die nur der Krankenkasse und nicht zugleich der Pensionskasse angehörenden Mitglieder sind daher durch diese Ansprüche an die Berufsgenossenschaft durchweg günstiger gestellt, als es bei Erlaß des alten § 171 Abs. 2 der Zweck dieser Gesetzesvorschrift war." Begr. S. 15.

[3] Die Satzung hat vor allem über die Bemessung der von der einzelnen Pensionskasse zu gewährenden Leistungen Be-

stimmung zu treffen, da das Gesetz, wie bisher, darüber keine Vorschriften aufstellt.

Durch die Satzung kann nicht bestimmt werden, daß lediglich Organe des Knappschaftsvereins unter Ausschluß der in § 186 Abs. 2 zugelassenen Rechtsmittel darüber zu entscheiden haben, ob die tatsächlichen Voraussetzungen für den Bezug der satzungsmäßigen Leistungen vorliegen. Vgl. Anm. 4 zu § 169.

4 Die Invalidenpension ist nur unter der Voraussetzung eine lebenslängliche, daß die Unfähigkeit zur Berufsarbeit auch tatsächlich bis zum Lebensende andauert. Vgl. Abs. 6 des § 172a und unten Anm. 14.

5 Die im bisherigen Wortlaut des § 171 gebrauchten Ausdrücke „Invalidenunterstützung", „Unterstützung der Witwen", „Unterstützung zur Erziehung der Kinder" sind von der Kommission des Abgeordnetenhauses durch die Ausdrücke „Invalidenpension", „Pension für die Witwen", „Beihilfe zur Erziehung der Kinder" lediglich im redaktionellen Interesse ersetzt worden. Vgl. hierüber KommBerAH. S. 7 und 8 (zu § 168) und S. 83ff. (zu § 172a).

6 Der im bisherigen § 171 Abs. 1 Ziff. 4 enthaltene Ausdruck „Arbeitsunfähigkeit" ist durch den Ausdruck „Unfähigkeit zur Berufsarbeit" ersetzt, weil dieser Ausdruck den Begriff schärfer wiedergibt, den das bisherige Gesetz mit dem Ausdruck „Arbeitsunfähigkeit" verbunden hatte. Begr. S. 15. Eine sachliche Änderung wird dadurch um so weniger herbeigeführt, als in der Rekursinstanz der Ausdruck „Arbeitsunfähigkeit" stets im Sinne des Ausdrucks „Unfähigkeit zur Berufsarbeit" ausgelegt worden ist.

Unfähigkeit zur Berufsarbeit liegt übrigens beispielsweise dann nicht vor, wenn ein mit eigentlichen bergmännischen Arbeiten unter Tage beschäftigt gewesener Bergmann zwar nicht mehr diese Arbeiten, wohl aber eine ihnen gleichwertige Arbeit auf Bergwerken zu verrichten imstande ist. RekBesch. vom 11. Oktober 1902, Zeitschr. f. Bergr. Bd. 44 S. 165.

7 Hier ist „abweichend vom Wortlaut der Ziff. 3 des bisherigen § 171 Abs. 1 lediglich der Beitrag zu den Begräbniskosten der Invaliden aufgenommen, weil die entsprechende Leistung beim Tode der aktiven Mitglieder nach § 171b Abs. 1 des Entwurfs durch die Krankenkasse gewährt wird. Der alte § 172

Abs. 1 legte bei Bildung besonderer Krankenkassen auch das Sterbegeld für Invaliden der Krankenkasse auf. Es erscheint indessen richtiger, diese Leistung der Pensionskasse zuzuweisen, zumal sie ihrem Wesen nach sich als Abschluß der Invalidenunterstützung darstellt." Begr. S. 15.

[8] Zu Abs. 2 Nach dem bisherigen Rechtszustande bestand keine gesetzliche Verpflichtung, die Pensionskassenleistungen in den Fällen zu gewähren, in denen Arbeitsunfähigkeit oder Tod durch eigenes grobes Verschulden des Mitgliedes verursacht war. Der Regierungsentwurf hielt an diesem Rechtszustande fest. In der Kommission des Abgeordnetenhauses wurden indessen, ohne daß die Regierung dagegen Einwendungen erhob, die entsprechenden Vorschriften des Regierungsentwurfs beseitigt und an deren Stelle der jetzige Abs. 2 in § 172a eingefügt. Vgl. KommBerAH. S. 32f.

Der Abs. 2 berührt nur die Verpflichtungen der Knappschaftsvereine zur Gewährung der Invalidenpension. Danach sind die in Abs. 1 unter Ziff. 2 bis 4 erwähnten Pensionskassenleistungen unter allen Umständen, also selbst dann zu gewähren, wenn der Tod des Mitgliedes von ihm vorsätzlich herbeigeführt ist (vgl. auch KommBerHH. S. 6.) Im übrigen ist Abs. 2 dem § 17 IVG. und § 8 GUVG. nachgebildet. Danach ist die Rechtslage fortan die folgende:

a) Bei vorsätzlicher Herbeiführung der Arbeitsunfähigkeit sind die Knappschaftsvereine zur Zahlung der Invalidenpension nicht verpflichtet, dagegen zur Zahlung befugt.

b) Hat das Mitglied die Arbeitsunfähigkeit bei Begehung eines durch strafgerichtliches Urteil festgestellten Verbrechens oder vorsätzlichen Vergehens sich zugezogen, so kann die Invalidenpension ganz oder teilweise versagt werden: auch kann die Invalidenpension alsdann, sofern der Invalide eine im Inland wohnende Familie besitzt, deren Unterhalt er bisher aus seinem Arbeitsverdienst bestritten hat, ganz oder teilweise der Familie überwiesen werden.

[9] Wegen des Begriffs „Verbrechen" vgl. Strafgesetzbuch für das Deutsche Reich § 1 Abs. 1.

[10] Wegen des Begriffs „Vergehen" vgl. Strafgesetzbuch für das Deutsche Reich § 1 Abs. 2.

[11] „Es liegt in der Natur der Sache, daß die Pensionskassen-

leistungen nicht bereits mit dem Tage der Aufnahme in die Kasse gewährt, sondern an die Zurücklegung einer Wartezeit gebunden werden, wie dies auch in §§ 28ff. JVG. für die reichsgesetzlichen Invaliden- und Altersrenten und durchweg in den bestehenden Knappschaftssatzungen vorgesehen ist. Dagegen erscheint es erforderlich, für die durch die Satzung festzusetzende Wartezeit ein Höchstmaß vorzuschreiben und zwar schon um deswillen, weil andernfalls die Durchführung der Vorschrift im § 172 des Entwurfs über die Unzulässigkeit der Beitragserhebung von solchen Personen, welche einen Anspruch auf die Kassenleistungen nicht erwerben können, sowie der Vorschriften des Abs. 1 nicht völlig sichergestellt sein würde. Die Festsetzung des Höchstmaßes der Wartezeit auf fünf Jahre trägt den bestehenden Verhältnissen ausreichend Rechnung und erscheint auch an sich sachgemäß." Begr. S. 16. Vgl. auch KommBerAH. S. 32ff. und KommBerHH. S. 6.

12 Die Vorschrift in Abs. 4 verfolgt „lediglich den formalen Zweck, die Mitgliedschaft des auch vor Zurücklegung der Wartezeit bei der Berufsarbeit verunglückten Pensionskassenmitgliedes nicht verloren gehen zu lassen. Eine Unterstützung erhält ein solches Mitglied bereits durch die von der Berufsgenossenschaft gewährte Unfallrente. Die aus der Pensionskasse zu gewährende Invalidenunterstützung kann daher mit Rücksicht auf die nicht erfüllte Wartezeit so niedrig bemessen werden, daß sie durch Überweisung der Unfallrente in dem nach § 25 GUVG. statthaften Umfang regelmäßig gedeckt und eine finanzielle Mehrbelastung der Pensionskasse durch diese Vorschrift somit nicht herbeigeführt wird." Begr. S. 16.

13 Die Bestimmung in Abs. 5 ist dem § 26 JVG. nachgebildet und entspricht dem § 95 Abs. 2 GUVG. Begr. S. 16.

„Die Abfindung erfolgt für jeden Unterstützungsanspruch besonders. Es ist daher zulässig, die Abfindungen nur auf einen Unterstützungsanspruch zu beschränken, wenn etwa ein und derselben Person verschiedene Unterstützungsansprüche zustehen oder wenn aus Abs. 1 Ziff. 3 etwa selbständige Unterstützungsansprüche verschiedener Personen begründet sein sollten." Begr. S. 16f.

14 Die Vorschrift in Abs. 6 entspricht der ständigen Handhabung des bisherigen Gesetzes und ist durch die Kommission des Abgeordnetenhauses zur Beseitigung jeglichen Zweifels in das Gesetz aufgenommen worden. Vgl. KommBerAH. S. 34.

§ 172b.[1]

[2]Die Bemessung der Invalidenpensionen und der Witwenpensionen[3] erfolgt durch die Satzung,[4] und zwar lediglich nach alljährlich oder allmonatlich oder allwöchentlich eintretenden Steigerungssätzen,[5] sodaß der Betrag der im Einzelfalle zu gewährenden Pension gleich der Summe der von dem Mitglied erdienten Steigerungssätze ist. Der Betrag der Steigerungssätze ist sowohl für die Invalidenpensionen wie für die Witwenpensionen und — soweit für die Pensionskassenleistungen Mitgliederklassen bestehen — auch für jede Mitgliederklasse besonders festzusetzen. Hierbei ist zulässig, die Steigerungssätze nach Dienstalterszeiten verschieden zu bemessen.[6]

Die hiernach zu gewährenden Invalidenpensionen und Witwenpensionen sind in Tabellen ersichtlich zu machen, welche der Satzung beizufügen sind.[7]

Die Bemessung der Beihilfen zur Erziehung der Kinder verstorbener Mitglieder und Invaliden erfolgt durch die Satzung entweder unter Berücksichtigung des von dem Mitgliede zurückgelegten Dienstalters, und alsdann gleichfalls nach den vorstehenden Grundsätzen, oder ohne Berücksichtigung dieses Dienstalters in festen Monatssätzen für die einzelnen etwa bestehenden Mitgliederklassen.[8]

[1] Zu §§ 172b bis 172d.

Einer der erheblichsten Mißstände des bisherigen preußischen Knappschaftswesens bestand darin, daß das bisherige Gesetz keinerlei Vorschriften enthielt, welche den ausscheidenden und insbesondere den lediglich den Knappschaftsverein wechselnden Pensionskassenmitgliedern die aus ihrer bisherigen Pensionskassenmitgliedschaft erwachsene Anwartschaft auf Pensionskassenleistungen aufrecht erhielten. Die Möglichkeit zur Aufrechterhaltung dieser Anwartschaft erscheint naturgemäß als ein notwendiges Korrelat des gesetzlichen Versicherungszwanges. Namentlich wird der Arbeiter oder Beamte, welcher durch das Gesetz gezwungen Beiträge zur Pensionskasse hat entrichten müssen, seine Ansprüche aus dieser ihm gesetzlich auferlegten Beitragszahlung nicht dadurch verlieren dürfen, daß er dieselbe Beschäftigung, welche ihn zur Beitragsleistung zwingt, an einer zum Bezirk eines anderen Knappschaftsvereins gehörigen Beschäftigungsstelle ausübt.

Beim Fehlen entsprechender gesetzlicher Vorschriften hatte ein Teil der Knappschaftsvereine in voller Erkenntnis dieses Mißstandes Maßnahmen getroffen, um ihren Mitgliedern beim Ausscheiden aus der Beschäftignng auf den Vereinswerken die bisherigen Beitragsleistungen nicht verloren gehen zu lassen. Dieser Zweck wurde dadurch zu erreichen gesucht, daß mit anderen Knappschaftsvereinen im Wege des Vertrages ein sogenanntes Gegenseitigkeitsverhältnis vereinbart und daß ferner durch die Satzung denjenigen ausscheidenden Mitgliedern, welche nicht einem anderen Knappschaftsvereine beitraten, die Möglichkeit gegeben wurde, sich ihre bisher erworbene Anwartschaft auf spätere Pensionskassenleistungen zu erhalten. Das vertragliche Gegenseitigkeitsverhältnis beruhte auf der Grundlage, daß das ausscheidende Mitglied aller Ansprüche an den bisherigen Knappschaftsverein verlustig ging, dagegen in dem neuen Knappschaftsverein so behandelt wurde, als sei es bereits während seiner ganzen Dienstzeit in dem alten Verein Mitglied des neuen Vereins gewesen, und daß derjenige Verein, bei welchem der Fürsorgefall für das betreffende Mitglied eintrat, die Gesamtheit dieser Fürsorge allein zu tragen hatte. Diese Art der Regelung — die übrigens für Elsaß-Lothringen und das Großherzogtum Hessen gesetzlich vorgeschrieben ist (vgl. § 163 des Berggesetzes für Elsaß-Lothringen vom 16. Dezember 1873, Zeitschr. f. Bergr. Bd. 15 S. 33, und Art. 179 des Berggesetzes für das Großherzogtum Hessen vom 28. Januar 1876, Zeitschr. f. Bergr. Bd. 17 S. 195) — erscheint indessen nur dann als sachgemäß, wenn die Beiträge und Leistungen bei den in Betracht kommenden Vereinen wenigstens annähernd die gleichen sind, und wenn die Zu- und Abgänge der Vereinsmitglieder in ihrer Wirkung auf die einzelnen Vereine sich wenigstens annähernd gegenseitig aufheben. Beide Voraussetzungen trafen jedoch für die Gesamtheit der preußischen Knappschaftsvereine nicht zu. Es ist daher sehr erklärlich, daß ein allgemeines Gegenseitigkeitsverhältnis unter den preußischen Knappschaftsvereinen bisher nicht zustande gekommen ist, sondern daß dieses Vertragsverhältnis sich meist nur auf verhältnismäßig wenige Knappschaftsvereine beschränkt hat.

Unter diesen Umständen hat man davon absehen müssen, die gesetzliche Regelung der Mitgliederansprüche für die preußischen Knappschaftsvereine auf der Grundlage des bisherigen vertraglichen Gegenseitigkeitsverhältnisses durchzuführen. Vielmehr ist diese Regelung auf der Grundlage erfolgt, daß bei Vereinswechsel die Bemessung der Invalidenpensionen und Witwenpensionen unter Berücksichtigung der Ansprüche erfolgt, welche nach den Satzungen der im Einzelfall in Betracht kommenden Knappschaftsvereine von dem betreffenden Mitgliede in diesem Verein erworben sind, und daß an der Aufbringung dieser Unterstützungen sämtliche Vereine, denen das Mitglied angehört hat, beteiligt werden. Die Ausführung dieses Grundgedankens hat allerdings zur unumgänglichen Voraussetzung, daß die bisherige Autonomie der Knappschaftsvereine in der Art der Berechnung ihrer Pensionskassenleistungen bis zu einem gewissen Grade eine gesetzliche Einschränkung erfährt. Den geringsten Eingriff in die bestehenden Verhältnisse bietet der in §§ 172b bis 172d des Gesetzes vorgesehene und auch vom Allgemeinen Deutschen Knappschaftsverband auf Grund eingehender Erörterungen fast einmütig empfohlene Weg. Danach werden die Invalidenpensionen und Witwenpensionen lediglich nach in Zeitabschnitten eintretenden Steigerungssätzen, also unter Fortfall der bisher meist üblichen Grundbeträge abgestuft; die genannten Unterstützungen bemessen sich alsdann auf die Summe der von dem einzelnen Mitglied erdienten Steigerungssätze (§ 172b); sind letztere in verschiedenen Knappschaftsvereinen erdient, so fällt jedem einzelnen Vereine die Summe derjenigen Steigerungssätze zur Last, welche von dem Mitglied in dem betreffenden Verein erdient sind (§ 172c).

In der Kommission des Abgeordnetenhauses war allerdings von versicherungsverständiger Seite ein anderer Weg in Vorschlag gebracht worden, der es ermöglichte, die Invalidenpensionen, wie bisher meist geschehen, nach Grundbeträgen und Steigerungssätzen abzustufen. Die Subkommission des Abgeordnetenhauses, welcher dieser Antrag in Verbindung mit weiteren, auf eine bestimmte Festlegung eines sachgemäßen Sanierungsplanes für die Knappschaftsvereine abzielenden Anträgen desselben Kommissionsmitgliedes zur Vorberatung überwiesen war, hatte sich zwar für diese Anträge ausgesprochen, denen auch von der Regierungsseite ein grundsätzlicher Widerstand nicht entgegengesetzt worden war. Die Kommission des Abgeordnetenhauses ist indessen diesen Vorschlägen ihrer Subkommission nicht gefolgt, sondern hat mit überwältigender Mehrheit an den Vorschriften des Regierungsentwurfs festgehalten, und zwar unter Ablehnung einer Reihe weiterer, von einzelnen Kommissionsmitgliedern gestellter Abänderungsanträge.

Zur Erhaltung der Anwartschaft ausscheidender Mitglieder auf die Pensionskassenleistungen bedarf endlich noch der weitere Fall der Regelung, daß mit dem Ausscheiden aus einem Knappschaftsverein der Eintritt in eine andere Knappschaftspensionskasse nicht verbunden ist. In dieser Beziehung räumten eine Anzahl von Knappschaftsvereinen bereits bisher dem ausscheidenden Mitgliede das Recht ein, den bis zum Ausscheiden erworbenen Anspruch durch Zahlung einer Anerkennungsgebühr aufrecht zu erhalten. Das Gesetz schreibt im § 171d diese Einrichtung für alle Knappschaftsvereine zwingend vor.

Im übrigen vgl. des näheren die allgemeinen Ausführungen zu §§ 172b bis 172d, in der Begründung S. 17ff. und die daselbst angezogene Anlage I der Begründung, sowie wegen der sehr eingehenden Verhandlungen in der Kommission und Subkommission des Abgeordnetenhauses KommBerAH. S. 36 bis 64 und 104 bis 114 sowie Anlage I und II, und wegen der Verhandlungen in der Kommission des Herrenhauses KommBerHH. S. 6 bis 9.

[2] Zu Abs. 1. „Der Festsetzung der Invaliden- und der Witwenunterstützungen in den meisten der gegenwärtigen Knappschaftssatzungen liegt der Gedanke zugrunde, daß sich diese Unterstützungen aus Grundbetrag und Steigerungssätzen zusammensetzen. Die Durchführung der neuen Grundsätze wird daher durchweg eine Neubemessung dieser Unterstützungen auf völlig veränderter Grundlage notwendig machen. Insoweit die bisherigen Unterstützungssätze eines Knappschaftsvereins seiner finanziellen Leistungsfähigkeit entsprechen, wird die Überführung der Unterstützungssätze in das neue System jedenfalls von dem Gesichtspunkt auszugehen haben, daß die bisherigen Ansprüche der Mitglieder im allgemeinen nicht eingeschränkt werden. Dabei kann es sich naturgemäß nicht um den Anspruch eines

einzelnen Mitgliedes handeln, sondern es muß das Augenmerk darauf gerichtet sein, die Gesamtansprüche der Mitglieder oder den im Durchschnitt auf ein Mitglied entfallenden Anspruch nicht zu beeinträchtigen. Dieser Durchschnittsanspruch kommt aber demjenigen Anspruch gleich, der nach einer der durchschnittlichen Aktivitätsdauer gleichkommenden Mitgliedschaftsdauer erworben wird. Man wird deshalb zweckmäßig anzustreben haben, die Steigerungssätze so zu bemessen, daß mit Vollendung der durchschnittlichen Aktivitätsdauer diejenigen Pensionssätze erworben werden, welche nach den bisherigen Bestimmungen gewährt worden sind. Für die übrigen Zeiträume, und zwar namentlich für die Zeit bis zur Vollendung der durchschnittlichen Aktivitätsdauer, wird allerdings die Umgestaltung der bisherigen satzungsmäßigen Pensionsberechnungen nach Grundbeträgen und Steigerungssätzen in eine Pensionsbemessung lediglich nach Steigerungssätzen vielfach dazu führen, daß die Festsetzung des Anspruchs nach den neuen Bestimmungen niedrigere Beträge ergeben wird, als dies nach den alten Bestimmungen der Fall war. In solchen Fällen werden — soweit nicht die Anfangspensionen nach den alten Sätzen übermäßig hoch bemessen waren — durch eine verschiedene Abstufung der Steigerungssätze allzu schroffe Unterschiede in der Bemessung der Unterstützungen zwischen dem bisherigen und dem neuen System gemildert werden können. Außerdem wird von denjenigen Knappschaftsvereinen, deren finanzielle Lage dies zuläßt, zur Vermeidung etwa trotzdem noch obwaltender Härten eine Übergangsbestimmung durch die Satzung dahin getroffen werden können, daß durch die Neubemessung der Unterstützungssätze eine Kürzung bisher bereits erworbener Anwartschaften nicht eintreten soll. Diejenigen Knappschaftsvereine dagegen, deren finanzielle Lage die dauernde Erfüllbarkeit der gegenwärtigen Pensionskassenleistungen nicht ermöglicht und deren Einnahmen nicht entsprechend gesteigert werden können, werden ohnedies zur Erfüllung der in § 175c Abs. 2 des Entwurfs aufgestellten Vorschriften eine Herabsetzung ihrer Pensionskassenleistungen vornehmen müssen.

Im übrigen ist es für jeden einzelnen Knappschaftsverein — seine finanzielle Leistungsfähigkeit vorausgesetzt — nicht allzu schwierig, die Pensionssätze nach dem neuen Verfahren zu bemessen, ohne daß auf Grund dieser Neubemessung die bisherigen Leistungen in allzu empfindlicher Weise geändert werden müßten." Begr. S. 21. Um hierfür ein Beispiel zu bieten, ist der Begründung des Regierungsentwurfs als Anlage II auf S. 71 ff. eine Tabelle beigegeben, welche darstellt, wie etwa die bisherigen Invalidenpensionen der einzelnen Knappschaftsvereine ohne wesentlichere Verschiebung in der Belastung der einzelnen Knappschaftsvereine gegenüber der durch die bisherigen Pensionssätze verursachten Belastung in Invalidenpensionen, die nur nach jährlichen Steigerungssätzen bemessen sind, umgewandelt werden können. Bei Aufstellung der Tabelle sind indessen die übrigen bei der Neubemessung der Invalidenpensionen notwendigerweise zu berücksichtigenden Fragen, so insbesondere auch die Frage der dauernden Leistungsfähigkeit der einzelnen Vereine für die in die Tabelle eingestellten Pensionssätze gänzlich außer Betracht gelassen worden. Ob von den einzelnen Knappschaftsvereien die in der Tabelle lediglich als Beispiel eingestellten Sätze tatsächlich angenommen werden können, oder ob nicht vielmehr die Einstellung anderer Sätze zweckmäßig oder sogar notwendig erscheint, wird daher von den einzelnen Knappschaftsvereinen eingehend geprüft werden müssen. Begr. S. 71.

[3] Die Vorschriften in Abs. 1 erstrecken sich ausschließlich auf die Bemessung der Invaliden- und Witwenpensionen, berühren also nicht die Bemessung der Beihilfen zur Erziehung der Kinder verstorbener Mitglieder und Invaliden. Die Bemessung dieser Beihilfen ist in Abs. 3 geregelt. Vgl. unten Anm. 8.

[4] „Die Bemessung der Steigerungssätze muß schon um deswillen der Satzung überlassen bleiben, weil hier die besonderen Verhältnisse der einzelnen Knappschaftsvereine und dabei insbesondere ihre finanzielle Leistungsfähigkeit den Ausschlag geben müssen." Begr. S. 20.

[5] Die bisher meist übliche Art der Bemessung der Invaliden- und Witwenpensionen nach Grundbeträgen und Steigerungssätzen ist fortan nicht mehr zulässig. Vielmehr muß die Bemessung ausschließlich nach Steigerungssätzen derart erfolgen, daß der Betrag der im Einzelfalle zu gewährenden Pension gleich der Summe der vom Mitglied erdienten Steigerungssätze ist.

Ob die Steigerungssätze alljährlich oder allmonatlich oder allwöchentlich eintreten sollen, hat für jede einzelne Pensionskasse deren Satzung zu bestimmen. Einen längeren Zeitabschnitt als ein Jahr läßt das Gesetz für den Eintritt der Steigerungen nicht mehr zu.

[6] „Unter Umständen kann es angezeigt sein, von dieser Möglichkeit Gebrauch zu machen. Dadurch werden sich beispielsweise in den Fällen, in welchen bei einheitlichen Steigerungssätzen die Anfangspensionen unverhältnismäßig niedrig ausfallen würden, die Sätze für diese Anfangspensionen auf eine angemessenere Höhe bringen lassen. Allerdings wird sich die Höherbemessung der Anfangspensionen im allgemeinen in mäßigen Schranken halten müssen, und zwar schon im eigensten Interesse des betreffenden Knappschaftsvereins. Andernfalls würden die Vereinsmitglieder, welche nach Erreichung der Anwartschaft auf eine unverhältnismäßig hohe Anfangspension für ihre fernere Mitgliedschaft in diesem Verein naturgemäß nur noch geringere Steigerungen zu erwarten haben, sich nach Erreichung der Anwartschaft auf die hohe Anfangspension leicht anderen Knappschaftsvereinen mit geringen Anfangspensionen, aber höheren Steigerungssätzen für die späteren Dienstjahre zuwenden, zumal sie dadurch zu außergewöhnlich hohen Pensionssätzen in späteren Jahren gelangen würden. Dem Verein mit den hohen Anfangspensionen würden aber alsdann für die ihn später nach § 172c Abs. 2 des Entwurfs treffende Belastung in den geringen Beiträgen der früheren Mitglieder keine genügenden Mittel zur Verfügung stehen." Begr. S. 20f.

[7] Die Vorschrift in Abs. 2 bezweckt, den Mitgliedern den Überblick über die ihnen und ihren Witwen zustehenden Pensionen zu erleichtern. Begr. S. 22.

[8] Vgl. oben Anm. 3.

„Die Bemessung der Unterstützungen zur Erziehung der Kinder verstorbener Mitglieder und Invaliden, der sog. Waisenunterstützungen, erfolgt bei den preußischen Knappschaftsvereinen mit verschwindenden Ausnahmen abweichend von der Art der Bemessung der Invalidenunterstützungen und der Witwenunterstützungen nach festen Monatssätzen. Diese Tatsache erscheint schon aus dem Umstande als erklärlich, daß die Unterstützung für die einzelne Waise naturgemäß auf einen weit geringeren Betrag als die Invalidenunterstützung und die Witwenunterstützung bemessen werden muß. Eine etwaige Abstufung der Waisenunterstützungen nach Dienstalterszeiten ist daher nicht nur an und für sich schwieriger durchführbar, sondern wird auch in ihrem Erfolg nicht zu besonders erheblichen Unterschieden zwischen den für die verschiedenen Dienstalterszeiten aufgestellten Unterstützungssätzen führen, sofern die Sätze für die geringen Dienstalterszeiten nicht auf allzu niedrige Beträge bemessen werden sollen. Der Entwurf zwingt daher die Knappschaftsvereine zu einer Änderung des bisherigen Systems in der Bemessung der Waisenunterstützungen nicht. Er überläßt es vielmehr den einzelnen Vereinen, ob sie die Waisenunterstützungen nach den in Abs. 1 für die Invaliden- und Witwenunterstützungen vorgeschriebenen Grundsätzen oder nach festen Monatssätzen für die einzelnen etwa bestehenden Mitgliederklassen bemessen wollen. Die naturgemäße Folge hiervon ist, daß bei stattgehabtem Vereinswechsel für die Bemessung der Waisenunterstützungen nicht die Sätze der einzelnen Knappschaftsvereine, in welchen der Vater der betreffenden Waise Mitglied gewesen ist, sondern wie bisher lediglich die Sätze desjenigen Knappschaftsvereins maßgebend sein können, in welchem der Vater bei Eintritt des Unterstützungsfalles Mitglied oder Invalide war." Begr. S. 22.

§ 172c.[1, 2]

[3]Mitglieder[4] der Pensionskassen werden bei Übernahme von Beschäftigung im Bezirk eines anderen Knappschaftsvereins ohne Rücksicht auf ihr Lebensalter[6] Mitglieder der Pensionskasse dieses Vereins mit ihrem bisherigen Dienstalter,[5] sofern sie nicht erst zu einem Zeitpunkte Pensionskassenmitglied geworden sind, zu welchem sie das in der Satzung des neuen Vereins als Erfordernis für die Aufnahme aufgestellte Lebensalter bereits überschritten hatten,[6] und sofern sie zur Berufsarbeit nicht bereits unfähig sind (§ 172a Abs. 1 Ziffer 1).[7] Liegt zwischen dem Ausscheiden aus der die Mitgliedschaft im bisherigen Vereine begründenden Beschäftigung[8] und der Übernahme der Beschäftigung im Bezirke des neuen Vereins ein Zeitraum von mehr als drei Monaten, so ist die Übernahme in die Pensionskasse des neuen Vereins an die weitere Voraussetzung gebunden, daß

das Mitglied den in der Satzung des neuen Vereins für die Aufnahme in die Pensionskasse aufgestellten Erfordernissen über Gesundheit genügt.[7]

Tritt ein solches Mitglied, welches zwei oder mehreren Pensionskassen angehört hat, oder seine Witwe in den Genuß der im § 172a Abs. 1 Ziffer 1 beziehungsweise 2 bestimmten Leistungen, so hat jede beteiligte Pensionskasse für die Zeit, während welcher das Mitglied ihr angehört hat, die Summe der bei ihr erdienten Steigerungssätze zu gewähren.[9] Hierbei kommen Mitgliedzeiten unter einem Jahre auch bei Pensionskassen mit Jahressteigerungssätzen, und zwar insoweit in Anrechnung, als diese Mitgliedzeiten in Verbindung mit den in anderen beteiligten Pensionskassen zurückgelegten Mitgliedzeiten sich zu vollen Jahren ergänzen lassen. Der Steigerungssatz für diese weniger als ein Jahr betragenden Mitgliedzeiten berechnet sich alsdann auf denjenigen Bruchteil des Jahressteigerungssatzes, welcher der Zahl der in Betracht kommenden vollen Beitragsmonate entspricht.[10]

Die Berechnung, Festsetzung und Auszahlung der Leistungen der beteiligten Pensionskassen erfolgt durch denjenigen Knappschaftsverein, dessen Pensionskasse das Mitglied zuletzt angehört hat. Letzterer hat den übrigen beteiligten Vereinen die nach der Berechnung auf sie entfallenden Anteile alsbald mitzuteilen. Die demnach im Laufe eines Vierteljahrs fällig werdenden Anteile sind zur Vermeidung des Verwaltungszwangsverfahrens[11] spätestens bis zum Schlusse des ersten Monats des folgenden Vierteljahrs zu erstatten.

Streitigkeiten über die Anteile an der Aufbringung der Leistungen entscheidet in diesen Fällen unter Ausschluß des Rechtswegs das Oberbergamt, wenn die Vereine verschiedenen

Oberbergamtsbezirken angehören, der Minister für Handel und Gewerbe.[12]

Die im § 172a Abs. 1 Ziffer 3 und 4 bestimmten Leistungen werden stets nach der Satzung desjenigen Knappschaftsvereins berechnet, welchem der Verstorbene zur Zeit seines Todes als Mitglied oder Invalide angehört hat, und von diesem Knappschaftsverein allein getragen.[13]

[1] Vgl. Anm. 1 zu § 172b.

[2] „Die in § 172c getroffenen Vorschriften sind lediglich für die Regelung der Freizügigkeit zwischen den preußischen Knappschaftsvereinen maßgebend. Es bleibt daher den einzelnen preußischen Knappschaftsvereinen unbenommen, mit außerpreußischen Knappschaftsvereinen zur Herbeiführung der Freizügigkeit vertragliche Abmachungen zu treffen und diesen Abmachungen auch andere als die in § 172c enthaltenen Grundsätze zugrunde zu legen." Begr. S. 23; vgl. auch KommBerHH. S. 9.

[3] Zu Abs. 1. Fortan werden die Pensionskassenmitglieder bei Übernahme von Beschäftigung im Bezirk eines anderen Knappschaftsvereins ohne weiteres Mitglieder der Pensionskasse dieses neuen Vereins, sofern sie den in Abs. 1 aufgestellten Erfordernissen genügen.

[4] „Die Übernahme in die Pensionskasse ist nach dem Wortlaut des Abs. 1 an die Voraussetzung geknüpft, daß der Übertretende bis zur Übernahme der Beschäftigung im Bezirk des neuen Knappschaftsvereins Mitglied der Pensionskasse eines anderen Knappschaftsvereins gewesen ist. Diese Voraussetzung gilt auch dann als erfüllt, wenn zwischen Übernahme der Beschäftigung im Bezirk des neuen Vereins und Aufgabe der Beschäftigung im Bezirk des alten Vereins zwar ein längerer Zwischenraum liegt, das betreffende Mitglied indessen die bis zur Aufgabe der Beschäftigung im alten Verein erworbenen Ansprüche auf die Pensionskassenleistungen sich nach § 172d des Entwurfs erhalten hat." Begr. S. 23.

[5] Die Übernahme erfolgt mit dem bisherigen Dienstalter des betreffenden Mitgliedes. „Diese Vorschrift hat für den Fall praktische Bedeutung, daß die Steigerungssätze im neuen Verein nach Dienstalterszeiten verschieden bemessen sind (vgl. § 172b

Abs. 1 Schlußsatz). In einem solchen Falle kommen nach dieser Vorschrift für das übertretende Mitglied diejenigen Steigerungssätze in Betracht, welche seinem bisher erreichten Dienstalter entsprechen ..... Die Übernahme mit dem bisherigen Dienstalter kann ferner unter Umständen für die Bemessung der sog. Waisenunterstützungen von Bedeutung werden (vgl. § 172b Abs. 3 und die Begr. zu § 172c Abs. 5)." Vgl. Begr. S. 23, wo die Vorschrift noch durch ein Beispiel näher erläutert wird.

Das Dienstalter zählt nicht nach der Dauer des Dienstverhältnisses als Arbeiter oder Beamter, sondern nach der Dauer der Zugehörigkeit zu einer Pensionskasse. Vgl. Begr. S. 25.

[6] Die Übernahme erfolgt ohne Rücksicht auf das Lebensalter des Mitgliedes, also auch dann, wenn das Mitglied zur Zeit der Übernahme der Beschäftigung im Bezirk des neuen Knappschaftsvereins das in der Satzung dieses Vereins für die Zulässigkeit der Neuaufnahme in die Pensionskasse festgestellte Höchstlebensalter bereits überschritten hatte, es sei denn, daß das Mitglied bereits zu dem Zeitpunkt, als es überhaupt Pensionskassenmitglied wurde, das in der Satzung des neuen Vereins als Erfordernis für die Aufnahme aufgestellte Höchstlebensalter überschritten hatte. Die Bemessung des Höchstlebensalters für die Aufnahme in die Pensionskasse ist nach § 172 Abs. 1 der Satzung der einzelnen Knappschaftsvereine überlassen mit der Einschränkung, daß das Höchstlebensalter nicht unter vierzig Jahre festgesetzt werden darf. Unter Einhaltung dieser Untergrenze kann das Höchstlebensalter von den Knappschaftsvereinen durch die Satzung beliebig hoch festgesetzt werden.

[7] Für die Übernahme in die neue Pensionskasse stellte der Regierungsentwurf — der durch die Gegenseitigkeitsverträge zwischen einzelnen Knappschaftsvereinen bisher geübten Praxis folgend — das Erfordernis auf, daß das bisherige Pensionskassenmitglied den in der Satzung des neuen Vereins für die Aufnahme in die Pensionskasse aufgestellten Erfordernissen über Gesundheit genüge. Die Kommission des Abgeordnetenhauses hat diese Bestimmung des Regierungsentwurfs in der Befürchtung beseitigt, daß das Verlangen einer neuen Gesundheitsbescheinigung die Übernahme in die neue Pensionskasse unter Umständen in unbilliger Weise erschweren könnte. Um dagegen zu verhüten, daß nach Beseitigung dieses Erfordernisses bereits bergfertige Mitglieder einer Pensions-

kasse noch in eine neue Pensionskasse als Mitglied eintreten, hat die Kommission des Abgeordnetenhauses die in Abs. 1 am Schlusse des Satzes 1 und in Satz 2 enthaltenen Bestimmungen eingefügt. Danach darf die Erfüllung der in der Satzung des neuen Vereins für die Aufnahme in die Pensionskasse aufgestellten Erfordernisse über Gesundheit dann verlangt werden, wenn zwischen dem Ausscheiden aus der Beschäftigung, welche zur Mitgliedschaft im bisherigen Verein verpflichtete oder berechtigte, und der Übernahme der Beschäftigung im Bezirk des neuen Vereins ein Zeitraum von mehr als drei Monaten liegt. Übersteigt diese Zwischenzeit dagegen nicht die Dauer von drei Monaten, so kann nur der Nachweis gefordert werden, daß das bisherige Pensionskassenmitglied nicht bereits unfähig zur Berufsarbeit ist. Ein solcher Nachweis erscheint um deswillen erforderlich, weil auf knappschaftspflichtigen Werken mancherlei Beschäftigungen vorkommen, zu denen auch invalide Mitglieder verwendet werden können und tatsächlich verwendet werden. Vgl. des näheren KommBerAH. S. 37, 43f. und 56f.

[8] Der Ausdruck „die Mitgliedschaft begründende Beschäftigung" umfaßt nach § 172 Abs. 1 und 2 in Verbindung mit § 171 Abs. 1 bis 3 nicht nur die beitrittspflichtigen, sondern auch die beitrittsberechtigten Pensionskassenmitglieder.

[9] „Durch die Fassung des ersten Satzes von Abs. 2 hat insbesondere auch zum Ausdruck gebracht werden sollen, daß dem Knappschaftsmitglied ein besonderer Rechtsanspruch gegen jeden der beteiligten Knappschaftsvereine zusteht, und daß daher der Knappschaftsverein, welcher die Berechnung, Festsetzung und Auszahlung der Unterstützungen vornimmt (vgl. Abs. 3), hierdurch Geschäfte der anderen Knappschaftsvereine mitbesorgt. Das Rechtsverhältnis deutlich in dieser Weise zu gestalten, erscheint namentlich mit Rücksicht auf die den Knappschaftsvereinen durch § 52 JVG. und § 25 GUVG. gewährten Befugnisse angezeigt. Daß nach der vorgesehenen Fassung die Knappschaftsvereine befugt erscheinen, im Falle des gleichzeitigen Bezuges einer Reichsinvalidenrente ihre Anteilleistungen entsprechend den auf § 52 JVG. beruhenden Bestimmungen ihrer Satzungen zu kürzen, kann keinem Zweifel unterliegen. Auch liegt es in der Natur der Sache, daß diese Kürzung nur im Verhältnis der Teilleistung zu der Gesamtunterstützung erfolgen darf. Beispielsweise kann also ein Verein, dessen Satzung

die Anrechnung der halben Invalidenrente auf die Knappschaftspension vorsieht, wenn er zu der — aus der Summe der Steigerungssätze sich zusammensetzenden — Gesamtunterstützung nur ein Viertel beiträgt, auf seine Leistung nicht die Hälfte, sondern nur ein Achtel der Reichsinvalidenrente anrechnen. In gleicher Weise ist der Ersatzanspruch aus § 25 GUVG. für jeden einzelnen Knappschaftsverein, und zwar im Verhältnis seiner Teilleistung zur Gesamtunterstützung begründet." Begr. S. 24.

[10] Die Bestimmungen in Satz 2 und 3 des Abs. 2 bezwecken den Schutz der Mitglieder gegen Verluste, welche bei mehrfachem Wechsel zwischen Vereinen mit jährlichen Steigerungssätzen eintreten könnten, wenn bei diesen Vereinen ausnahmslos nur die vollen Mitgliedjahre in Anrechnung kämen. Vgl. des näheren Begr. S. 25, wo zur Erläuterung auch ein Beispiel angeführt ist.

[11] Vgl. § 177 Abs. 1 und Anm. 2 zu § 177.

[12] Die Entscheidung etwaiger Streitigkeiten zwischen den beteiligten Knappschaftsvereinen über die Anteile an der Aufbringung der Leistungen sind unter Ausschluß des Rechtsweges der Aufsichtsbehörde übertragen worden, weil diese stets in der Lage sein wird, die für die Entscheidung maßgebenden Tatsachen festzustellen, beim Feststehen dieser Tatsachen aber die Entscheidung selbst kaum zweifelhaft sein kann. Begr. S. 25.

[13] „Die in Abs. 2 vorgesehene Regelung der Ansprüche von Mitgliedern, welche mehreren Pensionskassen angehört haben, erstreckt sich nach dem ausdrücklichen Wortlaut der Vorschrift nur auf die in § 172a Abs. 1 Ziff. 1 und 2 bezeichneten Leistungen. Die daselbst unter Ziff. 3 und 4 bezeichneten Pensionskassenleistungen werden dagegen lediglich nach der Satzung derjenigen Pensionskasse bemessen, welcher das Mitglied bei Eintritt des Unterstützungsfalles angehört hat, und fallen ausschließlich dieser Pensionskasse zur Last. Insoweit indessen diese Leistungen satzungsmäßig von dem Dienstalter des Verstorbenen abhängig sind, ist das Dienstalter selbstredend nach der in Abs. 1 getroffenen Bestimmung zu berechnen." Begr. S. 25. Vgl. auch Anm. 3 und 8 zu § 172b.

§ 172d.[1]

Mitglieder der Pensionskassen, welche, ohne arbeitsunfähig zu sein, aus der die Mitgliedschaft begründenden oder zu derselben berechtigenden Beschäftigung ausscheiden und nicht Mitglieder einer anderen Knappschaftspensionskasse werden, sind bei einem Dienstalter[2] von wenigstens fünf Jahren berechtigt,[3, 4, 5] sich die bis dahin erworbenen Ansprüche auf die Pensionskassenleistungen durch Zahlung einer in der Satzung festzusetzenden Anerkennungsgebühr zu erhalten, deren monatlicher Betrag eine Mark nicht übersteigen darf.

Der Verlust der erworbenen Ansprüche tritt in diesem Falle erst ein, wenn die Zahlung der Anerkennungsgebühr für sechs aufeinander folgende Monate unterlassen ist.[6]

Durch die Satzungen kann bestimmt werden, daß und unter welchen Bedingungen eine Steigerung der Ansprüche auch nach Ausscheiden aus der Beschäftigung eintreten kann.[7]

[1] Vgl. Anm. 1 zu § 172b.

[2] Der Begriff „Dienstalter" ist hier in demselben Sinne gebraucht, wie in § 172c Abs. 1; vgl. Anm. 5 zu § 172c. „Das Dienstalter zählt nicht nach der Dauer des Dienstverhältnisses als Arbeiter oder Beamter, sondern nach der Dauer der Zugehörigkeit zu einer Pensionskasse." Begr. S. 25.

[3] Die Berechtigung zur Aufrechterhaltung der Ansprüche ist zunächst an die beiden aus der Natur der Sache sich ergebenden Voraussetzungen geknüpft, daß das ausscheidende Mitglied nicht bereits arbeitsunfähig ist und nicht Mitglied einer anderen Knappschaftspensionskasse wird. Die weitere Voraussetzung für die aus dem Gesetz sich ergebende Berechtigung zur Aufrechterhaltung der Ansprüche besteht in der Forderung, daß für wenigstens fünf Jahre Pensionskassenbeiträge geleistet sein sollen. „Diese Forderung entspricht der in § 172a Abs. 2 erfolgten Festsetzung des Höchstmaßes der Wartezeit auf fünf Jahre. Durch die Aufstellung dieser Voraussetzung für die unmittelbar aus dem Gesetze sich ergebende Berechtigung soll die Möglichkeit nicht ausgeschlossen werden, durch die Satzung diese Berechtigung bereits bei Zurücklegung eines geringeren Dienstalters zu gewähren, eine Möglichkeit, die vorzugsweise bei Knappschaftsvereinen in Frage kommen wird, welche die

Wartezeit nicht auf das Höchstmaß von fünf Jahren bemessen haben." Begr. S. 25.

[4] Das fünfjährige Dienstalter braucht nicht ohne Unterbrechung zurückgelegt zu sein. Die Zeiten der Unterbrechung werden indessen selbstverständlich in den fünfjährigen Zeitraum nicht eingerechnet. Vgl. KommBerAH. S. 64.

[5] „Mitglieder, welche mit einem in anderen Vereinen bereits erworbenen Dienstalter in die Pensionskasse aufgenommen sind, aus der sie nunmehr ausscheiden, wahren sich durch die Zahlung der Anerkennungsgebühr an den letzten Verein auch dieses frühere Dienstalter." Begr. S. 25.

[6] „Der Verlust der erworbenen Ansprüche kann nach den vorliegenden Erfahrungen nur an die Tatsache der Unterlassung der Monatszahlungen geknüpft werden. Insbesondere hat sich als unausführbar erwiesen, die Verlusterklärung von einer vorgängigen Mahnung abhängig zu machen, und zwar, weil in vielen Fällen der Aufenthalt des früheren Mitgliedes dem Knappschaftsverein nicht bekannt oder von ihm überhaupt nicht oder nicht ohne weiteres zu ermitteln ist." Begr. S. 25f.

[7] Macht die Satzung eines Knappschaftsvereins von der in Abs. 3 gegebenen Befugnis Gebrauch, so haben die betreffenden Mitglieder nicht die Anerkennungsgebühr, sondern die vollen Mitgliederbeiträge und die vollen Werksbesitzerbeiträge zu entrichten. KommBerAH. S. 63.

§ 172e.

Insoweit die Voraussetzungen der §§ 172c und 172d nicht vorliegen, verlieren Mitglieder, welche aus der ihre Mitgliedschaft bei der Pensionskasse begründenden Beschäftigung freiwillig oder infolge Kündigung oder Entlassung durch den Werksbesitzer ausscheiden, ihre Ansprüche auf die Leistungen der Pensionskasse.[1]

Nichtbeitrittspflichtige Mitglieder verlieren außerdem ihre Ansprüche auf die Leistungen der Pensionskasse, wenn sie dem Vorstand ihren Austritt anzeigen oder die Beiträge an sechs aufeinander folgenden Zahlungsterminen nicht geleistet haben.[2]

Tritt ein früheres Pensionskassenmitglied wieder in eine Knappschaftspensionskasse als Mitglied ein, so leben seine früheren Pensionskassenansprüche nach einjähriger Mitgliedschaft wieder auf.[3]

[1] Vgl. § 171c Abs. 1.

[2] Vgl. § 171c Abs. 2. Der Verlust der Ansprüche nicht beitrittspflichtiger Mitglieder ist hier indessen schon mit Rücksicht auf § 172d Abs. 2 erst an die sechsmalige Unterlassung der Monatszahlung geknüpft. Vgl. Begr. S. 26.

[3] Abs. 3 ist durch die Kommission des Abgeordnetenhauses in Anlehnung an JVG. § 46 Abs. 4 dem Gesetz eingefügt worden, um zu verhindern, daß Mitglieder, die nur vorübergehend aus ihrer Beschäftigung ausscheiden, ohne die Anerkennungsgebühr zu entrichten, [ihre Ansprüche verlieren. Vgl. KommBerAH. S. 64f. Die Satzungen der Knappschaftsvereine boten bisher bereits meist die Möglichkeit, den Mitgliedern eine erloschene frühere Pensionskassenmitgliedschaft anzurechnen. Fortan haben die Pensionskassenmitglieder nach einjähriger Mitgliedschaft den gesetzlichen Anspruch auf Anrechnung einer früheren, inzwischen erloschenen Pensionskassenmitgliedschaft.

§ 173.

Die Unterstützungsansprüche auf Grund dieses Gesetzes verjähren in zwei Jahren vom Tage ihrer Entstehung an.[1]

[2]Die Übertragung der dem Unterstützungsberechtigten zustehenden Ansprüche auf die Leistungen der Knappschaftsvereine und Krankenkassen an Dritte sowie die Verpfändung oder Pfändung hat nur insoweit rechtliche Wirkung, als sie erfolgt:

1. zur Deckung eines Vorschusses, welcher dem Berechtigten auf seine Ansprüche vor Anweisung der Unterstützung von dem Arbeitgeber oder einem Organe des Knapp-

schaftsvereins oder der Krankenkasse oder dem Mitglied eines solchen Organs gegeben worden ist;

2. zur Deckung der im § 850 Abs. 4 der Zivilprozeßordnung bezeichneten Forderungen.[3]

[2]Die Ansprüche dürfen auf geschuldete Eintrittsgelder und Beiträge,[4] auf gezahlte Vorschüsse, auf zu Unrecht gezahlte Unterstützungsbeträge und auf Geldstrafen aufgerechnet werden, welche nach näherer Vorschrift der Satzungen von den Organen der Knappschaftsvereine oder der Krankenkassen verhängt[5] worden sind. Die Ansprüche dürfen ferner aufgerechnet werden auf Ersatzforderungen für Beträge,[6] welche der Unterstützungsberechtigte auf Grund der Reichsgesetze über Unfallversicherung bezogen, aber an den Knappschaftsverein oder die Krankenkasse zu erstatten hat;[7] Ansprüche auf Krankengeld dürfen jedoch nur bis zur Hälfte aufgerechnet werden.[8]

[3]Ausnahmsweise darf der Berechtigte den Anspruch ganz oder zum Teil auf andere übertragen, sofern dies von dem Revierbeamten[9] genehmigt wird.[10]

[1] Die Vorschrift in Abs. 1 entspricht dem § 56 Abs. 1 KVG. Vgl. Begr. S. 26.

[2] In Abs. 2 bis 4 sind lediglich die Vorschriften in § 56 Abs. 2 bis 4 KVG. in der Fassung der Novelle vom 25. Mai 1903 wiedergegeben, welche nach § 74 Abs. 3 a. a. O. auf Knappschaftskassen — und zwar nicht nur hinsichtlich der den Knappschaftskassen nach dem KVG. obliegenden Leistungen, sondern auch hinsichtlich aller den Knappschaftskassen berggesetzlich obliegenden Leistungen — heute bereits Anwendung finden. Die Wiedergabe ist in der Fassung erfolgt, welche sich aus der Anwendung der in Rede stehenden Vorschriften auf die Knappschaftsvereine und deren Krankenkassen ergibt. Vgl. Begr. S. 26.

[3] Der § 850 Abs. 4 der Zivilprozeßordnung (RGBl. 1898 S. 410) lautet:

„In den Fällen der beiden vorhergehenden Absätze ist die Pfändung ohne Rücksicht auf den Betrag zulässig, wenn sie wegen der den Verwandten, dem Ehegatten und dem früheren Ehegatten für die Zeit nach Erhebung der Klage und für das diesem Zeitpunkte vorausgehende letzte Vierteljahr kraft Gesetzes zu entrichtenden Unterhaltsbeiträge beantragt wird. Das Gleiche gilt in Ansehung der zugunsten eines unehelichen Kindes von dem Vater für den bezeichneten Zeitraum kraft Gesetzes zu entrichtenden Unterhaltsbeiträge; diese Vorschrift findet jedoch insoweit keine Anwendung, als der Schuldner zur Bestreitung seines notdürftigen Unterhalts und zur Erfüllung der ihm seinen Verwandten, seiner Ehefrau oder seiner früheren Ehefrau gegenüber gesetzlich obliegenden Unterhaltspflicht der Bezüge bedarf. Hierbei werden ausschließlich die Leistungen berücksichtigt, welche vermöge einer solchen Unterhaltspflicht für den nämlichen Zeitraum oder, falls die Klage zugunsten des unehelichen Kindes nach der Klage eines Unterhaltsberechtigten erhoben ist, für die Zeit von dem Beginne des der Klage dieses Berechtigten vorausgehenden letzten Vierteljahres ab zu entrichten sind."

[4] Daß nur solche Beiträge aufrechenbar sind, welche vom Unterstützungsberechtigten selbst einzuzahlen waren, ist in der Begründung zu § 56 Abs. 3 KVG. in der Fassung der Novelle vom 25. Mai 1903 (Drucks. des Reichstages Session 1900/03 Nr. 870, 8. Anlageband, S. 5829) ausdrücklich, wie folgt, klargelegt:

„Im § 56 Abs. 2 des jetzt geltenden Krankenversicherungsgesetzes ist ausdrücklich ausgesprochen, daß nur solche Beiträge aufgerechnet werden können, ‚welche von dem Unterstützungsberechtigten selbst einzuzahlen waren'. Dieser letztere Zusatz ist im Abs. 3 des Entwurfs nicht wieder aufgenommen worden. Eine materielle Änderung enthält indessen der Fortfall dieses Zusatzes nicht. Die Streichung erfolgt vielmehr um deswillen, weil nach der ausdrücklichen Vorschrift des § 387 des Bürgerlichen Gesetzbuchs nur solche gleichartigen Leistungen aufrechenbar sind, welche zwei Personen einander schulden. Für die Aufrechnung können daher nur die vom Unterstützungsberechtigten geschuldeten Beiträge, d. h. nur die Beiträge, welche von dem Unterstützungsberechtigten selbst einzuzahlen waren, in Betracht kommen. Es erscheint überflüssig, diese sich aus der Sache ergebende Beschränkung noch besonders auszusprechen. Im § 55 Abs. 2 des

JVG. ist gleichfalls nur von ‚geschuldeten Beiträgen‘ ohne weiteren Zusatz die Rede.“

[5] Durch den in den Wortlaut des § 56 Abs. 2 KVG. eingefügten „Zusatz, daß die für aufrechenbar erklärten Geldstrafen von den Organen des Knappschaftsvereins oder der Krankenkasse ‚nach näherer Vorschrift der Satzungen‘ verhängt sein müssen, soll zum Ausdruck gebracht werden, daß die Befugnis dieser Organe zur Verhängung von Geldstrafen überhaupt nur insoweit besteht, als sie durch ausdrückliche Vorschrift der vom Oberbergamt bestätigten Satzung ihnen beigelegt ist“. Begr. S. 26 f.

[6] „Nach § 56 Abs. 3 KVG. ist die Aufrechnung der Ansprüche auch gegenüber solchen Ersatzforderungen zugelassen, welche der Unterstützungsberechtigte in den Fällen des § 57 Abs. 4 KVG. bezogen, aber an die Kasse zu erstatten hat. Da § 57 KVG. auf die Knappschaftskassen keine Anwendung findet, so war diese Bestimmung hier fortzulassen.“ Begr. S. 27.

[7] Hier kommen die Fälle in Betracht, in denen der Knappschaftsverein nach § 25 GUVG. und § 20 Abs. 5 KVG. gegen eine Berufsgenossenschaft usw. Anspruch auf Ersatz für gewährte Unterstützungen durch Überweisung von Renten und Sterbegeldern hat, die Zahlung aber vor Anmeldung des Ersatzanspruchs bei der Berufsgenossenschaft usw. an den Unfallverletzten erfolgt ist und weitere zur Überweisung zu benutzende Renten überhaupt nicht oder nicht in ausreichendem Maße zur Verfügung stehen. In diesen Fällen hat der Knappschaftsverein gegen den Unfallverletzten nach § 816 Abs. 2 BGB. einen Ersatzanspruch aus dessen ungerechtfertigter Bereicherung. Für diesen Ersatzanspruch wird dem Knappschaftsverein Befriedigung ermöglicht durch Aufrechnung weiter fällig werdender Knappschaftsleistungen (vgl. Begr. zu § 56 Abs. 3 KVG. in der Fassung der Novelle vom 25. Mai 1903, Drucks. des Reichstages Session 1900/03 Nr. 870, 8. Anlageband S. 5829).

[8] Auf die in Abs. 3 Satz 2 bezeichneten Ersatzforderungen dürfen Krankengeldansprüche der Knappschaftsmitglieder nur insoweit aufgerechnet werden, daß dem Knappschaftsmitglied mindestens die Hälfte der fällig werdenden Krankengeldansprüche frei bleibt. Diese Vorschrift beruht auf den gleichen Erwägungen wie die Vorschrift in § 25 Abs. 4 und 5 GUVG., welche die Überweisung nur

der halben Unfallrente zuläßt (vgl. Begr. zu § 56 Abs. 3 KVG. in der Fassung der Novelle vom 25. Mai 1903, Drucks. des Reichstages Session 1900/03 Nr. 870, 8. Anlageband, S. 5829).

[9] „Nach § 56 Abs. 4 KVG. ist die Genehmigung zur Übertragung der Ansprüche durch die ‚untere Verwaltungsbehörde' zu erteilen. Als solche gilt für die Knappschaftsvereine und deren Krankenkassen schon jetzt gemäß dem Erlasse des Ministers für Handel und Gewerbe vom 28. Dezember 1903 (Zeitschr. f. Bergr. Bd. 46 S. 1) der Revierbeamte." Begr. S. 27.

[10] Die Vorschrift in Abs. 4 ist die wörtliche Wiedergabe der für die Knappschaftsvereine zur Zeit bereits maßgebenden (vgl. oben Anm. 2) Vorschrift in § 56 Abs. 4 KVG.; sie ist in letzteres Gesetz aus § 55 Abs. 3 JVG. und § 96 Abs. 3 GUVG. übernommen. Die vorgesehene Genehmigung soll eine Gewähr dafür bieten, daß eine Übertragung des Anspruchs auf andere nur stattfindet, wenn dies im wohlverstandenen Interesse des Knappschaftsmitgliedes liegt. Eine Übertragung wird z. B. dann erwünscht sein, wenn das Knappschaftsmitglied sich dadurch die Aufnahme in ein Siechenhaus, eine Versorgungsanstalt und dergleichen ermöglichen kann (vgl. Begr. zum JVG., Drucks. des Reichstages Session 1898/1900 Nr. 93, 1. Anlageband S. 715).

§ 174.

Sowohl die Mitglieder als auch die Werksbesitzer haben zu den Krankenkassen und den Pensionskassen Beiträge[1, 2] zu leisten. Die Beiträge der Werksbesitzer für beitrittspflichtige Mitglieder dürfen nicht geringer als die Beiträge dieser Mitglieder sein.[3]

Zur Beitragsleistung für nichtbeitrittspflichtige Mitglieder sind die Werksbesitzer nicht verpflichtet.[4] Soweit eine Beitragsleistung für ein nichtbeitrittspflichtiges Mitglied durch den Werksbesitzer nicht erfolgt, hat das nichtbeitrittspflichtige Mitglied neben dem Mitgliedbeitrag auch den auf den Werksbesitzer entfallenden Beitrag seinerseits zu entrichten.[5]

[1] Neben der Verpflichtung der Mitglieder und Werksbesitzer zur Entrichtung von Beiträgen kann durch die Satzung auch die

Verpflichtung neu eintretender Mitglieder zur Entrichtung eines Eintrittsgeldes festgesetzt werden (vgl. § 170a Abs. 1 Ziff. 4, § 176a Abs. 1, § 177 Abs. 1). Ein Antrag, welcher die Befugnis der Knappschaftsvereine zur Erhebung eines Eintrittsgeldes dahin beschränken wollte, daß ein Eintrittsgeld nicht von den beitrittspflichtigen, sondern nur von den beitrittsberechtigten Mitgliedern erhoben werden dürfe, wurde von der Kommission des Abgeordnetenhauses abgelehnt. Ein durch die Satzung festgesetztes Eintrittsgeld wird nur von den Mitgliedern erhoben; die Werksbesitzer sind an der Entrichtung des Eintrittsgeldes nicht beteiligt. Vgl. KommBerAH. S. 65 bis 69.

Wie oben in Anm. 1 zu § 171 bereits hervorgehoben, ist die Erhebung eines Eintrittsgeldes von Krankenkassenmitgliedern durch § 74 Abs. 3 KVG. den in § 26 Abs. 1 und Abs. 2 Satz 1 KVG. aufgestellten Beschränkungen der Erhebung eines Eintrittsgeldes von Mitgliedern einer Ortskrankenkasse unterworfen. Danach darf ein Eintrittsgeld von solchen Krankenkassenmitgliedern nicht erhoben werden, welche

a) nachweisen, daß sie bereits einer anderen Krankenkasse angehört oder Beiträge zur Gemeindekrankenversicherung geleistet haben, und daß zwischen dem Zeitpunkt, mit welchem sie aufgehört haben, einer Krankenkasse anzugehören oder Beiträge zur Gemeindekrankenversicherung zu leisten, und dem Zeitpunkt, in welchem sie Mitglied der Knappschaftskrankenkasse geworden sind, nicht mehr als 26 Wochen liegen,

oder welche

b) aus der Beschäftigung, vermöge welcher sie der Knappschaftskrankenkasse angehörten, behufs Erfüllung ihrer Dienstpflicht im Heere oder in der Marine ausgeschieden sind und nach Erfüllung der Dienstpflicht in eine Beschäftigung zurückkehren, vermöge welcher sie der Knappschaftskrankenkasse wieder angehören.

2 Ein Antrag, wonach Beiträge im Falle der Erwerbsunfähigkeit für die Dauer der Krankenunterstützung nicht erhoben werden sollten, diese Zeit aber gleichwohl als Beitragszeit für die Bemessung der Pensionen in Anrechnung kommen sollte, ist von der Kommission des Abgeordnetenhauses abgelehnt worden. Danach bleibt es den Satzungen der einzelnen Knappschaftsvereine

überlassen, zu bestimmen, ob während des Bezuges von Krankengeld Beiträge zu entrichten sind, und ob bei Nichtentrichtung von Beiträgen gleichwohl die Krankheitszeiten als Beitragszeiten für die Bemessung der Pensionen in Anrechnung kommen sollen. Vgl. KommBerAH. S. 65 bis 69.

[3] Nach dem bisherigen § 175 Abs. 2 mußten die Beiträge der Werksbesitzer mindestens die Hälfte der Beiträge der Arbeiter ausmachen. Die Knappschaftsvereine haben vielfach die Beitragspflicht der Werksbesitzer durch die Satzungen wesentlich höher bemessen. Eine größere Zahl von Vereinen verpflichtet die Werksbesitzer bereits jetzt zu den gleichen Beiträgen wie die Arbeiter Die Vorschrift in Satz 2 entspricht somit dem in vielen Knappschaftsvereinen bereits jetzt bestehenden Zustand. „Sie beruht auf Billigkeitserwägungen, die schon wegen der gleichen Vertretung der Mitglieder und der Werksbesitzer in den Vorständen nicht abzulehnen sind." Begr. S. 27.

[4] „Eine gesetzliche Verpflichtung der Werksbesitzer zur Beitragsleistung ist auch bisher nur hinsichtlich der beitrittspflichtigen Mitglieder angenommen worden." Begr. S. 27.

[5] Satz 2 des Abs. 2 ist durch die Redaktionskommission der Kommission des Abgeordnetenhauses im Interesse größerer Klarheit in das Gesetz eingefügt worden. Vgl. KommBerAH. S. 70.

§ 175.[1]

Die Beiträge der Mitglieder zur Krankenkasse sind in einem Bruchteil ihres Arbeitslohns oder Gehalts oder in einem festen Satze[2] so zu bemessen, daß sie unter Hinzurechnung der Beiträge der Werksbesitzer und der etwaigen sonstigen Einnahmen der Kasse ausreichen, um deren gesetzliche und satzungsmäßige Ausgaben zu decken und außerdem einen Reservefonds im Mindestbetrage der durchschnittlichen Jahresausgabe der letzten drei Jahre anzusammeln und erforderlichenfalls den Reservefonds bis zu dieser Höhe zu ergänzen.[3, 4, 5]

[1] Zu §§ 175 und 175c.

Die in § 168 Abs. 2 vorgeschriebene getrennte Rechnungsführung der Knappschaftsvereine nach Krankenkasse und Pensionskasse hat insbesondere auch die besondere Feststellung der Beiträge für jeden der beiden Kassenzweige zur Folge. „Diese vollständige Trennung der Beiträge nach den beiden Kassenzweigen ist in den §§ 175 ff. durchgeführt und wird der bisher öfters vermißten Übersichtlichkeit in der Finanzlage der Knappschaftsvereine förderlich sein. Ist von der Vorschrift der getrennten Rechnungsführung nach § 168 Abs. 2 eine Ausnahme zugelassen worden, so finden die Bestimmungen der §§ 175 ff. selbstredend insoweit, aber auch nur insoweit keine Anwendung, als für ihre Anwendung die Trennung der Rechnungsführung notwendige Voraussetzung ist." Begr. S. 27.

[2] Die Vorschrift in § 175 über die Beiträge zur Krankenkasse weichen von den Vorschriften des bisherigen § 175 Abs. 1 dadurch ab, daß nunmehr auch Bestimmung getroffen wird über die Art der Bemessung dieser Beiträge. Diese Abweichung ist erfolgt, um die dauernde Erfüllbarkeit der Krankenkassenleistungen tunlichst sicherzustellen (vgl. auch Anm. 7 zu § 169). Zu diesem Zwecke lehnen sich die Vorschriften an die den gleichen Zweck verfolgenden Vorschriften in § 22 Abs. 1 KVG. an. Vgl. auch Anm. 3.

Während § 22 Abs. 1 KVG. die Bemessung der Beiträge nur nach Prozenten des durchschnittlichen Tagelohns zuläßt, ist hier wie im bisherigen § 175 Abs. 1 auch zugelassen, die Beiträge nach festen Sätzen festzusetzen.

[3] Die Vorschriften über die Ansammlung und Ergänzung des Reservefonds lehnen sich an die entsprechenden Vorschriften in § 22 Abs. 1 und § 32 Abs. 1 KVG. an (Begr. S. 27). In der Kommission des Abgeordnetenhauses wurden Anträge gestellt, welche eine Ermäßigung der Anforderungen über die Höhe des anzusammelnden Reservefonds bezweckten. Diese Anträge wurden indessen von der Kommission abgelehnt. Vgl. KommBerA.H. S. 70 bis 73. Auch die Kommission des Herrenhauses bezeichnete die in § 175 aufgestellten Vorschriften über die Bildung und Bemessung des Reservefonds ausdrücklich als notwendig. KommBerHH. S. 10.

[4] Wo ein Reservefonds in der gesetzlichen Höhe bereits an-

gesammelt ist, braucht eine weitere Ansammlung nicht stattzufinden. Vgl. auch KommBerAH S. 70 und 73.

5 Wegen Anlegung der Gelder des Reservefonds vgl. § 181 Abs. 3 Ziff. 3 und Abs. 4 sowie Anm. 15 und 16 zu § 181.

§ 175a.[1]

Reichen die Mittel einer besonderen Krankenkasse zur Deckung der laufenden Ausgaben nicht aus, so sind die Werksbesitzer zur Leistung der erforderlichen Vorschüsse verpflichtet.[2]

1 Zu §§ 175a und 175b.

Die Vorschriften in den §§ 175a und 175b gelten nach ihrem ausdrücklichen Wortlaut nur für die besonderen Krankenkassen. Für diejenigen Knappschaftsvereine, welche eine besondere Krankenkasse nicht errichtet haben, sind die Vorschriften daher von keiner Bedeutung.

2 Für die Betriebs-(Fabrik-)Krankenkassen gilt nach § 64 Ziff. 4 KVG. die gleiche Vorschrift. Diese Vorschrift ist als für die besonderen Krankenkassen der Knappschaftsvereine in gleicher Weise sachgemäß hierin übernommen. Begr. S. 27 f.

§ 175b.[1]

[2]Werden die gesetzlichen Mindestleistungen einer besonderen Krankenkasse (§ 171b)[3] durch die Beiträge, nachdem diese für die Mitglieder vier Prozent des durchschnittlichen Arbeitslohns oder Gehalts erreicht haben, nicht gedeckt, so haben die Werksbesitzer die zur Deckung der gesetzlichen Mindestleistungen erforderlichen Zuschüsse aus eigenen Mitteln zu leisten.

1 Vgl. Anm. 1 zu § 175a.

2 Für die Betriebs-(Fabrik-)Krankenkassen gilt nach § 65 Abs. 2 KVG. die gleiche Vorschrift. Diese Vorschrift ist als für die besonderen Krankenkassen der Knappschaftsvereine in gleicher Weise sachgemäß hierhin übernommen. Begr. S. 27 f.

3 Vgl. Anm. 2 zu § 171b.

§ 175c.[1,2]

Die Beiträge der Mitglieder zur Pensionskasse sind in einem Bruchteil ihres Arbeitslohns oder Gehalts oder in einem festen Satze zu bestimmen.

[3]Die Höhe der Beiträge ist derart zu bemessen, daß sie unter Hinzurechnung der etwaigen weiteren Einnahmen der Kasse und unter Berücksichtigung aller sonstigen für die Leistungsfähigkeit des Knappschaftsvereins in Betracht kommenden Umstände die dauernde Erfüllbarkeit der Pensionskassenleistungen ermöglichen.[4,5]

In den verschiedenen Mitgliederklassen sind die Beiträge für die einzelnen Mitglieder gleich zu bemessen und lediglich nach der durchschnittlichen Höhe der in denselben zu gewährenden Invalidenunterstützungen abzustufen.[6]

[1] Vgl. Anm. 1 zu § 175.

[2] Der § 175c enthält eine der bedeutsamsten Vorschriften des Gesetzes, indem seine Vorschriften in Abs. 2 die Unterlage bieten sollen für die vom Gesetz angestrebte sog. Sanierung der zur Zeit vielfach nicht dauernd leistungsfähigen preußischen Knappschaftsvereine. Auf die Notwendigkeit des Erlasses derartiger Vorschriften ist bereits in der Einleitung (S. 9f.) hingewiesen. Die Begründung zum Regierungsentwurf spricht sich in dieser Beziehung wie folgt aus:

„Wie oben zu § 169 bereits hervorgehoben ist, verlangt der Entwurf, daß die Leistungen der Knappschaftsvereine und besonderen Krankenkassen dauernd erfüllbar sein müssen. Diesem schon aus dem Wesen und dem Zweck der Knappschaftsvereine als notwendig sich ergebenden Erfordernis ist hinsichtlich der Pensionskassenleistungen durch die Vorschrift in Abs. 2 Rechnung getragen. An einer solchen ausdrücklichen Vorschrift fehlte es im bisherigen Gesetz. Wenn es auch den Aufsichtsbehörden in den meisten Fällen bisher gelungen ist, Vereine, deren dauernde Leistungsfähigkeit in offenkundiger Weise in Frage gestellt erschien, zur Vornahme sachgemäßer Maßnahmen behufs Anbahnung einer Gesundung ihrer Finanzverhältnisse zu bewegen, so hat sich doch das Fehlen einer solchen ausdrücklichen Vorschrift bei diesen Verhandlungen als eine offenbare Lücke im bisherigen Gesetz bemerkbar gemacht, die unter allen Umständen jetzt ausgefüllt werden muß.

Überdies sind inzwischen im KVG. für die diesem Gesetz unterliegenden Krankenkassen weitgehende Vorschriften getroffen, um die dauernde Leistungsfähigkeit dieser Kassen tunlichst sicherzustellen (vgl. u. a. §§ 22, 30, 33, 47 a. a. O.). Ferner ist auch im JVG., und zwar in § 32, verlangt, daß die Beiträge so bemessen sein müssen, daß die dauernde Erfüllbarkeit der vorgesehenen Leistungen gewährleistet ist. Insbesondere ist auch für die zur selbständigen Durchführung der Reichs-Invalidenversicherung zugelassenen Knappschaftsvereine in § 174 JVG. vorgeschrieben, daß für die anteilige Belastung an den nach diesem Gesetz zu gewährenden Renten die nach obiger Vorschrift zu erhebenden Beiträge maßgebend sein sollen. Ebenso ist in dem Reichsgesetz über die privaten Versicherungsanstalten vom 12. Mai 1901 (RGBl. S. 139) für alle diesem Gesetz unterliegenden privaten Versicherungsunternehmungen, und damit selbst für die kleinsten Sterbekassen, die dauernde Erfüllbarkeit der Kassenleistungen zum gesetzlichen Erfordernis gemacht und durch entsprechende gesetzliche Vorschriften tunlichst gesichert worden (vgl. u. a. §§ 4, 7, 23, 24, 37, 53, 124 a. a. O.). Die Notwendigkeit und Zweckmäßigkeit analoger Bestimmungen für die knappschaftlichen Pensionskassen wird hiernach einem begründeten Zweifel nicht unterliegen können." Begr. S. 28.

Die Aufbringung der Pensionskassenleistungen durch die Beiträge ist bei den preußischen Knappschaftsvereinen früher ausschließlich nach dem sog. Umlageverfahren erfolgt und erfolgt auch zur Zeit noch vielfach nach diesem Verfahren. Für Pensionskassen ist dieses Verfahren, wie sowohl die inzwischen gewonnenen Erfahrungen als auch die Versicherungswissenschaft lehren, für die Aufbringung der Mittel im allgemeinen nicht sachgemäß. Wenn man allein den versicherungstechnischen Standpunkt in Betracht zieht, so erscheint es jedenfalls richtiger, der Aufbringung der Mittel bei diesen Kassen das Prämiendurchschnittsverfahren oder wenigstens das Kapitaldeckungsverfahren nach Perioden zugrunde zu legen.

Die genannten drei Verfahren unterscheiden sich voneinander

ihrem Wesen nach wie folgt: Bei dem Umlageverfahren wird der Betrag der in einem abgelaufenen Zeitraum, z. B. einem Jahre, erwachsenen Ausgaben auf die Beitragspflichtigen umgelegt; es wird also in jedem Jahre lediglich die auf dieses Jahr fallende Rate der bereits bewilligten Pensionen aufgebracht. Bei dem Kapitaldeckungsverfahren nach Perioden werden die Beiträge für eine bestimmte Reihe von Jahren im voraus berechnet, und zwar unter Zugrundelegung der rechnungsmäßigen Kapitalwerte derjenigen Pensionen, die in dieser Periode voraussichtlich zu bewilligen sein werden; es wird also durch die Beiträge eines jeden Jahres das Kapital aufgebracht, das ausreicht, aus seinen Zinsen und durch seine allmähliche Aufzehrung die im Laufe dieses Jahres neu entstehenden Pensionen bis zum Fortfall der letzten Pensionsrate zu entrichten. Bei dem Prämiendurchschnittsverfahren werden die Beiträge auf der Grundlage bemessen, daß der Gesamtwert aller zu erwartenden Beiträge gleichkommt dem Gesamtwert aller zu erwartenden Pensionen; es wird also durch die Beiträge das Kapital aufgebracht, das ausreicht, um aus seinen Zinsen und durch seine allmähliche Aufzehrung alle durch die jeweiligen Beitragszahlungen entstehenden Anwartschaften auf Pensionskassenleistungen zu realisieren.

Die verschiedene Grundlage der vorgenannten drei Verfahren tritt zunächst bei der Beitragserhebung in die Erscheinung: Zur Bestreitung der gleichbleibenden Pensionskassenleistungen werden beim Umlageverfahren anfänglich geringe Beiträge erhoben, die indessen dem Anschwellen der tatsächlichen Ausgaben entsprechend rasch und stark steigen. Beim Kapitaldeckungsverfahren werden zunächst mäßig hohe Beiträge erhoben, die später dem Steigen des Kapitalwerts der zu bewilligenden Pensionen entsprechend langsam und mäßig steigen. Beim Prämiendurchschnittsverfahren werden die Beträge in dauernd gleichbleibender Höhe erhoben; sie gehen anfänglich über die nach dem Kapitaldeckungsverfahren und namentlich nach dem Umlageverfahren zu erhebenden Beiträge erheblich hinaus, bleiben indessen später in entsprechendem Maße hinter den nach diesen Verfahren zu erhebenden Beiträgen zurück. Weiter tritt die verschiedene Grundlage der drei Verfahren im Falle der Aufhebung einer Pensionskasse in die Erscheinung. In einem solchen Falle würden beim Prämiendurchschnittsverfahren sowohl das zur Deckung der bereits bewilligten Pensionen erforderliche Kapital (Deckungskapital), als auch ein weiteres Kapital vorhanden sein, das ausreichen würde, die bis zum Tage der Aufhebung der Pensionskasse erwachsenen Anwartschaften auf künftige Pensionskassenleistungen seinerzeit zu realisieren (Prämienreserve). Beim Kapitaldeckungsverfahren nach Perioden würde nur das zur Deckung der bereits bewilligten Pensionen erforderliche Kapital vorhanden sein, die Anwartschaften auf künftige Pensionskassenleistungen dagegen würden ausfallen. Bei dem Umlageverfahren wäre überhaupt nichts vorhanden, so daß nicht nur die Anwartschaften auf künftige Pensionskassenleistungen, sondern auch die bereits bewilligten Pensionen völlig ausfallen müßten.

Die vorgenannten drei Verfahren können übrigens dadurch ineinander übergehen, daß beim Umlageverfahren wie beim Kapitaldeckungsverfahren nach Perioden außer den nach diesen Verfahren aufzubringenden Beiträgen noch Zuschläge erhoben werden zur Ansammlung eines Reservefonds behufs völliger oder teilweiser Deckung der nach den genannten beiden Verfahren sonst ungedeckt bleibenden Pensionskassenleistungen. So sah das alte Unfallversicherungsgesetz vom 6. Juli 1884 für die Aufbringung der Mittel durch die Berufsgenossenschaften das Umlageverfahren mit Ansammlung eines Reservefonds bis zum doppelten Betrage des laufenden Jahresbedarfs vor. Die meisten Knappschaftsvereine, welche ihre Beiträge nach dem Umlageverfahren bemessen, schreiben gleichfalls die Ansammlung eines Reservefonds vor. Vielfach ist dieser Reservefonds indessen nicht ausreichend bemessen. Außerdem ist diese Bemessung meist auf ein Vielfaches der laufenden Jahresausgabe erfolgt. Eine derartige Bemessung erscheint indessen nur unter der Voraussetzung sachgemäß, daß in dem betreffenden Knappschaftsverein die Verhältnisse im wesentlichen gleichbleiben, daß insbesondere nicht eine erhebliche Zunahme der Mitgliederzahl und vor allem keine erhebliche Abnahme der Mitgliederzahl zu erwarten ist. Mit dem Augenblick, wo im Betriebe der Vereinswerke und damit in der Zahl der Vereinsmitglieder ein erheblicher Rückgang eintritt, schwillt naturgemäß die Zahl der Invaliden erheblich an. Die notwendigen Leistungen wachsen damit bedeutend, die Zahl der aktiven Vereinsmitglieder, welche in Gemeinschaft mit den Werksbesitzern diese Leistungen umzulegen haben, sinkt dagegen beträchtlich. Zur Aufbringung der Umlage müssen daher die Beiträge erhöht und der Reservefonds angegriffen werden. Bei längerer Dauer dieses Zustandes ist der auf den mehrfachen Betrag der früheren Jahresausgabe bemessene Reservefonds vorzeitig erschöpft und es muß zum letzten Mittel, der Herabsetzung der satzungsmäßigen Leistungen, gegriffen werden, um den Verein vor völligem Zusammenbruch zu bewahren, wie dies in den letzten Jahrzehnten leider bei einer Anzahl von Knappschaftsvereinen notwendig geworden ist. Auf Grund dieser Erfahrungen sind daher mehrere Knappschaftsvereine von dem früher auch bei ihnen geübten Umlageverfahren mit Ansammlung eines mäßigen, nach dem gegenwärtigen Jahresbedarf bemessenen Reservefonds aus eigener Entschließung abgegangen.

[3] Die Reichsgesetzgebung schreibt für die Aufbringung der Mittel für die Zwecke der Krankenversicherung, Unfallversicherung und Invalidenversicherung je ein bestimmtes System vor, hat indessen auf dem Gebiete der Unfallversicherung und der Invalidenversicherung das früher vorgeschriebene System durch die letzten Novellen gewechselt. Auf dem Gebiete der Krankenversicherung ist das für diesen Versicherungszweig durchaus geeignete Umlageverfahren früher wie jetzt vorgeschrieben. Auf dem Gebiete der Unfallversicherung wurde — wie in Anm. 2 bereits hervorgehoben — im alten Unfallversicherungsgesetz vom 6. Juli 1884 gleichfalls noch das Umlageverfahren mit Ansammlung eines mäßigen Reservefonds vorgesehen, während die jetzt in Geltung stehenden Unfallversicherungsgesetze zu einem Verfahren überleiten, das im Laufe der Zeit zum Wesen des Prämiendurchschnittsverfahrens hinüberführt. Das Invaliditäts- und Altersversicherungsgesetz vom 22. Juni 1889 hatte die Kapitaldeckung nach Perioden vorgesehen; das jetzt in Kraft stehende JVG. hat indessen das Prämiendurchschnittsverfahren eingeführt.

Das gegenwärtige Gesetz hat, wie der ihm zugrunde liegende Regierungsentwurf, für die Krankenkassen der Knappschaftsvereine dem KVG. folgend, das Umlageverfahren vorgesehen, für die Pensionskassen der Knappschaftsvereine indessen davon abgesehen, ein bestimmtes System vorzuschreiben, sondern in § 175c Abs. 2 sich auf die Festlegung des Grundsatzes beschränkt, daß die Beiträge unter Hinzurechnung der etwaigen weiteren Einnahmen der

Kasse und unter Berücksichtigung aller sonstigen für die Leistungsfähigkeit des Knappschaftsvereins in Betracht kommenden Umstände die dauernde Erfüllbarkeit der Pensionskassenleistungen ermöglichen müssen. Bei den Verhandlungen im Landtage ist der Grundsatz, daß die dauernde Erfüllbarkeit der Pensionskassenleistungen fortan für die Beitragsbemessung ein gesetzliches Erfordernis darstellen soll, von keiner Seite angegriffen worden. Dagegen wurde in der Kommission des Abgeordnetenhauses durch den Abgeordneten Dr. Wagner angeregt, den in Abs. 2 niedergelegten allgemeinen Grundsatz durch weitere Bestimmungen zu ergänzen, welche allen Knappschaftsvereinen ein bestimmtes System für die Beitragsbemessung vorschreiben und damit die sog. Sanierung der Knappschaftsvereine auf einheitlicher Grundlage herbeiführen sollten. Daneben bezweckte der Antrag Wagner noch — wie oben in Anm. 1 zu § 172b bereits hervorgehoben —, die Beibehaltung des bisher meist üblichen Systems in der Bemessung der Invaliden- und Witwenpensionen nach Grundbeträgen und Steigerungssätzen zu ermöglichen. In seinen Grundzügen ging der Antrag dahin: Es soll unterschieden werden zwischen der Last, welche die Knappschaftsvereine im Augenblick des Inkrafttretens des Gesetzes bereits hätten, und der Last, die ihnen später zuwachse. Danach sollen die Beiträge sich zusammensetzen aus einem Betrage, der nach den für den einzelnen Knappschaftsverein maßgebenden besonderen Verhältnissen zur allmählichen Tilgung der beim Inkrafttreten des Gesetzes laufenden Unterstützungen ausreiche, und aus einem weiteren Betrage, der unter Zugrundelegung des Kapitaldeckungsverfahrens mit zehnjährigen Perioden die Kapitalwerte der künftig zu bewilligenden Unterstützungen aufbringe. Um die Beibehaltung der Pensionsbemessung nach Grundbeträgen und Steigerungssätzen zu ermöglichen und gleichzeitig bei Vereinswechsel der Mitglieder das Abrechnungsverfahren zwischen den einzelnen Knappschaftsvereinen zu erleichtern, soll von sämtlichen Knappschaftsvereinen ein allgemeiner Knappschaftsfonds gebildet werden. In diesen allgemeinen Knappschaftsfonds soll derjenige Teil der für die künftige Last nach dem Kapitaldeckungsverfahren aufzubringenden Beiträge fließen, welcher von den einzelnen Knappschaftsvereinen zur Deckung der Grundbeträge der künftigen Invaliden- und Witwenpensionen erhoben würde. Dagegen soll dieser allgemeine

Knappschaftsfonds die Auszahlung dieser künftigen Grundbeträge übernehmen und insoweit die einzelnen Knappschaftsvereine entlasten.

Der Antrag Wagner ist in einer von der Kommission des Abgeordnetenhauses gebildeten Subkommission eingehend beraten und von dieser Subkommission angenommen worden. Bei der Beratung der Anträge der Subkommission in der Kommission des Abgeordnetenhauses wurde der Antrag Wagner indessen lebhaft angegriffen. Die Stellung der Regierung zu diesem Antrage ist für die Beurteilung der schwierigen Materie von Interesse; es sei daher der Inhalt einer von dem Handelsminister in der Kommission des Abgeordnetenhauses zu diesem Antrag abgegebenen Erklärung nach dem KommBerAH. S. 108 f. hier, wie folgt, wiedergegeben:

„Die Schwierigkeit, den in Rede stehenden Antrag richtig zu würdigen, liege nach seiner Ansicht darin, daß er für den Nichttechniker in seinen Konsequenzen sehr undurchsichtig sei. Demgegenüber habe die Regierungsvorlage den Vorteil, daß die formalen Bestimmungen klar und übersichtlich seien; jeder Knappschaftsverein könne sich ein ungefähres Bild machen, wie sich die Dinge für ihn stellen würden, und infolgedessen sei natürlich bei allen, die versicherungstechnisch nicht gebildet seien, eine berechtigte Neigung vorhanden, der Regierungsvorlage vor dem Antrag den Vorzug zu geben.

Nun glaube er, daß man in einem Punkte die Entfernung zwischen dem Antrag und der Regierungsvorlage überschätze. Man dürfe sich darüber nicht täuschen, daß man, wenn man an eine Sanierung der einzelnen Knappschaftsvereine herangehen würde, auch wenn der Antrag Wagner nicht angenommen werde, doch zu einer Erhöhung der Beiträge kommen werde. Der Unterschied in der Ausführung des Gesetzes in den beiden Fällen beruhe nur darin, daß der Antrag eine gewisse feste Grundlage für diese Sanierung allgemein gebe, ohne indessen die Knappschaftsvereine in ihrer Freiheit zu beschränken, während die Regierungsvorlage eine sehr weite Latitüde lasse, aber den Nachteil habe, daß die Aufsichtsbehörde sich ziemlich umfänglich in die Regulierung der Verhältnisse der einzelnen Knappschaftsvereine einmischen müsse und natürlich auch ein hohes Maß von Verantwortung übernehme, das ihr genommen würde, wenn der Antrag angenommen werde.

Was die weitere Frage anbetreffe, ob gegen die Gründung des allgemeinen Knappschaftsfonds Bedenken zu erheben seien, so glaube er, daß der Antrag auch hier von seinen Gegnern wohl überschätzt oder in bezug auf sein Verhältnis zu den Intentionen der Regierung nicht ganz richtig beurteilt werde. Die Knappschaftsvereine würden, wenn man an die Reform der Knappschaftskassen heranginge, voraussichtlich vielfach selbst auf einen ähnlichen Weg kommen, wie ihn der Antrag hierin als gesetzliche Regel vorsehe.

Endlich käme die Kommission mit dem in Rede stehenden Antrag über alle die Schwierigkeiten und Bedenken hinweg, die sie in der ersten Lesung bei der Beratung der in Betracht kommenden Paragraphen hier beschäftigt hätten. Überdies werde das Abrechnungsverfahren zwischen den einzelnen Knappschaftskassen außerordentlich vereinfacht resp. falle in der Hauptsache ganz weg, und man habe, alles in allem genommen, die Sicherheit, daß die Knappschaftsvereine den an sie zu stellenden Anforderungen in Zukunft würden genügen können.

Unter diesen Umständen habe er, wenn die Kommission in ihrer Mehrheit sich für den vorliegenden Antrag entscheiden sollte, keine Bedenken, sich damit einverstanden zu erklären. Er habe aber auch absolut keine Veranlassung, die Regierungsvorlage etwa gegenüber dem Antrage fallenzulassen. Man könne den Zweck auf beide Weisen erreichen. Gewicht lege er nur darauf, daß an den grundsätzlichen Bestimmungen der Regierungsvorlage wesentliche Änderungen nicht vorgenommen würden."

Nach eingehender Besprechung des Antrages Wagner gab die Kommission des Abgeordnetenhauses mit überwältigender Mehrheit dem unveränderten Regierungsentwurf den Vorzug vor dem Antrag Wagner zu § 175 c und lehnte diesen Antrag ab. Das Plenum des Abgeordnetenhauses wie das Herrenhaus nahmen den § 175 c des Regierungsentwurfs gleichfalls unverändert an.

Vgl. des näheren wegen der sehr eingehenden Verhandlungen in der Kommission und Subkommission des Abgeordnetenhauses KommBerAH. S. 104 bis 117 sowie Anlage I und II des KommBer. und wegen der Verhandlungen des Herrenhauses KommBerHH. S. 4 f. und 10.

[4] Nach der in Anm. 3 erörterten Entstehungsgeschichte des § 175 c Abs. 2, welche zu einer völligen Billigung der Vorschriften des Regierungsentwurfs und der zu ihnen gegebenen Erläuterung geführt hat, gewinnt für die Auslegung der Vorschriften in § 175 c Abs. 2 der Inhalt der nachstehenden Ausführungen in der Begründung zu § 175 c Abs. 2 besondere Bedeutung:

„Was den Inhalt der über die Beitragshöhe in den Entwurf einzustellenden Vorschriften anlangt, so konnte nur in Frage kommen, ob der Entwurf sich lediglich auf die Festlegung des für die Beitragsbemessung maßgebenden Grundsatzes beschränken oder nach dieser Richtung noch speziellere Vorschriften treffen soll. Bei der ungemein verschieden gestalteten Lage, in der sich die für die Beurteilung der dauernden Leistungsfähigkeit maßgebenden Verhältnisse bei den verschiedenen Knappschaftsvereinen befinden, erschien es ratsam und sogar notwendig, über die Festlegung des maßgebenden Gesichtspunktes nicht hinauszugehen, zumal andernfalls den bei den einzelnen Knappschaftsvereinen bestehenden tatsächlichen Verhältnissen nicht ausreichend Rechnung getragen werden könnte.

Nach dem in Abs. 2 niedergelegten Grundsatz sollen für die Prüfung der Frage, ob die Beiträge einer Pensionskasse die dauernde Erfüllbarkeit der dieser Kasse obliegenden Leistungen ermöglichen, nicht nur die Höhe dieser Beiträge und die der Kasse zufließenden weiteren Einnahmen in Betracht gezogen, sondern auch alle sonstigen für die Leistungsfähigkeit des Knappschaftsvereins in Betracht kommenden Umstände berücksichtigt werden. Als solche Umstände werden unter anderen in Frage kommen müssen: die größere oder geringere Nachhaltigkeit der Vereinswerke, die größere oder geringere Bedeutung und Ausdehnung der Betriebe, für welche der Knappschaftsverein errichtet ist, Zahl und Lebensalter der aktiven Mitglieder und der Unterstützungsempfänger überhaupt sowie der erfahrungsgemäß in Zugang und in Abgang kommenden aktiven Mitglieder und Unterstützungsempfänger.

Im übrigen verlangt der in Abs. 2 aufgestellte Grundsatz nicht unbedingt und unter allen Umständen die Bemessung der Beiträge nach dem Kapitaldeckungsverfahren oder einem sonstigen Deckungsverfahren. Insbesondere erscheint es zulässig, den Übergang zu einem Deckungsverfahren allmählich zu bewerkstelligen. Auch wird unter Umständen bei genügend breiter Unterlage, wie

z. B. bei Bildung eines Rückversicherungsverbandes für alle preußischen Knappschaftsvereine, auch das Umlageverfahren mit Ansammlung eines hohen Reservefonds für die Bemessung der Beiträge in Frage kommen können.

Endlich ist nicht außer acht zu lassen, daß bei der überwiegenden Mehrzahl der preußischen Knappschaftsvereine die Bemessung der Beiträge bisher nicht nach dem in Abs. 2 aufgestellten Grundsatz erfolgt ist, und daß in diesen Fällen das der Vorschrift in Abs. 2 vorschwebende Ziel, die dauernde Sicherstellung der Pensionskassenleistungen, nicht sofort, sondern erst in einer unter Umständen weit gesteckten Frist tatsächlich erreichbar sein wird. Die Vorschrift in Abs. 2 verlangt indessen auch nicht die sofortige Erreichung dieses Zieles; vielmehr ist dieser Vorschrift auch dann entsprochen, wenn durch die Satzung ein Plan festgelegt wird, der in einer den Umständen des einzelnen Falles angemessenen Frist zu der tatsächlichen Ermöglichung der dauernden Erfüllbarkeit und damit zu der dauernden Sicherstellung der Pensionskassenleistungen führt. Im übrigen vgl. hinsichtlich der Überleitung der jetzt tatsächlich bestehenden in die der Vorschrift des Abs. 2 entsprechenden Verhältnisse den Art. IV des Entwurfs und die Begründung zu diesem Art. IV." Begr. S. 28f.

[5] Für die praktische Durchführung des in Abs. 2 aufgestellten Grundsatzes kommt einmal die Aufstellung und Abänderung der Satzung (§§ 169, 170) und sodann der Fall in Betracht, daß nachträglich sich herausstellt, daß die Beitragsfestsetzung dem § 175c Abs. 2 nicht genügt (§ 175d). In beiden Fällen unterliegen die in dieser Beziehung von den Organen des Knappschaftsvereins getroffenen Maßnahmen zunächst der Prüfung durch das Oberbergamt. An Stelle des im Regierungsentwurf auch für diese Fälle vorgesehenen Rekurses an den Handelsminister hat der Landtag indessen die Beschwerde an das Oberschiedsgericht in Knappschaftsangelegenheiten treten lassen. Vgl. § 169 Abs. 3 und § 175d Abs. 2 sowie Anm. 11 bis 14 zu § 169 und Anm. 5 bis 7 zu § 175d.

[6] Der Abs. 3 ist durch die Kommission des Abgeordnetenhauses in das Gesetz eingefügt worden. Er ist dem § 32 Abs. 3 JVG. nachgebildet und bezweckt, ausdrücklich auszusprechen, daß die Beitrags- und Leistungssätze für jede einzelne Mitgliederklasse so bemessen werden müssen, daß die Leistungen dieser Mitglieder-

klasse gewährleistet sind, sodaß also der bisher zuweilen beobachtete Übelstand vermieden wird, wonach die Beiträge einer Mitgliederklasse zur Deckung der Leistungen dieser Mitgliederklasse nicht ausreichten und daher die Beiträge anderer Mitgliederklassen zur Deckung mit herangezogen werden mußten. Insoweit enthält Abs. 3 eine sachlich neue Vorschrift gegenüber dem Regierungsentwurf indessen nicht; vielmehr mußte auch nach der Absicht des Regierungsentwurfs die Beitragsbemessung innerhalb der einzelnen Mitgliederklassen diesem Grundsatz entsprechen (vgl. KommBerAH. S. 26 bis 28, 106 und 112). Neu indessen gegenüber dem Regierungsentwurf ist die Sondervorschrift in Abs. 3, wonach der Abstufnng der Beiträge für die einzelnen Mitgliederklassen lediglich die durchschnittliche Höhe der in den einzelnen Mitgliederklassen zu gewährenden Invalidenpensionen zugrunde gelegt werden soll. Diese Vorschrift ist im Interesse der Vereinfachung der Berechnung getroffen. Insbesondere bedarf es somit einer Berücksichtigung der Witwenpensionen bei dieser Berechnung nicht. Diese Vorschrift rechtfertigt sich ohne weiteres durch den Umstand, daß die Witwenpensionen durchweg auf einen Bruchteil der Invalidenpensionen bemessen werden und daß es daher einer besonderen Einstellung der Witwenpensionen in diese Berechnung nicht bedarf.

§ 175d.[1]

Ergibt sich, daß die Beiträge zur Krankenkasse oder zur Pensionskasse den Bestimmungen des § 175 oder des § 175c Abs. 2 nicht genügen,[2] so ist eine entsprechende Erhöhung der Beiträge oder eine entsprechende Minderung der Kassenleistungen herbeizuführen.[3] Die Minderung kann sich auch auf die bereits bewilligten oder rechtskräftig festgestellten Pensionskassenleistungen erstrecken, soweit letztere nicht bereits vor Inkrafttreten der Minderung fällig geworden sind.[3]

[4]Unterläßt der Knappschaftsverein oder die besondere Krankenkasse, diese Abänderungen zu beschließen, so hat das Oberbergamt die Beschlußfassung anzuordnen. Die Anord-

nung erfolgt durch Beschluß. Gegen diesen Beschluß findet binnen einer Frist von einem Monate vom Tage der Zustellung an den Vorstand ab die Beschwerde an das Oberschiedsgericht statt (§ 186m).[5,6,7] Wird der Anordnung, nachdem sie unanfechtbar geworden ist,[8] keine Folge gegeben, so hat das Oberbergamt seinerseits die erforderliche Abänderung der Satzung von Amts wegen mit rechtsverbindlicher Wirkung zu vollziehen.[9]

[10]Wird zur Aufrechterhaltung oder Wiederherstellung der Leistungsfähigkeit eines Knappschaftsvereins oder einer besonderen Krankenkasse eine schleunige Vermehrung ihrer Einnahmen oder Verminderung ihrer Ausgaben erforderlich, so kann das Oberbergamt, vorbehaltlich des vorstehend vorgeschriebenen Verfahrens,[11] eine sofortige vorläufige Erhöhung der Beiträge oder Herabsetzung der Leistungen verfügen. Der Rekurs[12] gegen diese Verfügung hat keine aufschiebende Wirkung.

1 „Die Bestimmungen in § 175 und § 175c Abs. 2 bedürfen zur tatsächlichen Sicherstellung der dauernden Leistungsfähigkeit der Knappschaftsvereine für den Fall einer Ergänzung, daß die tatsächlich erfolgte Bemessung der Beiträge sich als diesen Bestimmungen nicht ausreichend Rechnung tragend erweist. Die im Entwurf für diesen Fall vorgesehenen Bestimmungen lehnen sich an die entsprechenden Bestimmungen des § 33 Abs. 1, 3 und 4 KVG. tunlichst eng an." Begr. S. 29.

2 „Die weittragende Bedeutung namentlich des im § 175c Abs. 2 aufgestellten Erfordernisses und die Schwierigkeit seiner Feststellung läßt es jedenfalls im eigenen Interesse der Knappschaftsvereine und ihrer Vorstände dringend ratsam erscheinen, in angemessenen Zeiträumen eine sachverständige Prüfung darüber herbeizuführen, ob die Beitragsbemessung bei der Pensionskasse tatsächlich dem gesetzlichen Erfordernis entsprechend erfolgt ist. Die Vornahme dieser Prüfung innerhalb bestimmt abgegrenzter Zeiträume den Knappschaftsvereinen zur gesetzlichen Pflicht zu machen, erschien namentlich um deswillen nicht als angezeigt, weil

bei der Verschiedenartigkeit der in Betracht kommenden tatsächlichen Verhältnisse eine gleichmäßige Bemessung dieses Zeitraums für alle Knappschaftsvereine nicht sachgemäß sein würde. Im übrigen kann es nach dem Inhalt des Abs. 1 in Verbindung mit den Vorschriften in § 183 Abs. 1 und 2 des Entwurfs keinem Zweifel unterliegen, daß die Knappschaftsvereine und besonderen Krankenkassen zur Prüfung der Frage, ob die Voraussetzungen des § 175d Abs. 1 vorliegen, erforderlichenfalls auch durch die Aufsichtsbehörde angehalten werden können, sodaß die Aufsichtsbehörde auch in der Lage ist, die einzelnen Vereine zur Vornahme einer sachverständigen Prüfung in den für den einzelnen Verein zweckmäßigen Zeiträumen nötigenfalls anzuhalten." Begr. S. 30.

[8] „Steht fest, daß die Bemessung der Beiträge den gesetzlichen Erfordernissen nicht entspricht, so kommt naturgemäß zunächst in Frage, die Beiträge auf die dem Gesetz entsprechenden Sätze zu erhöhen. Eine solche Erhöhung wird aber nicht immer ausführbar sein; vielmehr kann unter Umständen der Fall eintreten, daß die Beiträge in einem Maße erhöht werden müßten, welches die Leistungsfähigkeit der Beitragspflichtigen übersteigen würde. In einem solchen Falle bleibt nichts übrig, als die Leistungen entsprechend zu mindern. Neben der Erhöhung der Beiträge mußte daher auch die erforderliche Minderung der Leistungen zugelassen werden.

Diese Minderung ist hinsichtlich der Krankenkassenleistungen genau im Rahmen des § 33 Abs. 1 und 4 KVG. zugelassen. Daß bei diesen Leistungen die Minderung in den durch § 74 KVG. und § 171b Abs. 1 des Entwurfs gesetzlich festgelegten Mindestleistungen sowie in der hinsichtlich der zur Zeit der Minderung schwebenden Unterstützungsansprüche in § 171b Abs. 3 des Entwurfs getroffenen Vorschrift ihre Grenze findet, bedarf im Wortlaut des § 175d nicht der besonderen Erwähnung.

Was sodann die Minderung der Pensionskassenleistungen anlangt, so steht auch diese Minderung mit der rechtlichen Natur und der bisherigen Entwickelung der Knappschaftsvereine nicht in Widerspruch. Danach sind diese Vereine keine reinen Versicherungsanstalten, sondern ihre Aufgabe ist die Unterstützung ihrer Mitglieder nach Maßgabe der verfügbaren Mittel. Es steht sonach dem einzelnen Mitgliede nicht ein gegen den Knappschaftsverein unter allen Umständen zu verwirklichender Anspruch — ein wohlerworbenes Recht — auf das bei seinem Eintritt in den Verein oder während seiner Mitgliedschaft in der Satzung vorgesehene Maß der Unterstützungen zu. Vielmehr unterliegen die Unterstützungsansprüche an den Verein — und zwar auch hinsichtlich der bereits in den Genuß der Unterstützungen getretenen Mitglieder und Angehörigen verstorbener Mitglieder (Invaliden, Witwen und Waisen) — der etwaigen Herabsetzung im Wege nachträglicher Änderung der Satzung. Dieser aus dem Wesen und den Existenzbedingungen der Knappschaftsvereine sich ergebende wichtige Grundsatz ist in der Praxis der Aufsichtsbehörden stets festgehalten und wenigstens hinsichtlich der Invalidenunterstützungen auch durch die Rechtsprechung des Reichsgerichts ausdrücklich anerkannt worden. An diesem Grundsatz mußte hier um so mehr festgehalten werden, als bei manchen Knappschaftsvereinen die Beiträge zur Zeit tatsächlich nicht derart bemessen sind, daß die dauernde Erfüllbarkeit der gegenwärtigen satzungsmäßigen Pensionskassenleistungen durch sie auch nur annähernd ermöglicht erscheint, sodaß die Überführung der im Entwurf aufgestellten Erfordernisse in die Praxis voraussichtlich mehrfach ohne Minderung dieser Leistungen überhaupt nicht würde erfolgen können. Um in dieser Beziehung jeden Zweifel auszuschließen, spricht der Entwurf ausdrücklich aus, daß die Minderung der Pensionskassenleistungen erforderlichenfalls auch auf die bereits bewilligten oder rechtskräftig festgestellten Leistungen sich erstrecken kann, und zwar mit der selbstverständlichen Einschränkung, daß diese Leistungen nicht bereits vor Inkrafttreten der Minderung fällig geworden sind.

Endlich sei noch hervorgehoben, daß die Fassung des Entwurfs nicht ausschließt, beide Maßnahmen — Erhöhung der Beiträge und Minderung der Leistungen — miteinander zu verbinden, und zwar gilt dies sowohl für die Krankenkasse wie für die Pensionskasse." Begr. S. 30 f.

[4] Abs. 2 ist in Satz 1 und 4 dem KVG. § 33 Abs. 3 nachgebildet.

[5] Satz 2 und 3 in Abs. 2 sind durch die Kommission des Abgeordnetenhauses dem Gesetz eingefügt worden, während der Regierungsentwurf gegen die Anordnung des Oberbergamts den Rekurs an den Handelsminister vorsah. Vgl. oben Anm. 11 zu

§ 169 und KommBerAH. S. 114 bis 119 und Anlage II des KommBer. S. 34 f. sowie KommBerHH. S. 10.

[6] Wegen der Ausschlußfrist von einem Monat vgl. Anm. 13 zu § 169.

[7] Das Oberschiedsgericht entscheidet in diesem Falle in der Besetzung von fünf Mitgliedern, nämlich dem Vorsitzenden, einem Vertreter der Werksbesitzer, einem Vertreter der Knappschaftsmitglieder, einem Versicherungsverständigen und einem Bergbauverständigen. § 186m Abs. 2 Ziff. 3 Buchst. b.

[8] Die Anordnung wird unanfechtbar durch unbenutzten Ablauf der Ausschlußfrist zur Einlegung der Beschwerde oder durch Abweisung der Beschwerde durch das Oberschiedsgericht.

[9] Gegen die Maßnahmen des Oberbergamts aus Satz 4 des Abs. 2 ist nur der Rekurs an den Handelsminister zulässig.

[10] Abs. 3 ist dem KVG. § 33 Abs. 4 nachgebildet.

[11] Es handelt sich in Abs. 3 nur um vorläufige Maßnahmen des Oberbergamts, denen das in Abs. 2 geordnete Verfahren alsbald nachzufolgen hat. Ergeht in diesem letzteren Verfahren eine von den vorläufigen Maßnahmen des Oberbergamts abweichende Entscheidung, so hat diese rückwirkende Kraft.

[12] Gegen die vorläufigen Maßnahmen des Oberbergamts aus Abs. 3 ist nur der Rekurs an den Handelsminister zulässig.

§ 176.

Die Werksbesitzer haben jede von ihnen beschäftigte Person, für welche gemäß den §§ 171 und 172 die Zugehörigkeit zu dem Knappschaftsvereine begründet ist, an den durch die Satzungen festzusetzenden Zeitpunkten und auf dem darin bezeichneten Wege (§ 170a Abs. 1 Ziffer 3) bei dem Knappschaftsvorstand und, wo besondere Krankenkassen bestehen, auch bei dem Vorstande der zuständigen Krankenkasse anzumelden und nach Beendigung des Arbeits- oder Dienstverhältnisses wieder abzumelden.[1]

[2]Unterbleibt die Anmeldung,[3] so sind die Vorstände befugt, die Zahl der Personen, für welche die Beiträge zur Knappschaftskasse oder zur Krankenkasse eingezogen werden sollen, nach ihrem Ermessen[4] zu bestimmen.

Werksbesitzer, die ihrer Anmeldepflicht vorsätzlich oder fahrlässigerweise nicht genügen, haben außerdem alle Aufwendungen zu erstatten, welche der Knappschaftsverein oder die Krankenkasse auf Grund gesetzlicher oder satzungsmäßiger Vorschrift in einem vor der Anmeldung durch die nichtangemeldete Person veranlaßten Unterstützungsfalle gemacht hat.[5] Auch ist zulässig, die Unterlassung[6] der Anmeldepflicht wie der Abmeldepflicht durch die Satzung mit einer Geldstrafe bis zu zwanzig Mark zu belegen.

[1] Die Vorschriften in Abs. 1 entsprechen dem Inhalt und der Handhabung des bisherigen § 176 Abs. 2. (Wegen des bisherigen § 176 Abs. 1 vgl. § 176a.) Vgl. Begr. S. 31.

[2] Die Vorschrift in Abs. 2 entspricht dem bisherigen § 176 Abs. 3. Indessen ist die bisherige Befugnis des Vorstandes, bei dem Oberbergamt den Erlaß eines Strafbefehls gegen den säumigen Werksbesitzer zu beantragen, in die Vorschrift in Abs. 2 nicht wieder aufgenommen, weil Abs. 3 Satz 2 jetzt die Befugnis gewährt, den säumigen Werksbesitzer durch die Satzung mit einer Geldstrafe zu belegen. Begr. S. 31.

[3] Der Wortlaut deckt wie bisher auch den Fall der unvollständigen Anmeldung. Vgl. Brassert S. 469; Klostermann-Fürst Anm. 4 zu § 176; RekBesch. vom 29. Juni 1878, Zeitschr. f. Bergr. Bd. 19 S. 399.

[4] Der Ausdruck „nach ihrem Ermessen" ist nicht gleichbedeutend mit „willkürlich"; vgl. RekBesch. vom 29. Juni 1878, Zeitschr. f. Bergr. Bd. 19 S. 399 und Brassert S. 469.

[5] Satz 1 des Abs. 3 entspricht dem § 50 KVG.

[6] Der Ausdruck „Unterlassung" ist wie der Ausdruck „unterbleiben" in Abs. 2 dahin zu verstehen, daß nicht nur die gänzliche Nichtbeachtung, sondern auch die unvollständige Erfüllung der Meldepflicht in dem Ausdruck einbegriffen ist. Vgl. oben Anm. 3.

§ 176a.[1]

Die Werksbesitzer sind verpflichtet, die Mitgliederbeiträge, etwa vorgeschriebene Eintrittsgelder[2] und auf Grund der Satzung verhängte Ordnungsstrafen von den bei ihnen beschäftigten Personen[3] einzuziehen und zugleich mit ihren eigenen Beiträgen zu den in der Satzung bestimmten Zeitpunkten an die vorgeschriebenen Stellen abzuführen. Sie haften für die Einziehung und Abführung der Beiträge, Eintrittsgelder[2] und Ordnungsstrafen der beitrittspflichtigen Mitglieder wie für eine eigene Schuld.[3,4]

Die Mitglieder sind verpflichtet, sich ihre Beiträge, etwaige Eintrittsgelder[2] und auf Grund der Satzung verhängte Ordnungsstrafen bei den Lohnzahlungen einbehalten zu lassen. Die Einbehaltungen für die Beiträge sind auf die Lohnzahlungszeiträume, auf welche sie entfallen, möglichst gleichmäßig zu verteilen.

[1] In § 176a wird der Abs. 1 des bisherigen § 176 mit mehrfachen Änderungen, die sich durch die Praxis als zweckmäßig erwiesen haben, wiedergegeben. Insbesondere erscheint erwünscht, die Verpflichtung der Werksbesitzer, neben den Beiträgen aller bei ihnen beschäftigten Mitglieder auch Eintrittsgelder und Ordnungsstrafen derselben für die Knappschaftsvereine und Krankenkassen einzuziehen, und die entsprechende Verpflichtung der Mitglieder, die Einziehung durch Einbehaltung bei den Lohnzahlungen zuzulassen, mit Rücksicht auf das Reichsgesetz vom 21. Juni 1869, betreffend die Beschlagnahme des Arbeits- oder Dienstlohns (BGBl. 1869 S. 242, RGBl. 1897 S. 159), und auf § 394 des Bürgerlichen Gesetzbuchs ausdrücklich hervorzuheben. Vgl. auch § 53 Abs. 1 KVG. und Begr. S. 31.

[2] Wegen des Eintrittsgeldes vgl. § 170a Ziff. 4 und Anm. 1 zu § 174.

[3] Die Werksbesitzer haben zwar die Verpflichtung, die Mitgliederbeiträge usw. von allen bei ihnen beschäftigten Knappschaftsmitgliedern einzuziehen und abzuführen; wie für eine eigene Schuld haften sie indessen nur für die Einziehung und Abführung der von

den beitrittspflichtigen, dagegen nicht der von den beitrittsberechtigten Mitgliedern zu entrichtenden Beiträge usw.

[4] Die rechtliche Stellung der von dem Werksbesitzer nach Abs. 1 Satz 2 abzuführenden Knappschaftsbeiträge (also der Werksbesitzerbeiträge und der Beiträge der beitrittspflichtigen Mitglieder) bei der Zwangsvollstreckung in das unbewegliche Vermögen und im Konkurse ist die folgende:

a) Nach Art. 17 Abs. 2 des Ausführungsgesetzes vom 23. September 1899 (GS. S. 291) zum Reichsgesetz über die Zwangsversteigerung und die Zwangsverwaltung vom 24. März 1897 in der Fassung der Bekanntmachung vom 20. Mai 1898 (RGBl. S. 713) gelten die Beiträge, die der Werksbesitzer nach § 174, § 175 Abs. 2 und § 176 Abs. 1 des Allgemeinen Berggesetzes vom 24. Juni 1865 — d. i. § 174 Abs. 1 und § 176a in der jetzigen Fassung — zur Knappschafts- und Krankenkasse zu leisten hat, als gemeine Lasten im Sinne des Art. 1 Abs. 1 Nr. 2 des erstgenannten Gesetzes. Als solche sind sie nach dieser letzteren Bestimmung öffentliche Lasten im Sinne des § 10 Abs. 1 Nr. 3 und des § 156 Abs. 1 des Reichsgesetzes über die Zwangsversteigerung und die Zwangsverwaltung, gewähren also ein Recht auf Befriedigung in der dritten Klasse. Dies gilt jedoch, wie aus Art. 15ff. des erwähnten Ausführungsgesetzes hervorgeht, nur für die Fälle der Zwangsversteigerung und Zwangsverwaltung eines Bergwerkseigentums, eines unbeweglichen Bergwerksanteils und einer selbständigen Kohlenabbaugerechtigkeit, wozu nach § 4 des Gesetzes über die Bestellung von Salzabbaugerechtigkeiten in der Provinz Hannover vom 4. August 1904 (GS. S. 235) noch die Fälle der Zwangsversteigerung und Zwangsverwaltung einer auf Grund dieses Gesetzes bestellten Salzabbaugerechtigkeit gekommen sind. Demnach genießen Knappschaftsbeiträge den gedachten Vorzug bei der Zwangsversteigerung oder Zwangsverwaltung dann nicht, wenn die betreffenden Mitglieder in solchen Betrieben beschäftigt sind, welche der rechtlichen Grundlage eines Bergwerkseigentums oder einer Kohlen- oder Salzabbaugerechtigkeit entbehren. Hier kommen in Betracht einmal diejenigen knappschaftspflichtigen Betriebe, in denen — von der Begründung einer Kohlen- oder Salzabbaugerechtigkeit abgesehen — ein nach örtlichem Sonderrecht der Verleihung durch die Bergbehörden entzogenes Mineral abgebaut wird, sowie diejenigen Hüttenwerke, dem Allgemeinen Berggesetz nicht unterworfenen Aufbereitungsanstalten und nicht unter bergpolizeilicher Aufsicht stehenden Gewerbsanlagen, welche nach §§ 166, 165 Abs. 3 einem Knappschaftsvereine angehören.

b) Nach § 61 der Konkursordnung in der Fassung der Bekanntmachung vom 20. Mai 1898 (RGBl. S. 612) rangieren „die Forderungen der öffentlichen Verbände ..... wegen der nach Gesetz oder Verfassung zu entrichtenden Abgaben und Leistungen aus dem letzten Jahre vor der Eröffnung des Verfahrens" in der dritten Klasse. Zu den öffentlichen Verbänden im Sinne dieser Vorschrift gehören unzweifelhaft die Knappschaftsvereine. Vgl. Urt. des RG. vom 31. März 1886, Zeitschr. f. Bergr. Bd. 27 S. 367; Brassert S. 468; Klostermann-Fürst Anm. 4 zu § 175; Arndt Anm. 2 zu § 176.

Die Konkursordnung spricht diesen Rang den Forderungen der Knappschaftsvereine „wegen der nach Gesetz oder Verfassung zu entrichtenden Abgaben und Leistungen" zu. Außer den Beiträgen haben daher die Forderungen der Knappschaftsvereine an die Werksbesitzer auf Einziehung und Abführung der Eintrittsgelder und Ordnungsstrafen der beitrittspflichtigen Mitglieder den gleichen Rang.

§ 177.

Die im § 176a Abs. 1 Satz 1 bezeichneten Leistungen zu den Knappschaftskassen und zu den besonderen Krankenkassen[1] können auf vorgängige Festsetzung durch das Oberbergamt im Wege des Verwaltungszwangsverfahrens eingezogen werden.[2]

Durch Einlegung der nach § 186 Abs. 2 zulässigen Rechtsmittel[3] wird die Zwangsvollstreckung nicht aufgehalten.

Rückständige Beiträge, Eintrittsgelder und Ordnungsstrafen verjähren binnen zwei Jahren nach der Fälligkeit.[4]

[1] Über die Bedeutung des bisherigen Wortlauts des § 177 Abs. 1, welcher „alle Beiträge“ zur Knappschaftskasse usw. der Verwaltungsexekution unterwarf, bestand eine Streitfrage. Durch den jetzigen Wortlaut findet diese Streitfrage dahin ihre Erledigung, daß zu den Beiträgen im Sinne des § 177 auch die Eintrittsgelder und auf Grund der Satzung verhängten Ordnungsstrafen gehören, daß sonstige Ansprüche der Knappschaftsvereine und Krankenkassen gegen die Werksbesitzer dagegen der in Abs. 1 vorgesehenen Festsetzung und Zwangsvollstreckung nicht unterliegen. Vgl. Begr. S. 32.

[2] Das Verfahren richtet sich nach den Königlichen Verordnungen vom 15. November 1899 und 18. März 1904, betreffend das Verwaltungszwangsverfahren wegen Beitreibung von Geldbeträgen (GS. 1899 S. 545, 1904 S. 36), sowie den dazu ergangenen Ausführungsanweisungen vom 28. November 1899 (v. Brauchitsch, Die neuen preußischen Verwaltungsgesetze, 1. Bd. 20. Aufl. 7. Bearbeitung 1906 S. 697) und 4. Juli 1904 (Minist.-Blatt d. inneren Verwaltung S. 257).

[3] Die hier zulässigen Rechtsmittel sind:

a) hinsichtlich der Eintrittsgelder und Beiträge zur Krankenkasse die Beschwerde an das Oberbergamt und darauf der Rechtsweg (§ 186 Abs. 2 Ziff. 1);

b) hinsichtlich der Eintrittsgelder und Beiträge zur Pensionskasse die Berufung an das Schiedsgericht und darauf die Revision an das Oberschiedsgericht (§ 186 Abs. 2 Ziff. 2, § 186k, § 186l);

c) hinsichtlich der Ordnungsstrafen die Beschwerde an das Oberbergamt und in weiterer Instanz an den Handelsminister unter Ausschluß des Rechtsweges (§ 186 Abs. 2 Ziff. 3).

[4] Die Vorschrift über die Verjährung entspricht dem § 55 Abs. 1 KVG. und § 103 Abs. 2 GUVG.; nur ist der Beginn der Verjährung etwas abweichend bemessen.

§ 177a.[1,2]

Erscheint die dauernde Leistungsfähigkeit eines Knappschaftsvereins oder einer besonderen Krankenkasse durch andauerndes Sinken auf eine für diese Leistungsfähigkeit nicht ausreichende Mitgliederzahl oder aus anderen Gründen derart gefährdet, daß im Wege des § 175d eine dauernde Abhilfe nicht mehr zu erwarten ist, so kann die Aufsichtsbehörde den Knappschaftsverein oder die Krankenkasse auflösen[3,4] und die Mitglieder einem anderen Knappschaftsverein oder einer anderen Krankenkasse[5] mit der Maßgabe überweisen, daß gegen den letzteren Verein[2] aus der bei dem aufgelösten Vereine[2] verbrachten Beitragszeit Ansprüche nicht geltend gemacht werden können,[6] und daß die bisherigen Pensionskassenmitglieder im übrigen mit ihrem bisherigen Dienstalter[7] auch der Pensionskasse angehören, sofern sie den im § 172c Abs. 1 für die Aufnahme aufgestellten Erfordernissen genügen.[8] Dabei werden diejenigen bisherigen Pensionskassenmitglieder, welche in dem Zeitpunkte der Überweisung hinsichtlich des Lebensalters und der Gesundheit den durch die Satzung des neuen Knappschaftsvereins für die Aufnahme in die Pensionskasse aufgestellten Erfordernissen genügen, sofern sie bei der Übernahme auf eine Berücksichtigung ihres bisherigen Dienstalters für ihre Ansprüche an den neuen Knappschaftsverein ausdrücklich verzichten, ohne Berücksichtigung ihres bisherigen Dienstalters in die Pensionskasse des neuen Knappschaftsvereins übernommen.[9]

Außerdem hat die Aufsichtsbehörde einen Knappschaftsverein oder eine besondere Krankenkasse aufzulösen:[10. 11]

1. wenn der Betrieb oder die Betriebe, für welche der Verein[2] errichtet ist, aufgelöst werden;[12]
2. wenn dem Knappschaftsvereine lediglich Werke der im § 166 Abs. 2 bezeichneten Art angehören und die Besitzer dieser Werke sowie die auf diesen Werken beschäftigten Mitglieder die Auflösung gemeinschaftlich beantragen;[13]

3. wenn einer besonderen Krankenkasse lediglich Werke der im § 166 Abs. 2 bezeichneten Art angehören und das Ausscheiden dieser Werke aus dem Knappschaftsvereine nach § 166 Abs. 2 und 4 mit Wirksamkeit erfolgt ist.

[14] Die den bisherigen Mitgliedern bis zur Auflösung des Knappschaftsvereins oder der Krankenkasse erwachsenen Ansprüche bleiben gegen den aufgelösten Verein[3] bestehen, können aber über den Zeitpunkt der Auflösung hinaus sich nicht erhöhen.

[14] Das vorhandene Vermögen ist von der Aufsichtsbehörde in Verwahrung zu nehmen, zu verwalten und zur tunlichst gleichmäßigen Befriedigung der vorhandenen Ansprüche zu verwenden.

[14] Bei Befriedigung der Ansprüche gegen die Pensionskasse eines aufgelösten Knappschaftsvereins sind die Ansprüche derjenigen Personen vorweg zu befriedigen, die sich zur Zeit der Auflösung bereits im Genuß einer Pension befanden. Später eintretende Ansprüche sind nach Maßgabe des vorhandenen Vermögensrestes zu befriedigen. Die Aufsichtsbehörde hat in diesen Fällen einen Liquidationsplan aufzustellen.[15]

[14] Werden nach Wegfall aller Berechtigten Ansprüche nicht mehr erhoben, so fällt ein etwa vorhandener Vermögensrest demjenigen Vereine[3] zu, welchem die dem aufgelösten Verein[3] angehörig gewesenen Mitglieder überwiesen worden sind. Hat eine solche Überweisung nicht stattgefunden, so ist ein etwa vorhandener Vermögensrest in der dem bisherigen Zwecke am meisten entsprechenden Weise zu verwenden.

[1] In § 177a, der im bisherigen Gesetz nicht enthalten war, sind diejenigen Fälle geregelt, in denen die Auflösung eines Knappschaftsvereins oder einer besonderen Krankenkasse zulässig ist oder

zu erfolgen hat. Die Regelung ist erfolgt in Anlehnung an die §§ 47 und 68 KVG. Vgl. Begr. S. 32.

[2] Der in § 177a wiederholt gebrauchte Ausdruck „Verein" soll sowohl den Knappschaftsverein wie auch die besonderen Krankenkassen umfassen. Vgl. Begr. S. 32 und oben Anm. 3 zu § 170a.

[3] Gegen den diese Auflösung aussprechenden Beschluß des Oberbergamts findet nach § 177c die Beschwerde an das Oberschiedsgericht statt.

[4] In Abs. 1 ist die Auflösung zugelassen für den Fall, daß die dauernde Leistungsfähigkeit eines Knappschaftsvereins oder einer besonderen Krankenkasse derart gefährdet erscheint, daß auch im Wege des § 175d eine dauernde Abhilfe nicht zu erwarten ist. Ein solcher Fall wird namentlich dann eintreten können, wenn die Mitgliederzahl dauernd derart niedrig bleibt, daß sie die dauernde Erfüllbarkeit der Leistungen nicht mehr ermöglicht. Aus den in der Begr. S. 32 und in Anm. 6 zu § 168a dargelegten Gründen ist auch hier von der gesetzlichen Festlegung einer Mindestmitgliederzahl abgesehen worden. Vgl. Begr. S. 32.

[5] Die Überweisung der Mitglieder an einen anderen Verein mußte vorgesehen werden, damit die Mitglieder des aufgelösten Vereins der gesetzlichen Knappschaftspflicht genügen können. Begr. S. 32.

Die Überweisung schließt zugleich eine entsprechende Erweiterung des satzungsmäßig festgesetzten Vereinsbezirks für denjenigen Verein in sich, zu dem die Überweisung erfolgt. Begr. S. 32.

[6] Durch die Vorschrift, daß gegen den neuen Verein aus der Beitragszeit bei dem früheren Verein Ansprüche nicht erhoben werden können, erscheint eine Schädigung des neuen Vereins ausgeschlossen. Begr. S. 32.

[7] Wegen der Bedeutung des Begriffs „Dienstalter" vgl. Anm. 5 zu § 172c und Anm. 2 zu § 172d.

[8] Diese Erfordernisse sind einmal, daß das betreffende Mitglied nicht erst zu einem Zeitpunkt überhaupt Pensionskassenmitglied geworden ist, zu welchem es das in der Satzung des neuen Vereins als Erfordernis für die Aufnahme in die Pensionskasse aufgestellte Höchstlebensalter bereits überschritten hatte, und ferner,

daß das betreffende Mitglied nicht bereits unfähig zur Berufsarbeit ist. Vgl. auch Anm. 6 und 7 zu § 172c.

[9] Erfüllt ein Mitglied alle satzungsmäßigen Anforderungen des neuen Vereins hinsichtlich der Aufnahme neu eintretender Mitglieder in die Pensionskasse und verzichtet es ausdrücklich auf seine Ansprüche an den aufgelösten Knappschaftsverein, so wird es ohne Berücksichtigung seines bisherigen Dienstalters in die Pensionskasse des neuen Knappschaftsvereins übernommen. Diese Vorschrift ist aufgenommen, weil derartige Personen andernfalls durch die Überweisung in die Pensionskasse eines Knappschaftsvereins, welcher für die ersten Dienstjahre wesentlich höhere Steigerungssätze festgesetzt hat als für die späteren Dienstjahre, erheblich ungünstiger gestellt sein würde als die in diesen Knappschaftsverein unter sonst gleichen Verhältnissen neu eintretenden Mitglieder. Begr. S. 33.

[10] In den in Abs. 2 geregelten Fällen ist die Auflösung notwendig. Die Auflösung ist daher für diese Fälle der Aufsichtsbehörde zur Pflicht gemacht. Vgl. Begr. S. 33.

[11] Gegen die die Auflösung aus Abs. 2 aussprechenden Verfügungen des Oberbergamts findet der Rekurs an den Handelsminister statt. Die Beschwerde an das Oberschiedsgericht ist in § 177c nur für die aus Abs. 1 erfolgte Auflösung vorgesehen.

[12] „Werden die sämtlichen Betriebe, für welche der Verein errichtet ist, gänzlich aufgelöst, so ist dem Fortbestand des Vereins die erforderliche Unterlage entzogen und somit die Auflösung zur Notwendigkeit geworden (vgl. auch § 68 KVG.)." Begr. S. 33.

[13] „Gehören die in § 166 Abs. 2 bezeichneten Werke mit anderen Werken zusammen einem Knappschaftsverein an, so können sie unter Erfüllung der in Abs. 2 und 4 des § 166 angegebenen Voraussetzungen aus dem Knappschaftsverein ausscheiden. Es erscheint nur folgerichtig, diesen Werken die Möglichkeit der Beseitigung ihrer im Gesetz lediglich ausnahmsweise aufrecht erhaltenen Knappschaftspflicht auch dann zu gewähren, wenn der Bezirk eines Knappschaftsvereins nur diese Werke umfaßt. Wird ein solcher Knappschaftsverein aufgelöst, so ist damit naturgemäß auch die Auflösung der zu diesem Knappschaftsverein etwa gehörenden besonderen Krankenkassen verbunden (im übrigen vgl. auch § 68 KVG.)." Begr. S. 33.

[14] Abs. 3 bis 6 regeln die im Falle der Auflösung eines Knappschaftsvereins oder einer besonderen Krankenkasse erfolgende Liquidation des Vereins und zwar in Anlehnung an § 47 Abs. 5 KVG. und unter tunlichster Berücksichtigung der Billigkeit hinsichtlich der Art der Verwendung des Vereinsvermögens. Vgl. Begr. S. 34.

[15] Der von dem Oberbergamt aufgestellte Liquidationsplan gelangt nur so lange und insoweit zur Ausführung, als noch Vereinsvermögen vorhanden ist. Ist das Vereinsvermögen aufgezehrt, so ist die Liquidation beendet und die nicht befriedigten Ansprüche fallen aus. Begr. S. 34.

§ 177b.

Nach Anhörung der Generalversammlungen der beteiligten Knappschaftsvereine kann die Aufsichtsbehörde im Interesse der dauernden Sicherstellung der Ansprüche der Mitglieder die Vereinigung von zwei oder mehreren Pensionskassen in der Weise anordnen,[1] daß entweder die vollständige Vereinigung[2] der Pensionskassen erfolgt oder daß sie ihre Selbständigkeit behalten und sich zu einem Rückversicherungsverbande vereinigen.[3, 4] Für die Aufstellung der Satzungen finden in diesen Fällen die §§ 169 bis 170a sinngemäße Anwendung.[5] Die Rückversicherungsverbände erlangen durch die Bestätigung ihrer Satzungen die Rechtsfähigkeit.

[1] Die Vorschriften in § 177b sollen eine Handhabe bieten, einen der wesentlichsten Mißstände im heutigen preußischen Knappschaftswesen, die Zersplitterung in eine übergroße Zahl meist wenig leistungsfähiger Vereine, wirksam zu bekämpfen. Die Vorschriften erteilen der Aufsichtsbehörde die Ermächtigung, die Vereinigung mehrerer Pensionskassen anzuordnen. Sie knüpfen diese Anordnung in formeller Beziehung an die vorgängige Anhörung der Generalversammlungen der beteiligten Knappschaftsvereine und in materieller Beziehung an die Voraussetzung, daß die Vereinigung „im Interesse der dauernden Sicherstellung der Ansprüche der Mitglieder" erfolgt. Diese materielle Voraussetzung ist nicht nur dann erfüllt, wenn die Anordnung notwendig ist, um die Leistungs-

fähigkeit einer oder mehrerer Kassen herzustellen, sondern auch dann, wenn die dauernde Sicherstellung der Mitgliederansprüche durch die Vereinigung eine sachgemäße Förderung erfährt.

² Bei der Anordnung der Vereinigung „ist selbstverständlich ausgeschlossen, das vorhandene Vermögen der vereinigten Vereine nach den gleichen Grundsätzen — unter völliger Zusammenschlagung ohne Rücksicht auf den in dem einzelnen Verein auf das Mitglied entfallenden Vermögensanteil — zu behandeln. Eine gesonderte Behandlung muß auch im Falle der vollständigen Vereinigung hinsichtlich derjenigen Personen, welche bereits im Genuß von Leistungen der Pensionskasse stehen, eintreten und kann auch hinsichtlich aller derjenigen Personen erfolgen, die im Zeitpunkte der Vereinigung bereits Eventualansprüche gegen einen der beteiligten Vereine erworben hatten." Begr. S. 34.

³ Es liegt im Wesen dieser Vereinigung, daß sie erst in Wirksamkeit treten kann, wenn alle Modalitäten der Vereinigung, insbesondere die Behandlung des Vermögens der einzelnen beteiligten Knappschaftsvereine entweder im Wege der Vereinbarung unter den beteiligten Knappschaftsvereinen oder durch die Anordnung der Aufsichtsbehörde festgestellt sind. Vgl. KommBerAH. S. 75 bis 77.

⁴ Zuständig für die Anordnung ist das Oberbergamt. Vgl. im übrigen wegen der Zuständigkeit bei Beteiligung verschiedener Oberbergämter und wegen der Rechtsmittel § 177c.

⁵ Die Vereinigung bestehender Knappschaftsvereine bedeutet eine Änderung der Satzungen der einzelnen Vereine durch Aufstellung einer neuen gemeinsamen Satzung. Auf die Aufstellung dieser Satzung finden §§ 169 bis 170a ohne weiteres Anwendung. Vgl. oben Anm. 1 zu § 170.

Für die Aufstellung der Satzungen des Rückversicherungsverbandes sind dagegen die §§ 169 bis 170a sinngemäß anzuwenden.

§ 177c.

Die Auflösung im Falle des § 177a Abs. 1 und die Anordnung der Vereinigung im Falle des § 177b erfolgt durch Beschluß[1] Handelt es sich um die Vereinigung von Pensionskassen, über welche verschiedene Oberbergämter die

Aufsicht führen, so erfolgt die Anordnung durch gemeinschaftlichen Beschluß der beteiligten Oberbergämter. Gegen den Beschluß findet binnen einer Frist von einem Monate[2] vom Tage der Zustellung an den Vorstand ab die Beschwerde an das Oberschiedsgericht[3] statt (§ 186 m).[1]

[1] Satz 1 und 3 des § 177c ist durch die Kommission des Abgeordnetenhauses dem Gesetz eingefügt worden, während der Regierungsentwurf gegen die Anordnungen des Oberbergamts aus § 177a Abs. 1 und aus § 177b den Rekurs an den Handelsminister vorsah. Vgl. oben Anm. 11 zu § 169 und KommBerAH. S. 114 bis 119 und Anlage II des KommBer. S. 34 f. sowie KommBerHH. S. 10.

[2] Wegen der Ausschlußfrist von einem Monat vgl. Anm. 13 zu § 169.

[3] Das Oberschiedsgericht entscheidet in diesem Falle in der Besetzung von fünf Mitgliedern, nämlich dem Vorsitzenden, einem Vertreter der Werksbesitzer, einem Vertreter der Knappschaftsmitglieder, einem Versicherungsverständigen und einem Bergbauverständigen. § 186m Abs. 2 Ziff. 3 Buchst. b.

§ 177d.

Erstreckt sich ein Knappschaftsverein oder ein Rückversicherungsverband über den Bezirk mehrerer Oberbergämter, so bestimmt der Minister für Handel und Gewerbe die Behörde, durch welche die den Oberbergämtern zugewiesenen Befugnisse hinsichtlich dieses Knappschaftsvereins oder Rückversicherungsverbandes wahrzunehmen sind.[1]

[1] In § 177c „ist für die zwangsweise Vereinigung mehrerer Pensionskassen die Möglichkeit ausdrücklich vorgesehen, daß auch solche Pensionskassen vereinigt werden können, die verschiedenen Oberbergamtsbezirken angehören. Auch sonst wird die gedeihliche Weiterentwickelung der Knappschaftsvereine unter Umständen die Zuweisung von Betrieben zu einem und demselben Knappschaftsverein oder die Vereinigung von Knappschaftsvereinen auch dann als angezeigt erscheinen lassen, wenn die Betriebe bzw. die Knapp-

schaftsvereine verschiedenen Oberbergamtsbezirken angehören. Insbesondere wird die Bildung eines Rückversicherungsverbandes nicht an die Grenzen eines Oberbergamtsbezirks gebunden werden dürfen. Hiernach erscheint die Aufnahme einer Bestimmung darüber angezeigt, durch welche Behörde in den in Rede stehenden Fällen die den Oberbergämtern zugewiesenen Befugnisse wahrzunehmen sind. Die zu diesem Zweck in den Entwurf aufgenommene Bestimmung bietet die Möglichkeit, der Vielgestaltigkeit der in Betracht kommenden Fälle sachgemäß Rechnung zu tragen." Begr S. 34f.

§ 178.

Die Verwaltung eines jeden Knappschaftsvereins erfolgt unter Beteiligung von Knappschaftsältesten durch den Knappschaftsvorstand und die Generalversammlung.[1]

Wo besondere Krankenkassen errichtet sind, muß für diese auch ein besonderer Vorstand bestehen.[2]

[1] Der Abs. 1 gibt den bisherigen § 178 wieder unter Einfügung des durch §§ 181a und 182b allen Knappschaftsvereinen und besonderen Krankenkassen vorgeschriebenen Organs der Generalversammlung. Begr. S. 35. Danach ist das bei den meisten Knappschaftsvereinen bereits bisher durch die Satzung eingeführte Organ der Generalversammlung für alle Knappschaftsvereine zwingend vorgeschrieben.

[2] „Die Vorschrift in Abs. 2 ist eine selbstverständliche Folge der Errichtung besonderer Krankenkassen; sie war im bisherigen Gesetz nicht ausdrücklich enthalten. Ihre Aufnahme erscheint indessen angezeigt." Begr. S. 35.

§ 179.[1]

Die Knappschaftsältesten werden von den beitragzahlenden,[2] männlichen,[3] volljährigen[3] Vereinsmitgliedern, welche sich im Besitze der bürgerlichen Ehrenrechte befinden,[3] in einer durch die Satzung bestimmten Zahl[4] und unter den in der Satzung hinsichtlich der Wählbarkeit bestimmten besonderen Voraussetzungen[5] auf Grund unmittelbarer Abstimmung[7] aus ihrer Mitte[5, 6] gewählt. Sie müssen die deutsche Reichsangehörigkeit besitzen und der deutschen Sprache in Wort und Schrift mächtig sein.[5] Insoweit innerhalb eines Knappschaftsvereins besondere Krankenkassen eingerichtet sind, kann durch die Satzung des Knappschaftsvereins bestimmt werden, daß die Wahl der Knappschaftsältesten bei den besonderen Krankenkassen erfolgt.[8]

[9]Die Verhältniswahl[10] ist zulässig; dabei kann die Stimmabgabe auf Vorschlagslisten beschränkt werden, die bis zu einem in der Satzung festgesetzten Zeitpunkte vor der Wahl einzureichen sind.[11]

Die Knappschaftsältesten haben im allgemeinen das Recht und die Pflicht, einerseits die Befolgung der Satzung durch die Knappschaftsmitglieder zu überwachen und andererseits die Rechte der letzteren gegenüber dem Vorstande wahrzunehmen. Die Knappschaftsältesten oder von ihnen gewählte Abgeordnete vertreten die Knappschaftsmitglieder in den Generalversammlungen.[12]

Die Satzung oder eine besondere Dienstanweisung (§ 181)[13] regelt ihre Dienstobliegenheiten.

[1] Der § 179 gilt auch für die besonderen Krankenkassen. Vgl. § 182b.

[2] Die invaliden Mitglieder sind somit nicht wahlberechtigt. Durch Aufnahme dieser ausdrücklichen Vorschrift in das Gesetz ist lediglich dem bisherigen Rechtszustand Rechnung getragen. Nach dem Zusammenhang der Vorschriften in Abs. 1 und 2 des bisherigen § 179 konnte es keinem begründeten Zweifel unterliegen, daß auch bisher invaliden Mitgliedern das aktive Wahlrecht durch die Satzung nicht beigelegt werden konnte. Der im Allgemeinen Knappschaftsverein in Bochum bestehende tatsächliche Zustand, wonach auch invaliden Mitgliedern durch die Vereinssatzung die Wahlberechtigung zugesprochen wurde, war somit ungesetzlich.

[3] Die Beschränkung des aktiven Wahlrechts auf die volljährigen,

d. h. über 21 Jahre alten (vgl. BGB. § 2) Mitglieder, die sich im Besitz der bürgerlichen Ehrenrechte befinden, entspricht dem § 37 Abs. 1 KVG. Die weitere Beschränkung des aktiven Wahlrechts auf die männlichen Mitglieder entspricht der bei den Knappschaftsvereinen bisher durchweg geübten Praxis, die durch ausdrückliche Aufnahme der Vorschrift in das Gesetz außer Zweifel gestellt wird. Diese Beschränkung ist zudem um so unbedenklicher, als die weiblichen Mitglieder den Pensionskassen durchweg nicht angehören (vgl. auch § 172 Abs. 4). Begr. S. 35.

[4] Daß die Zahl der für jeden Knappschaftsverein zu wählenden Knappschaftsältesten durch die Satzung zu bestimmen ist, entspricht der bisherigen gesetzlichen Vorschrift in § 179.

[5] Die Voraussetzungen der Wählbarkeit zum Knappschaftsältesten sind somit die folgenden:

a) Besitz des aktiven Wahlrechts; vgl. Anm. 2 und 3;
b) Besitz der deutschen Reichsangehörigkeit;
c) Mächtigsein der deutschen Sprache in Wort und Schrift;
d) Erfüllung der in der Satzung für die Wählbarkeit bestimmten besonderen Voraussetzungen.

Als solche besonderen Voraussetzungen, deren Aufstellung wie bisher der Satzung überlassen ist, kommen namentlich in Betracht: Erreichung eines höheren Lebensalters als die Volljährigkeit, unbescholtener Lebenswandel, hinreichende Elementarkenntnisse im Lesen, Schreiben und Rechnen. Vgl. Begr. S. 35.

[6] Das bisherige Gesetz ließ in § 179 Abs. 2 die Möglichkeit zu, durch die Satzungen auch invaliden Mitgliedern die Wählbarkeit beizulegen. Der Regierungsentwurf hatte diese Vorschrift übernommen. Sie ist indessen durch die Kommission des Abgeordnetenhauses gestrichen worden, sodaß fortan nicht mehr zulässig ist, den invaliden Mitgliedern durch die Satzung die Wählbarkeit beizulegen. Dagegen ist durch die Übergangsbestimmung in Art. III Abs. 3 die Möglichkeit gegeben, bei Knappschaftsvereinen mit invaliden Ältesten die zur Zeit des Inkrafttretens dieses Gesetzes im Amt befindlichen Knappschaftsältesten bis zum Ablauf ihrer satzungsmäßigen Wahlperiode in diesem Amte zu belassen. Vgl. des näheren Begr. S. 35; KommBerAH. S. 79f., 92 bis 94; Verhandlungen des Abgeordnetenhauses Session 1905/06 Spalte 4911 bis 4943, 4952 bis 4976, 5011 bis 5017; KommBerHH. S. 12 bis 14.

[7] Hinsichtlich des **Wahlverfahrens** verlangt das Gesetz, daß die Wahl auf Grund unmittelbarer Abstimmung erfolgt. Damit ist die bisher in einzelnen Knappschaftsvereinen noch geübte indirekte Wahl der Knappschaftsältesten fortan unzulässig, wonach die Mitglieder lediglich Wahlmänner und diese alsdann ihrerseits die Knappschaftsältesten wählten, oder wonach die Mitglieder die mehrfache Zahl der nach der Satzung erforderlichen Knappschaftsältesten als Kandidaten für dieses Amt wählten und der Vorstand aus diesen von den Mitgliedern gewählten Kandidaten die Knappschaftsältesten ernannte.

Im übrigen wird das Wahlverfahren im Gesetz nicht geregelt, sondern diese Regelung der Satzung überlassen. Für diejenigen Knappschaftsvereine, welche als besondere Kasseneinrichtung im Sinne der §§ 8 und 10 JVG. zugelassen sind, d. i. zur Zeit der Saarbrücker Knappschaftsverein und der Allgemeine Knappschaftsverein in Bochum, ist dagegen in § 8 Abs. 1 Ziff. 2 und § 10 JVG. zwingend vorgeschrieben, daß die Knappschaftsältesten in geheimer Wahl gewählt werden müssen. Auch ein großer Teil der übrigen preußischen Knappschaftsvereine hat durch die Satzung vorgeschrieben, daß die Knappschaftsältesten in geheimer Wahl gewählt werden müssen. Zur Zeit ist für etwa vier Siebentel aller Knappschaftsmitglieder die geheime Wahl der Knappschaftsältesten durch die erwähnten Vorschriften des JVG. oder durch die Satzung vorgeschrieben.

Der Regierungsentwurf hatte im § 179 gleichfalls das Erfordernis aufgestellt, daß die Wahlen der Knappschaftsältesten durch geheime Abstimmung zu erfolgen haben. Diese Vorschrift ist indessen im Landtag aus dem Gesetz beseitigt worden, sodaß die Regelung der Frage, ob die Abstimmung geheim oder öffentlich erfolgen soll, bei denjenigen Knappschaftsvereinen, welche nicht zugelassene Kasseneinrichtungen im Sinne des JVG. sind, auch fortan der Satzung überlassen bleibt. Vgl. des näheren Begr. S. 35; KommBerAH. S. 79f., 82 bis 87, 92 bis 94; Verhandlungen des Abgeordnetenhauses Session 1905/06 Spalte 4910 bis 4943, 4952 bis 4976, 5011 bis 5017; KommBerHH. S. 10ff.

Wegen der Zulässigkeit der Verhältniswahl vgl. § 179 Abs. 2 und unten Anm. 10.

[8] Sind besondere Krankenkassen in einem Knappschaftsverein

eingerichtet, so müssen nach § 182b auch für die besonderen Krankenkassen Knappschaftsälteste bestehen. Durch die Vorschrift in § 179 Abs. 1 Satz 3 in Verbindung mit der Vorschrift in § 182b Ziff. 1 ist Vorsorge getroffen, daß die Knappschaftsältesten für die besonderen Krankenkassen und für den Knappschaftsverein stets dieselben Personen sind. Vgl. Begr. S. 39 und Anm. 1 zu § 182b.

9 Der Abs. 2 ist durch die Kommission des Abgeordnetenhauses in das Gesetz aufgenommen worden, um die Möglichkeit zu bieten, daß bei den Wahlen auch eine Minderheit eine gewisse Vertretung erhalten könne. Vgl. KommBerAH. S. 79 und 82.

10 Die Verhältniswahl bezweckt eine Verteilung der zu Wählenden auf die innerhalb der Wähler bestehenden Parteien usw. nach dem Verhältnis der Zahl der von einer einzelnen Partei usw. an der Wahl teilnehmenden Wähler zur Gesamtzahl aller an der Wahl teilnehmenden Wähler. Z. B. 1000 zur Wahl erschienene Wähler haben fünf Beisitzer zu wählen, die 1000 Wähler spalten sich in 2 Gruppen von 600 und 400, so haben die 600 Wähler Anspruch auf 3 Gewählte und die 400 Wähler Anspruch auf 2 Gewählte, während bei Mehrheitswahlen alle 5 Gewählten auf die 600 Wähler entfallen würden.

Voraussetzung der Verhältniswahl ist demnach, daß auf ein und denselben Wahlkörper mehrere zu wählende Personen, und zwar jedenfalls mehr als die Zahl der zu berücksichtigenden Parteien, entfallen. Als Mindestzahl der von demselben Wahlkörper zu wählenden Personen nimmt man erfahrungsgemäß fünf an. Diese Voraussetzung trifft auf die Knappschaftsältestenwahlen in der Regel nicht zu, weil dort regelmäßig von den Mitgliedern jedes Sprengels nur ein Ältester zu wählen ist. Bei örtlich abgegrenzten Sprengeln trifft letzteres ausnahmslos zu, bei Werkssprengeln in der Regel; fünf Älteste werden aber kaum bei irgend einem Werkssprengel zu wählen sein. Dagegen wird die Verhältniswahl unter Umständen bei der Wahl der von den Ältesten zu wählenden Vorstandsmitglieder praktisch werden können. Vgl. § 180 Abs. 2 und unten Anm. 8 zu § 180.

Das System der Verhältniswahl ist folgendes:

a) es wird nach Listen gewählt;

b) dann wird ermittelt, auf wieviel Wähler ein Gewählter zu entfallen hat;

c) darauf werden jeder Liste soviel Gewählte (nach der Reihenfolge ihrer Aufführung in der betreffenden Liste) zugewiesen, als die nach b ermittelte Zahl in der Zahl der für die betreffende Liste abgegebenen Stimmen enthalten ist.

[11] Sowohl in § 15 Abs. 1 des Gewerbegerichtsgesetzes in der Fassung der Bekanntmachung vom 29. September 1901 (RGBl. S. 353), welcher für die Wahlen der Beisitzer die Verhältniswahl fakultativ zuläßt, als auch in § 12 Abs. 2 des Gesetzes, betr. die Kaufmannsgerichte, vom 6. Juli 1904 (RGBl. S. 266), welcher für die Beisitzerwahlen die Verhältniswahl zwingend vorschreibt, ist das System der sogenannten „geschlossenen Listen" zugelassen. Nach diesem Vorgang ist das gleiche System auch hier für zulässig erklärt. Vgl. KommBerAH. S. 82.

[12] Die Vorschriften in Abs. 3 über die Aufgaben der Knappschaftsältesten entsprechen im allgemeinen den Vorschriften im bisherigen § 179 Abs. 3. Die Änderungen gegenüber dem bisherigen Wortlaut sind lediglich eine Folge der in §§ 181 a und 181 b enthaltenen neuen Vorschriften über die Generalversammlung. Vgl. Begr. S. 35 f. und unten Anm. 3 zu § 181 b.

[13] Für den Erlaß der Dienstanweisung ist nach § 181 Abs. 2 Ziff. 1 der Knappschaftsvorstand zuständig. Daß diese Dienstanweisung keine Vorschriften enthalten darf, welche mit den entsprechenden Vorschriften der Satzung in Widerspruch stehen, ergibt sich ohne weiteres aus dem Umstande, daß dem Knappschaftsvorstand nicht die Befugnis zusteht, die Vorschriften der Satzung abzuändern. Vgl. auch Klostermann-Fürst Anm. 3 zu § 179.

§ 180.[1]

[2]Die Mitglieder des Knappschaftsvorstandes werden zur einen Hälfte aus den Werksbesitzern oder aus deren Vertretern[3] (§§ 117, 127, 134), zur anderen Hälfte aus den beitrittspflichtigen[4] Knappschaftsältesten[5] gewählt.[6, 7]

Die Verhältniswahl ist zulässig; dabei kann die Stimmabgabe auf Vorschlagslisten beschränkt werden, die bis zu einem in der Satzung festgesetzten Zeitpunkte vor der Wahl einzureichen sind.[8]

Wählbar als Vertreter der Werksbesitzer sind auch solche Personen, welche mit der Leitung der zum Vereine gehörigen Betriebe betraut oder in der Verwaltung dieser Betriebe angestellt sind.[9]

Der Knappschaftsvorstand wählt seinen Vorsitzenden und dessen Stellvertreter aus der Zahl seiner aus den Werksbesitzern oder deren Vertretern gewählten Mitglieder.[10]

[1] Der § 180 gilt auch für die besonderen Krankenkassen. Vgl. § 182b.

[2] Abs. 1 entspricht mit Ausnahme der unten in Anm. 4 und 5 erörterten sachlichen Änderungen dem bisherigen § 180.

[3] Der im bisherigen Gesetz enthaltene Ausdruck „Repräsentanten" der Werksbesitzer ist durch den allgemeineren und damit auch für die Besitzer derjenigen Werke, welche nicht Bergwerke sind, passenderen Ausdruck „Vertreter" ersetzt worden. Durch die Anziehung der §§ 117, 127, 134 ABG. ist zum Ausdruck gebracht, welche Arten von Vertretern hier in Betracht kommen. Begr. S. 36.

Wählbar auf Seiten der Werksbesitzer sind hiernach diejenigen Personen, welche nach § 181b Abs. 1 Satz 1 als Werksbesitzer und deren Vertreter zur Teilnahme an der Generalversammlung berechtigt und somit gemäß § 181a Abs. 2 Ziff. 2, § 181b Abs. 2 zugleich aktiv wahlberechtigt sind, außerdem die in § 180 Abs. 3 bezeichneten Personen. Vgl. unten Anm. 9.

[4] Die Vorschrift, daß nur solche Knappschaftsälteste in den Vorstand gewählt werden können, welche zu den beitrittspflichtigen Mitgliedern gehören, ist durch die Kommission des Abgeordnetenhauses in das Gesetz aufgenommen worden. Der Kreis der beitrittspflichtigen Mitglieder ergibt sich aus § 171 Abs. 1 und 2 und § 172 Abs. 1. Die in § 171 Abs. 3 und § 172 Abs. 2 bezeichneten Beamten sind somit als Knappschaftsälteste in den Knappschaftsvorstand nicht wählbar. Vgl. KommBerAH. S. 87, 89f., 92, 94.

[5] Die nach dem bisherigen Wortlaut des § 180 gegebene Möglichkeit, als Mitgliedervertreter auch Königliche oder Privat-Bergbeamte in den Knappschaftsvorstand zu wählen, ist weggefallen, weil ein Bedürfnis für eine solche Vorschrift heute nicht mehr vorliegt. Vgl. Begr. S. 36.

[6] Die Wahl des Vorstandes erfolgt nach § 181a Abs. 2 Ziff. 2 durch die Generalversammlung, und zwar nach § 181b Abs. 2 getrennt für die Werksbesitzer und für die Knappschaftsältesten. Ein in der Kommission des Abgeordnetenhauses gestellter Antrag, für die Vorstandswahlen das geheime Wahlverfahren gesetzlich vorzuschreiben, ist von der Kommission abgelehnt worden. Vgl. Komm BerAH. S. 87f., 92 und 94. Im übrigen vgl. wegen dieser Wahl § 181b Abs. 2 und Anm. 7 zu § 181b.

[7] Durch die vorübergehende Einstellung des Betriebes eines Vereinswerks geht der zum Mitglied des Knappschaftsvorstandes gewählte Werksbesitzer nicht ohne weiteres der Mitgliedschaft zum Vorstand verlustig. Vgl. RekBesch. vom 8. Dezember 1880, Zeitschr. f. Bergr. Bd. 22 S. 138; Brassert S. 471; Klostermann-Fürst Anm. 3 zu § 180.

[8] Abs. 2 ist durch die Kommission des Abgeordnetenhauses in das Gesetz aufgenommen worden, um die Möglichkeit zu bieten, daß bei den Wahlen auch eine Minderheit eine gewisse Vertretung erhalten könne. Vgl. KommBerAH. S. 79 und 82 sowie 87f. Die Verhältniswahl wird bei den Vorstandswahlen unter Umständen zweckmäßig sein können. Die Vorschrift in Abs. 2 ist wörtlich gleichlautend mit § 179 Abs. 2. Vgl. daher die näheren Ausführungen in Anm. 10 und 11 zu § 179.

[9] Die Vorschrift in Abs. 3 entspricht dem bestehenden Zustand, der allerdings weder durch die bisherige Fassung des Gesetzes, noch durch den Wortlaut zahlreicher Satzungen unmittelbar begründet ist. Vgl. Begr. S. 36.

Der Regierungsentwurf enthielt hier die Einschränkung, daß der als Vertreter des Werksbesitzers in den Vorstand Gewählte nicht selbst Mitglied des Knappschaftsvereins sein darf. In der Kommission des Abgeordnetenhauses ist diese Einschränkung ohne Widerspruch des Regierungsvertreters gestrichen worden, weil diese Einschränkung vielleicht bei kleinen Vereinen zu Schwierigkeiten führen könnte. Vgl. KommBerAH. S. 87f.

[10] Der Abs. 4 ist durch die Kommission des Abgeordnetenhauses in das Gesetz eingefügt worden. Vgl. KommBerAH. S. 87 bis 90 und 92 bis 95; Verhandlungen des Abgeordnetenhauses Session 1905/06 Spalte 4910 bis 4926, 4943 bis 4946, 4952 bis 4976, 5011 bis 5017; KommBerHH. S. 13.

§ 180a.[1, 2]

Die Beschlußfassungen im Vorstand erfolgen mit einfacher Stimmenmehrheit. Ergibt die Abstimmung über einen Antrag Stimmengleichheit, so ist[3] der Antrag innerhalb eines Monats zur nochmaligen Beschlußfassung zu bringen.

Ergibt auch die wiederholte Abstimmung Stimmengleichheit und erscheinen durch Nichtannahme des Antrags erhebliche Interessen des Vereins gefährdet,[5] so kann[4] die Entscheidung des Oberbergamts über Annahme oder Ablehnung des Antrags[6] angerufen werden. Diese Entscheidung kann nur von mindestens einem Dritteile der Mitgliedervertreter oder der Vertreter der Werksbesitzer im Vorstand und nur innerhalb eines Monats vom Tage der wiederholten Abstimmung ab beantragt werden.

Die Entscheidung des Oberbergamts[6] erfolgt durch Beschluß. Gegen diesen Beschluß findet binnen einer Frist von einem Monate vom Tage der Zustellung an den Vorstand ab die Beschwerde an das Oberschiedsgericht statt (§ 186 m).[7]

[1] Der § 180a gilt auch für die besonderen Krankenkassen. Vgl. § 182b.

[2] Der § 180a ist durch die Kommission des Abgeordnetenhauses in das Gesetz eingefügt worden. Vgl. KommBerAH. S. 87 bis 90 und 92 bis 95; Verhandlungen des Abgeordnetenhauses Session 1905/06 Sp. 4910 bis 4926, 4943 bis 4946, 4952 bis 4976, 5011 bis 5017; KommBer.HH. S. 13.

[3] Die Vorschrift, daß bei Stimmengleichheit der Antrag vor Ablauf eines Monats zur nochmaligen Beschlußfassung im Vorstand gebracht werden muß, ist zwingendes Recht.

[4] Bei wiederholt erzielter Stimmengleichheit steht es somit den Mitgliedervertretern sowie den Werksbesitzervertretern frei, die Entscheidung des Oberbergamts anzurufen.

[5] Die Entscheidung des Oberbergamts kann nur dann erfolgen, wenn durch Nichtannahme des Antrags erhebliche Interessen des Vereins gefährdet erscheinen. Verneint das Oberbergamt das

Vorliegen dieser Voraussetzung, so hat es die beantragte Entscheidung abzulehnen.

[6] Die Entscheidung des Oberbergamts kann nur dahin gehen, daß der Antrag angenommen oder abgelehnt sei. Zu einer Abänderung des Antrages ist das Oberbergamt nicht befugt.

[7] Das Oberschiedsgericht entscheidet in diesem Falle in der Besetzung von drei Mitgliedern, nämlich dem Vorsitzenden und je einem Vertreter der Werksbesitzer und der Knappschaftsmitglieder. Vgl. § 186m Abs. 2 Ziff. 3.

§ 181.[1]

Der Knappschaftsvorstand vertritt den Verein gerichtlich und außergerichtlich. Durch die Satzung kann einem Mitglied oder mehreren Mitgliedern des Vorstandes die Vertretung nach außen übertragen werden.[2] Der Vorstand führt die laufende Verwaltung, soweit diese nicht durch die Satzung einem oder mehreren Vorstandsmitgliedern oder Beamten[3] übertragen ist. Die Entscheidung über Anträge auf Invaliditätserklärung sowie die Festsetzung der aus der Pensionskasse zu gewährenden Unterstützungen bleibt indessen stets dem Vorstand oder einem nach näherer Bestimmung der Satzung bestellten Ausschusse vorbehalten.[4] Auf die Zusammensetzung solcher Ausschüsse findet § 180 Anwendung.[5] Ihre Wahl erfolgt durch die Generalversammlung, sofern diese Wahl nicht durch die Satzung dem Knappschaftsvorstand übertragen ist.[6]

Zum Nachweise seiner Vertretungsmacht erhält der Vorstand eine Bescheinigung der Aufsichtsbehörde über die den Vorstand bildenden Personen.[7]

Zu den Obliegenheiten des Vorstandes gehört insbesondere:

1. die Leitung[8] der Wahlen der Knappschaftsältesten, soweit diese nicht bei den besonderen Krankenkassen statt-

finden,[9] und erforderlichenfalls der Erlaß einer Dienstanweisung für die Knappschaftsältesten;[10]

2. die Auswahl der Beamten[11] und der Ärzte des Vereins und der Abschluß der Verträge mit ihnen sowie mit den Apothekern;

3. die Verwaltung des Vereinsvermögens[12] und die Anlegung verfügbarer Gelder;[13]

4. die Aufsicht über die Geschäftsführung der etwa bestehenden besonderen Krankenkassen.[14]

Für die Anlegung verfügbarer Gelder gelten die für die Anlegung von Mündelgeldern bestehenden Vorschriften,[15] soweit nicht im einzelnen Falle auf Antrag des Vorstandes durch die Aufsichtsbehörde eine andere Anlegung zugelassen ist.[16]

[1] Der § 181 gilt auch für die besonderen Krankenkassen. Vgl. § 182b.

[2] Diese Vorschrift entspricht der in vielen Knappschaftsvereinen zur Zeit bestehenden Übung.

[3] Auch bereits bisher ist in Knappschaftsvereinen von einigem Geschäftsumfang die gesamte laufende Verwaltung, wie dies in der Natur der Sache liegt, nicht vom Vorstand, sondern durch besondere Beamte geführt worden. Vgl. Begr. S. 37. Über die Stellung dieser Beamten vgl. unten Anm. 11.

[4] Die Entscheidung über das Vorliegen der Unfähigkeit zur Berufsarbeit (§ 172a Abs. 1 Ziff. 1) sowie die Festsetzung aller aus der Pensionskasse zu gewährenden Unterstützungen ist ausschließlich dem Vorstand oder den durch die Satzung hierzu besonders bestimmten Geschäftsausschüssen (vgl. Anm. 5) vorbehalten. Die Vereinsverwaltung hat diese Entscheidungen nur vorzubereiten und auszuführen.

[5] Hiernach setzen sich die Geschäftsausschüsse genau wie der Knappschaftsvorstand zusammen. Sie bestehen also zur einen Hälfte aus Werksbesitzern und deren Vertretern (vgl. § 180 Abs. 1 und 3, sowie Anm. 3 und 9 zu § 180) und zur anderen Hälfte aus beitrittspflichtigen Knappschaftsältesten (vgl. § 180 Abs. 1 sowie Anm. 4

zu § 180). Der Vorsitzende des Geschäftsausschusses und dessen Stellvertreter werden vom Geschäftsausschuß gewählt, und zwar aus der Zahl seiner aus den Werksbesitzern oder deren Vertretern gewählten Mitglieder (vgl. § 180 Abs. 4).

[6] Die Wahl der Geschäftsausschüsse kann durch die Satzung dem Knappschaftsvorstand übertragen werden. Die Satzung wird alsdann die näheren Bestimmungen hierüber zu treffen haben. Ist die Wahl durch die Satzung nicht dem Knappschaftsvorstand übertragen, so erfolgt sie durch die Generalversammlung. Auf die Wahl findet alsdann § 181b Abs. 2 Anwendung, wonach die Wahl getrennt für die Werksbesitzer und für die Knappschaftsältesten nach einem durch die Satzung zu regelnden Stimmverhältnis zu erfolgen hat. Vgl. auch Anm. 7 zu § 181b. Die Vorschriften in § 180 Abs. 2 über die Verhältniswahlen finden auch hier Anwendung.

[7] Die Vorschrift in Abs. 2 entspricht dem bestehenden Zustand. Die Bescheinigung ist nach § 185a gebühren- und stempelfrei.

[8] Die „Leitung" der Wahlen ist nicht gleichbedeutend mit ihrer „Abhaltung". Die Befugnis zur Leitung der Wahlen schließt die Befugnis des Knappschaftsvorstandes in sich, mit der Abhaltung der Wahlen eine dritte Person, insbesondere ein Vorstandsmitglied oder einen Beamten zu beauftragen.

[9] Vgl. Anm. 8 zu § 179.

[10] Vgl. Anm. 13 zu § 179.

[11] Die Beamten der Knappschaftsvereine sind lediglich Privatbeamte und nicht mittelbare Staatsbeamte. Die den Staatsbeamten in Beziehung auf die Heranziehung zu den Gemeindelasten gewährten Begünstigungen stehen somit den Knappschaftsbeamten nicht zu. Beschluß des Oberbergamts Breslau, Zeitschr. f. Bergr. Bd. 8 S. 139; Urt. des Oberverw.-Ger. vom 4. November 1890, Zeitschr. f. Bergr. Bd. 32 S. 398; Brassert S. 472; Klostermann-Fürst Anm. 2 zu § 181.

[12] Die Frage, ob die Knappschaftsvereine zur Erwerbung, Veräußerung und Verpfändung unbeweglicher Sachen der Genehmigung des Oberbergamts bedürfen, war schon nach dem Rechtszustand vor Inkrafttreten des BGB. streitig. Brassert und Arndt verneinten die Frage, während Klostermann und Fürst sie bejahten. Vgl. des näheren Brassert S. 471 f.; Klostermann-Fürst Anm. 3 zu

§ 181; Zeitschr. f. Bergr. Bd. 8 S. 137, Bd. 24 S. 336 und 344; Beschluß des Oberbergamts Clausthal vom 6. November 1882, Zeitschr. f. Bergr. Bd. 24 S. 538; Verfg. des Oberbergamts Breslau vom 5. November 1883, Zeitschr. f. Bergr. Bd. 25 S. 410.

In dem früheren Rechtszustand ist mit Inkrafttreten des BGB. nur insofern eine Änderung eingetreten, als das Ausführungsgesetz zum BGB. vom 20. September 1899 (GS. S. 177) in Art. 7 § 1 Abs. 1 und 2 folgendes bestimmt:

„Art. 7.

§ 1. Juristische Personen, die in Preußen ihren Sitz haben, bedürfen zum Erwerbe von Grundstücken im Werte von mehr als 5000 Mark der Genehmigung der staatlichen Aufsichtsbehörde.

Dies gilt nicht für Familienstiftungen, für juristische Personen, deren Rechtsfähigkeit auf einem neben dem Bürgerlichen Gesetzbuche bestehenden Reichsgesetze beruht, sowie für solche juristische Personen des öffentlichen Rechts, welche nach den für sie geltenden Gesetzen ohne die im Abs. 1 bezeichnete Genehmigung Grundeigentum erwerben können."

Neuerdings sind zwei Entscheidungen des Kammergerichts ergangen, welche die Stellung dieses Gerichts zu der vorliegenden Streitfrage klarstellen, nämlich der Beschluß vom 28. März 1904 (Zeitschr. f. Bergr. Bd. 45 S. 486) und der in Bd. 47 der Zeitschr. f. Bergr. zur Veröffentlichung gelangende Beschluß vom 17. Mai 1906. Nach diesen beiden Entscheidungen des für die vorliegende Streitfrage zuständigen obersten Gerichtshofes bedürfen die Knappschaftsvereine im früheren Gebiete des gemeinen Rechts und des rheinischen Rechts weder zur Erwerbung noch zur Veräußerung oder Verpfändung unbeweglicher Sachen einer staatlichen Genehmigung; dagegen bedürfen die Knappschaftsvereine im früheren Gebiete des preußischen Landrechts der Genehmigung des Oberbergamts zu jeder Veräußerung und Verpfändung unbeweglicher Sachen sowie zum Erwerbe von Grundstücken im Werte von mehr als 5000 Mark.

[13] Vgl. § 181 Abs. 4 und unten Anm. 15.

[14] Vgl. Anm. 7 zu § 168a.

[15] Die in Rede stehenden Vorschriften sind in erster Linie die §§ 1807 und 1803 BGB. Sie lauten:

„§ 1807.

Die im § 1806 vorgeschriebene Anlegung von Mündelgeld soll nur erfolgen:

1. in Forderungen, für die eine sichere Hypothek an einem inländischen Grundstücke besteht, oder in sicheren Grundschulden oder Rentenschulden an inländischen Grundstücken;
2. in verbrieften Forderungen gegen das Reich oder einen Bundesstaat sowie in Forderungen, die in das Reichsschuldbuch oder in das Staatsschuldbuch eines Bundesstaats eintragen sind;
3. in verbrieften Forderungen, deren Verzinsung von dem Reiche oder einem Bundesstaate gewährleistet ist;
4. in Wertpapieren, insbesondere Pfandbriefen, sowie in verbrieften Forderungen jeder Art gegen eine inländische kommunale Körperschaft oder die Kreditanstalt einer solchen Körperschaft, sofern die Wertpapiere oder die Forderungen von dem Bundesrate zur Anlegung von Mündelgeld für geeignet erklärt sind;
5. bei einer inländischen öffentlichen Sparkasse, wenn sie von der zuständigen Behörde des Bundesstaats, in welchem sie ihren Sitz hat, zur Anlegung von Mündelgeld für geeignet erklärt ist.

Die Landesgesetze können für die innerhalb ihres Geltungsbereichs belegenen Grundstücke die Grundsätze bestimmen, nach denen die Sicherheit einer Hypothek, einer Grundschuld oder einer Rentenschuld festzustellen ist.

§ 1808.

Kann die Anlegung den Umständen nach nicht in der im § 1807 bezeichnet Weise erfolgen, so ist das Geld bei der Reichsbank, bei einer Staatsbank oder bei einer anderen durch Landesgesetz dazu für geeignet erklärten inländischen Bank oder bei einer Hinterlegungsstelle anzulegen."

Zur Ausführung dieser reichsgesetzlichen Vorschriften sind in Art. 73 bis 76 des Ausführungsgesetzes zum BGB. vom 20. September 1899 (GS. S. 177) die folgenden landesgesetzlichen Vorschriften getroffen:

„Art. 73.

§ 1. Eine Hypothek, eine Grundschuld oder eine Rentenschuld an einem in Preußen gelegenen Grundstück ist für die Anlegung von Mündelgeld als sicher anzusehen, wenn sie innerhalb des Fünfzehnfachen oder, sofern ihr kein anderes der Eintragung bedürfendes Recht im Range vorgeht oder gleichsteht, innerhalb des Zwanzigfachen des staatlich ermittelten Grundsteuerreinertrags oder bei einem ländlichen Grundstück innerhalb der ersten zwei Drittel, bei einem städtischen Grundstück innerhalb der ersten Hälfte des Wertes zu stehen kommt.

Der Wert ist bei ländlichen Grundstücken durch Taxe einer preußischen öffentlichen Kreditanstalt, die durch Vereinigung von Grundbesitzern gebildet ist und durch staatliche Verleihung Rechtsfähigkeit erlangt hat, oder durch Taxe einer preußischen provinzial-(kommunal-)ständischen öffentlichen Grundkreditanstalt oder durch gerichtliche Taxe, bei städtischen Grundstücken in gleicher Weise oder durch Taxe einer öffentlichen Feuerversicherungsanstalt festzustellen.

§ 2. Statt des Zwanzigfachen des Grundsteuerreinertrags ist bei Grundstücken, die von einer Keditanstalt der im § 1 Abs. 2 bezeichneten Art satzungsgemäß ohne besondere Ermittelungen bis zu einem größeren Vielfachen beliehen werden können, das größere Vielfache, sofern es jedoch den dreißigfachen Betrag übersteigt, dieser Betrag maßgebend.

Für einzelne Bezirke kann durch Königliche Verordnung statt des Zwanzigfachen des Grundsteuerreinertrags ein das Vierzigfache nicht übersteigendes größeres Vielfaches bestimmt werden.

Art. 74.

Zur Anlegung von Mündelgeld sind außer den in § 1807 des Bürgerlichen Gesetzbuchs bezeichneten Forderungen und Wertpapieren geeignet:

1. die Rentenbriefe der zur Vermittelung der Ablösung von Renten in Preußen bestehenden Rentenbanken;
2. die Schuldverschreibungen, welche von einer deutschen kommunalen Körperschaft oder von der Kreditanstalt einer solchen Körperschaft oder mit Genehmigung der staatlichen Aufsichtsbehörde von einer Kirchengemeinde oder einem

kirchlichen Verband ausgestellt und entweder von Seiten der Inhaber kündbar sind oder einer regelmäßigen Tilgung unterliegen;

3. die mit staatlicher Genehmigung ausgegebenen Pfandbriefe und gleichartigen Schuldverschreibungen einer Kreditanstalt der im Art. 73 § 1 Abs. 2 bezeichneten Art;

4. die auf den Inhaber lautenden Schuldverschreibungen, welche von einer preußischen Hypothekenaktienbank auf Grund von Darlehen an preußische Körperschaften des öffentlichen Rechts oder von Darlehen, für welche eine solche Körperschaft die Gewährleistung übernommen hat, ausgegeben sind.

Art. 75.

§ 1. Eine in Preußen bestehende öffentliche Sparkasse kann durch den Regierungspräsidenten im Einvernehmen mit dem Landgerichtspräsidenten zur Anlegung von Mündelgeld für geeignet erklärt werden. Die Erklärung kann zurückgenommen werden.

Die Erklärung und die Rücknahme sind durch das Amtsblatt bekannt zu machen.

§ 2. Ist vor dem Inkrafttreten des Bürgerlichen Gesetzbuchs ein Sparkassenbuch außer Kurs gesetzt, so ist zur Erhebung des Geldes die Genehmigung des Gegenvormundes oder des Vormundschaftsgerichts erforderlich.

Art. 76.

Im Falle des § 1808 des Bürgerlichen Gesetzbuchs kann die Anlegung von Mündelgeld bei der Preußischen Zentral-Genossenschafts-Kasse oder einer sonstigen preußischen öffentlichen Bankanstalt (Landesbank, landschaftlichen, ritterschaftlichen Darlehnskasse usw.) und, wenn die von einer preußischen Privatbank ausgestellten Wertpapiere durch den Bundesrat zur Anlegung von Mündelgeld für geeignet erklärt sind oder eine preußische Privatbank nach Maßgabe des Art. 85 für die Hinterlegung von Wertpapieren als Hinterlegungsstelle bestimmt ist, bei einer solchen Privatbank erfolgen.

Die Anlegung bei den ordentlichen Hinterlegungsstellen (Hinterlegungsordnung vom 14. März 1879, GS. S. 249) findet nicht statt."

Die früher bei den Knappschaftsvereinen vielfach übliche Sicherungsmaßregel der Außerkurssetzung der Inhaberpapiere ist seit dem Inkrafttreten des BGB. nicht mehr zulässig. Eine vorher erfolgte Außerkurssetzung hat mit dem Inkrafttreten des BGB. ihre Wirkung verloren. Vgl. Einführungsgesetz zum BGB. vom 18. August 1896 (RGBl. S. 604) Art. 176.

[16] Die Bedürfnisse der Praxis werden unter Umständen auch eine andere als die im ersten Teile des Abs. 4 vorgeschriebene Anlegung als zweckmäßig und unter Umständen notwendig erscheinen lassen. Diesen Bedürfnissen wird durch den zweiten Teil des Abs. 4 dahin Rechnung getragen, daß die Aufsichtsbehörde im einzelnen Falle auf Antrag des Vorstandes eine andere Anlegung zulassen kann (vgl. auch § 40 Abs. 5 KVG.). Beispielsweise ist dadurch die Möglichkeit gegeben, wo ein Bedürfnis dazu vorhanden ist, mit Bankinstituten in ein Kontokorrentverhältnis einzutreten oder in sonst zweckmäßiger Weise zeitweilig verfügbare Betriebsgelder zinsbar anzulegen oder einen Teil der dauernd verfügbaren Gelder in ähnlicher Weise anzulegen, wie dies für die Berufsgenossenschaften durch § 110 GUVG. und für die Invalidenversicherungsanstalten durch § 164 Abs. 3 IVG. zugelassen ist. Begr. S. 37.

§ 181a.[1]

Soweit die Wahrnehmung der Vereinsverwaltung nicht nach Vorschrift des Gesetzes oder auf Grund der Satzung dem Knappschaftsvorstand obliegt, steht die Beschlußfassung der Generalversammlung zu.[2]

Der Generalversammlung muß vorbehalten bleiben:[3]

1. die Abänderung der Satzung;
2. die Wahl des Vorstandes;
3. die Wahl eines Ausschusses[4]
   a) zur Prüfung und Abnahme der Jahresrechnung;
   b) zur Ausübung der Befugnis, Ansprüche des Knappschaftsvereins gegen Vorstandsmitglieder oder Beamte aus deren Geschäftsführung[5] durch besondere Beauftragte zu verfolgen.

[1] Der § 181 a gilt auch für die besonderen Krankenkassen. Vgl. § 182 b.

[2] Die Einführung des Organs der Generalversammlung und die diesem Organ zugewiesenen Aufgaben entsprechen dem bei den meisten Knappschaftsvereinen bereits bestehenden tatsächlichen Zustande und dem § 36 KVG. Vgl. auch Begr. S. 37 f.

[3] Die in § 181 a Abs. 2 bezeichneten Aufgaben können der Generalversammlung nicht entzogen werden; dagegen können durch die Satzung der Generalversammlung noch weitere Aufgaben überwiesen werden. Vgl. Begr. S. 38.

[4] Die unter Ziff. 3 a und b aufgeführten Aufgaben sollen nicht durch die Generalversammlung selbst wahrgenommen werden, weil diese in der Regel wegen der großen Zahl der Teilnehmer dazu ungeeignet sein würde, sondern durch einen von der Generalversammlung zu wählenden Ausschuß. Für jede der unter a und b der Ziff. 3 aufgeführten Aufgaben kann ein besonderer Ausschuß gewählt werden. Vgl. Begr. S. 38.

[5] Vgl. § 182 a.

§ 181 b.[1]

Die Generalversammlung besteht aus den Werksbesitzern oder ihren Vertretern[3] (§ 180 Abs. 1) und aus den Knappschaftsältesten oder aus Abgeordneten[3] der Knappschaftsältesten, welche nach näherer Bestimmung der Satzung von den Knappschaftsältesten aus ihrer Mitte gewählt werden. Sowohl die Werksbesitzer als auch die Knappschaftsältesten können sich in der Generalversammlung durch besonders hierzu bevollmächtigte[4] Personen vertreten lassen.[5] Als Vertreter eines Knappschaftsältesten kann indessen nur wiederum ein Knappschaftsältester bevollmächtigt werden.[6]

Die Beschlußfassungen und die Wahlen erfolgen für jeden der beiden Teile besonders, und zwar nach einem durch die Satzung zu regelnden Stimmverhältnisse.[7] Anträge, welchen nicht von beiden Teilen zugestimmt wird, gelten als abgelehnt.

[1] Der § 181 b gilt auch für die besonderen Krankenkassen. Vgl. § 182 b.

[2] Hierhin gehören auf Seiten der Werksbesitzer außer den Alleinbesitzern die nach §§ 117, 127 ABG. bestellten Repräsentanten und Grubenvorstände der Gewerkschaften, die nach § 134 ABG. bestellten Repräsentanten der sonstigen Mitbeteiligten eines Bergwerks, deren Vertretung nicht bereits durch die allgemeinen Gesetze geordnet ist, sowie des im Auslande wohnenden Alleineigentümers, endlich die gesetzlichen Vertreter der sonstigen Gesellschaften mit gesetzlich geregelter Vertretung nach den für diese Gesellschaften maßgebenden gesetzlichen Bestimmungen. Weitere Voraussetzung der Mitgliedschaft zur Generalversammlung ist naturgemäß, daß auf dem betreffenden Vereinswerk aktive Knappschaftsmitglieder beschäftigt sind, daß also das Werk sich in Betrieb befindet.

[3] „Die Einberufung sämtlicher Knappschaftsältesten zur Generalversammlung würde in Vereinen mit zahlreichen Ältesten zu Versammlungen von mehreren hundert Personen führen und zudem einen unverhältnismäßigen Kostenaufwand verursachen. Ferner ist zu beachten, daß es für die laufenden Geschäfte der Knappschaftsältesten wünschenswert ist, wenn zahlreiche Knappschaftsälteste vorhanden sind, damit dieselben von den Mitgliedern leicht erreicht werden können und nicht mit Knappschaftsgeschäften zu sehr in Anspruch genommen werden. Es wäre unzweckmäßig, die Knappschaftsvereine behufs Verhütung eines übermäßigen Umfanges der Generalversammlungen zu nötigen, die Anzahl der Knappschaftsältesten einzuschränken. Vielmehr empfiehlt es sich, den in Betracht kommenden Knappschaftsvereinen die auch zur Zeit schon bestehende Möglichkeit zu belassen, im Wege der Satzung zu bestimmen, daß die Knappschaftsältesten zur Teilnahme an der Generalversammlung Abgeordnete aus ihrer Mitte wählen. Vgl. auch § 37 KVG." Begr. S. 38.

[4] Die zu diesem Zweck erteilten privatschriftlichen Vollmachten sind gebühren- und stempelfrei. Vgl. § 185 a.

[5] Die Gewährung der Möglichkeit zur Vertretung der an der Teilnahme zur Generalversammlung berechtigten Personen durch Bevollmächtigte entspricht dem bestehenden Bedürfnis und der bereits bisher vielfach gehandhabten Praxis. Nähere Vor-

schriften über den Nachweis der Bevollmächtigung überläßt das Gesetz der Satzung. Begr. S. 38.

[6] Auch die Vorschrift in Satz 3 des Abs. 1 entspricht der bisher vielfach gehandhabten Praxis; sie empfiehlt sich außerdem, um die Interessen der Mitglieder tunlichst sicherzustellen. Begr. S. 38.

[7] „Die bestehenden Satzungen sehen vielfach vor, daß die Abstimmungen innerhalb der Werksvertreter bzw. der Knappschaftsältesten nicht nach Köpfen, sondern nach einem Stimmverhältnis zu erfolgen haben, das nach der Zahl der auf den einzelnen Werken beschäftigten bzw. den einzelnen Ältestensprengeln angehörenden Mitglieder verschieden abgestuft ist. Durch die Vorschrift in Abs. 2, daß das Stimmverhältnis für die Beschlußfassung und die Wahlen durch die Satzung zu regeln ist, wird die Möglichkeit geboten, die vorerwähnte Art der Abstimmung, welche sich durchweg bewährt hat, beizubehalten oder das Stimmverhältnis in einer sonstigen als sachgemäß erscheinenden Weise zu regeln." Begr. S. 38 f.

Wegen der Verhältniswahl vgl. § 179 Abs. 2 und Anm. 9 bis 11 zu § 179 sowie § 180 Abs. 2 und Anm. 8 zu § 180.

§ 182.[1]

Den Kassenbeamten darf die Entlastung für die Jahresrechnung erst nach deren Prüfung und Abnahme (§ 181a Abs. 2 Ziffer 3a) erteilt werden.[2]

[1] Der § 182 gilt auch für die besonderen Krankenkassen. Vgl. § 182b.

[2] Der § 182 gibt den Rest des bisherigen § 182 wieder, nachdem die Befugnisse der Generalversammlung besonders — durch § 181a — geordnet worden sind. Begr. S. 39.

§ 182a.[1]

Die Mitglieder des Vorstandes sowie die Verwaltungs-, Rechnungs- und Kassenbeamten des Knappschaftsvereins haften für getreue Geschäftsführung wie Vormünder ihren Mündeln.[2]

[1] Der § 182a gilt auch für die besonderen Krankenkassen Vgl. § 182b.

[2] Die Haftung der Vormünder ist durch § 1833 BGB., wie folgt, geregelt:

„Der Vormund ist dem Mündel für den aus einer Pflichtverletzung entstehenden Schaden verantwortlich, wenn ihm ein Verschulden zur Last fällt. Das Gleiche gilt von dem Gegenvormunde.

Sind für den Schaden mehrere nebeneinander verantwortlich, so haften sie als Gesamtschuldner. Ist neben dem Vormunde für den von diesem verursachten Schaden der Gegenvormund oder ein Mitvormund nur wegen Verletzung seiner Aufsichtspflicht verantwortlich, so ist in ihrem Verhältnisse zueinander der Vormund allein verpflichtet."

§ 182b.

Die Bestimmungen der §§ 179 bis 182a finden für besondere Krankenkassen mit folgender Maßgabe Anwendung:

1. Sind die Wahlen der Knappschaftsältesten nicht durch die Satzung des Knappschaftsvereins den besonderen Krankenkassen übertragen, so finden besondere Wahlen der Knappschaftsältesten nicht statt, vielmehr gilt die in dem Knappschaftsverein erfolgte Wahl auch für die Krankenkasse.[1]
2. Durch die Satzung kann bestimmt werden, daß an Stelle der Knappschaftsältesten sämtliche Kassenmitglieder, welche großjährig und im Besitze der bürgerlichen Ehrenrechte sind, an der Generalversammlung teilnehmen.[2]

[1] Vgl. Begr. S. 39 und Anm. 8 zu § 179.

[2] Bei kleinen Krankenkassen mit geringer Mitgliederzahl und nur einem oder nur wenigen Ältesten wird die Generalversammlung zweckmäßiger aus sämtlichen Kassenmitgliedern bestehen, welche volljährig und im Besitz der bürgerlichen Ehrenrechte sind. Vgl. auch § 37 Abs. 1 KVG. und Begr. S. 39.

§ 183.

Die Oberbergämter haben die Beobachtung der für die Tätigkeit der Knappschaftsvereine in Betracht kommenden

Gesetze[1] und der Satzungen zu überwachen. Sie können die Befolgung dieser Vorschriften[2] durch Androhung, Festsetzung und Vollstreckung von Ordnungsstrafen gegen die Vorstandsmitglieder erzwingen.[3, 4]

Sie überwachen insbesondere die dauernde Leistungsfähigkeit der Vereine und die satzungsmäßige Verwaltung des Vermögens.[5]

Sie sind befugt, Ansprüche, die den Vereinen etwa gegen Vorstandsmitglieder oder Beamte aus deren Geschäftsführung erwachsen, in Vertretung des Vereins selbst oder durch einen Beauftragten geltend zu machen.[6]

[1] Nach der ausdrücklichen Vorschrift in Abs. 1 erstreckt sich das Aufsichtsrecht der Oberbergämter auch auf die Beobachtung der Gesetze. Der nach der bisherigen Fassung des § 183 in dieser Beziehung obwaltende Zweifel ist damit beseitigt. Vgl. Begr. S. 39.

[2] Der Knappschaftsvorstand kann vom Oberbergamt auch zu positivem Handeln angehalten werden, wenn er die Erfüllung der ihm satzungsmäßig obliegenden Verpflichtungen versäumt. Klostermann-Fürst Anm. 1 zu § 183.

[3] Die hier erwähnten exekutivischen Zwangsbefugnisse standen der Aufsichtsbehörde gegenüber den Vorstandsmitgliedern nach § 190 Abs. 6 ABG. in Verbindung mit § 11 der Instruktion zur Geschäftsführung der Regierungen vom 23. Oktober 1817 (GS. S. 248) und § 48 der Verordnung wegen verbesserter Einrichtung der Provinzial-, Polizei- und Finanzbehörden vom 26. Dezember 1808 (GS. 1817 S. 282) bereits bisher zu. Nach dem Vorgang in § 45 Abs. KVG. ist dies jetzt ausdrücklich hier ausgesprochen Begr. S. 39.

Nach den vorangezogenen gesetzlichen Bestimmungen bestehen die zulässigen Ordnungsstrafen in Geldstrafen bis zu 300 Mark oder vierwöchentlichem Gefängnis, an dessen Stelle jetzt die Haft getreten ist. Vgl. KommBerAH. S. 96.

Die verhängten Ordnungsstrafen treffen die Vorstandsmitglieder persönlich. Klostermann-Fürst Anm. 1 zu § 183.

[4] Gegen die Androhung, Festsetzung und Vollstreckung der Ordnungsstrafen ist nach §§ 191, 192 ABG. nur der Rekurs an den Handelsminister zulässig und zwar binnen einer Ausschlußfrist von vier Wochen vom Tage der Zustellung an. Vgl. auch Klostermann-Fürst Anm. 1 zu § 183.

[5] Die Überwachung der dauernden Leistungsfähigkeit der Vereine ist neben der im bisherigen Gesetz bereits erwähnten Überwachung der satzungsmäßigen Verwaltung des Vermögens als eine der wichtigsten, der Aufsichtsbehörde durch das gegenwärtige Gesetz zugewiesenen Aufgaben hier besonders erwähnt. Vgl. Begr. S. 39.

[6] Die Vorschrift in Abs. 3 entspricht der für die Betriebs-(Fabrik-)Krankenkassen in § 66 Abs. 2 KVG. getroffenen Vorschrift. Von der in Abs. 3 gegebenen Befugnis „werden die Oberbergämter selbstredend nur im Bedürfnisfalle Gebrauch zu machen haben, also beispielsweise dann, wenn etwa der zuständige Ausschuß (§ 181a Abs. 2 Ziff. 3b) ungerechtfertigterweise die Verfolgung der Ansprüche ablehnen sollte oder wenn — wie bei der nach § 177a erfolgten Auflösung — ein solcher Ausschuß nicht mehr vorhanden ist“. Begr. S. 40.

§ 184.

Zur Ausübung dieses Aufsichtsrechts ernennt das Oberbergamt für jeden Knappschaftsverein einen Kommissar.

Der Kommissar ist befugt, allen Generalversammlungen und Sitzungen der Vorstände[1] und Ausschüsse,[2] welche ihm zu diesem Zwecke mindestens drei Tage vorher anzuzeigen sind,[3] beizuwohnen und jeden gesetz- oder satzungswidrigen Beschluß zu beanstanden. Von einer solchen Beanstandung muß er dem Oberbergamte sofort Anzeige machen.

Das Oberbergamt entscheidet, ob der beanstandete Beschluß als gesetz- oder satzungswidrig aufzuheben oder die Beanstandung zurückzunehmen ist.[4, 5]

[1] Der Ausdruck „Vorstände“ ist hier gewählt, um außer Zweifel zu stellen, daß die Vorschrift sich nicht nur auf die Sitzungen

der Knappschaftsvorstände, sondern auch auf diejenigen des Vorstandes der besonderen Krankenkassen bezieht. Begr. S. 40.

[2] Vgl. § 181 Abs. 1 und § 181a Abs. 2 Ziff. 3.

[3] Ist die rechtzeitige Anzeige unterblieben, so sind zwar die gefaßten Beschlüsse deshalb an sich nicht ungültig, indessen ist der Kommissar befugt, gesetz- oder satzungswidrige Beschlüsse nachträglich zu beanstanden. Vgl. Brassert S. 473; Klostermann-Fürst Anm. 2 zu § 184.

[4] Die Vorschrift in Abs. 3 war im bisherigen Gesetze nicht enthalten, entspricht jedoch der bisher geübten Praxis. Begr. S. 40.

[5] Gegen die Entscheidung des Oberbergamts ist nach §§ 191, 192 ABG. binnen einer Ausschlußfrist von vier Wochen vom Tage der Zustellung ab der Rekurs an den Handelsminister zulässig.

§ 184a.[1]

Das Oberbergamt kann die Berufung der Vorstände,[2] Ausschüsse[3] und Generalversammlungen zu Sitzungen verlangen und, falls diesem Verlangen nicht entsprochen wird, die Sitzungen selbst anberaumen.

In den durch das Oberbergamt[4] anberaumten Sitzungen kann dessen Kommissar die Leitung der Verhandlungen übernehmen.

Solange die Wahl des Vorstandes oder der Ausschüsse oder die Generalversammlung nicht zustande kommt, oder die Organe des Vereins[5] gesetzliche oder satzungsmäßige Obliegenheiten nicht erfüllen,[6] kann das Oberbergamt die Befugnisse und Obliegenheiten dieser Organe selbst oder durch Beauftragte auf Kosten des Vereins wahrnehmen.[7]

[1] Der § 184a war im bisherigen Gesetze nicht enthalten. Er ist zur wirksameren Ausgestaltung des Aufsichtsrechts in das Gesetz eingefügt und dem § 45 Abs. 3 bis 5 KVG. nachgebildet. Vgl. Begr. S. 40.

[2] Vgl. Anm. 1 zu § 184.

[3] Vgl. § 181 Abs. 1 und § 181a Abs. 2 Ziff. 3.

[4] Der Regierungsentwurf enthielt an Stelle der Worte „durch

das Oberbergamt" die Worte „auf Veranlassung des Oberbergamts". Die Änderung des Wortlauts ist durch die Kommission des Abgeordnetenhauses erfolgt. Vgl. KommBerAH. S. 96f. Der Kommissar kann hiernach die Leitung der Verhandlungen nur in denjenigen Sitzungen übernehmen, die das Oberbergamt selbst anberaumt hat.

5 Der Ausdruck „Verein" soll hier wie an den anderen Stellen, wo er im Gesetz gebraucht ist, sowohl den Knappschaftsverein als auch die besonderen Krankenkassen umfassen. Vgl. Begr. S. 32 und Anm. 3 zu § 170a sowie Anm. 2 § 177a.

6 Die Fassung des Abs. 3 weicht vom Wortlaute des § 45 Abs. 5 KVG. in etwa ab und bringt damit bereits durch den Wortlaut der Vorschrift zum unzweideutigen Ausdruck, daß jedes tatsächliche Nichterfüllen einer gesetzlichen oder satzungsmäßigen Obliegenheit durch das betreffende Vereinsorgan das Oberbergamt zur Wahrnehmung der betreffenden Obliegenheit an Stelle des Vereinsorgans ermächtigt.

7 Gegen die auf Grund des Abs. 3 vom Oberbergamt getroffenen Verfügungen ist nach §§ 191, 192 ABG. der Rekurs an den Handelsminister zulässig.

§ 185.

Der Vorstand[1] ist jederzeit verpflichtet, dem Oberbergamt und dessen Kommissar auf Verlangen die Einsicht der über seine Verhandlungen sowie über die Verhandlungen der Ausschüsse und Generalversammlungen aufzunehmenden Niederschriften,[2] der Kassenbücher und der gelegten Rechnungen sowie die Revision der Kasse zu gestatten.

Auch hat der Vorstand[1] dem Oberbergamt innerhalb der vorzuschreibenden Fristen und nach den bestimmten Vordrucken die zur Statistik des Knappschaftswesens erforderlichen Nachrichten zu geben sowie alljährlich einen Rechnungsabschluß einzureichen.[3]

Die Vorstände[1] sind ferner verpflichtet, den Anordnungen des Oberbergamts über Art und Form der Rechnungsführung zu genügen.[3]

[1] Der Ausdruck „Vorstand" umfaßt sowohl den Knappschaftsvorstand als auch die Vorstände der besonderen Krankenkassen. Vgl. Begr. S. 40.

[2] Hiernach müssen wie bisher über die Verhandlungen der Vorstände (vgl. Anm. 1), der Ausschüsse (vgl. § 181 Abs. 1 und § 181a Abs. 2 Ziff. 3) und der Generalversammlungen stets Niederschriften aufgenommen werden.

[3] Abs. 2 und 3 waren — abgesehen von der Vorschrift der Einreichung statistischer Nachrichten — im bisherigen Gesetze nicht enthalten. Ihre Vorschriften entsprechen indessen im wesentlichen der bisherigen Übung. Vgl. Begr. S. 40 und KVG. § 41.

§ 185a.[1]

Alle schiedsgerichtlichen und außergerichtlichen Verhandlungen und Urkunden, die zur Begründung und Abwicklung der Rechtsverhältnisse zwischen den Knappschaftsvereinen oder besonderen Krankenkassen einerseits und den Werksbesitzern oder Mitgliedern und den Angehörigen der letzteren andererseits erforderlich werden,[2] sind gebühren- und stempelfrei. Dasselbe gilt für die den Vorständen zum Nachweis ihrer Vertretungsmacht zu erteilenden amtlichen Bescheinigungen (§ 181 Abs. 2 und § 182b) und für die von Werksbesitzern oder Knappschaftsältesten zu ihrer Vertretung in den Generalversammlungen erteilten privatschriftlichen Vollmachten (§ 181b Abs. 1 und § 182b).

[1] Der § 185a war im bisherigen Gesetz nicht enthalten. Seine Vorschriften entsprechen den Bestimmungen in § 145 GUVG. und § 171 JVG. Vgl. auch § 78 Abs. 2 KVG. und Begr. S. 40.

[2] Zu diesen Urkunden gehören insbesondere auch die erforderlichen Auszüge aus den Standesamtsregistern und den Kirchenbüchern. Vgl. auch Begr. S. 40.

§ 186.

Beschwerden über die Verwaltung des Vorstandes sind bei dem Oberbergamt und in der weiteren Instanz bei dem

Minister für Handel und Gewerbe anzubringen, insoweit nachstehend nichts anderes bestimmt ist.[1]

Gegen die nachstehend unter Ziffer 1 bis 3 bezeichneten Entscheidungen[2] der zuständigen Knappschaftsorgane[3] finden die dort näher angegebenen Rechtsmittel statt:

1. gegen Entscheidungen, durch welche der Anspruch[5] auf Krankenkassenleistungen[4] abgewiesen, oder der Höhe oder der Zeitdauer nach[6] festgestellt wird, oder welche das Mitgliedverhältnis zur Krankenkasse, oder die zu dieser Kasse zu entrichtenden Eintrittsgelder und Beiträge betreffen,[7] die Beschwerde an das Oberbergamt. Die Entscheidung des Oberbergamts ist endgültig, sofern nicht binnen einem Monate nach ihrer Zustellung[8] die Klage im ordentlichen Rechtsweg erhoben wird;
2. gegen Entscheidungen, durch welche der Anspruch[5] auf Pensionskassenleistungen abgewiesen, oder der Höhe oder der Zeitdauer nach[6] festgestellt wird, oder welche das Mitgliedverhältnis zur Pensionskasse, oder die zu dieser Kasse zu entrichtenden Eintrittsgelder und Beiträge betreffen,[7] unter Ausschluß des ordentlichen Rechtswegs die Berufung auf schiedsgerichtliche Entscheidung;
3. gegen alle sonstigen Entscheidungen unter Ausschluß des Rechtswegs die im Abs. 1 bezeichnete Beschwerde.[9]

Die im Abs. 2 aufgeführten Rechtsmittel[10] müssen bei Vermeidung des Ausschlusses innerhalb eines Monats[8] nach der Bekanntgabe[11] der Entscheidung des zuständigen Knappschaftsorgans[12] eingelegt werden. Diese Entscheidung muß die Bezeichnung des nach Abs. 2 zulässigen Rechtsmittels, der Rechtsmittelfrist und der für das Rechtsmittel zuständigen Behörde enthalten.[13] Insoweit Entscheidungen über Krankenkassenleistungen auf Grund von Krankenscheinen erfolgen, genügt es, daß die Bezeichnung des zulässigen Rechtsmittels, der Rechtsmittelfrist und der für das Rechtsmittel zuständigen Behörde auf dem Krankenschein enthalten ist.[14]

[1] Nach dem bisherigen § 186 war gegen alle Entscheidungen des Knappschaftsvorstandes die Beschwerde an das Oberbergamt und in weiterer Instanz die Beschwerde an den Minister für Handel und Gewerbe zugelassen. Daneben stand aber hinsichtlich aller Entscheidungen über solche Ansprüche, für welche an und für sich der Rechtsweg zulässig sein würde, auch der Rechtsweg offen. Zur Vermeidung der hieraus in der Praxis recht empfindlich zutage getretenen Unzuträglichkeiten sieht das Gesetz jetzt vor, daß über die Ansprüche der Mitglieder und ihrer Angehörigen fortan nicht mehr Beschwerdeweg und Rechtsweg nebeneinander zulässig, sondern für eine bestimmte Entscheidung stets nur eine Behörde zuständig ist. Hiernach ist zwar als Regel an den im bisherigen § 186 ausgesprochenen Grundsatz festgehalten worden, daß über die Verwaltung des Knappschaftsvorstandes die Beschwerde bei dem Oberbergamt und in weiterer Instanz bei dem Handelsminister zulässig ist. Indessen hat dieser Grundsatz durch den Zusatz: „insoweit nachstehend nichts anderes bestimmt ist," die erforderliche Einschränkung erfahren. Begr. S. 40 f.

[2] Die Sonderbestimmungen in Abs. 2 beziehen sich nur auf die „Entscheidungen" der Knappschaftsorgane, weil nur bei diesen der Rechtsweg überhaupt in Frage kommen kann. Sonstige Maßnahmen — wie beispielsweise die Art der Geschäftsführung des Vorstandes — werden zwar zu Beschwerden nach Abs. 1 Anlaß bieten, aber nicht zum Gegenstand einer gerichtlichen Klage gemacht werden können. Begr. S. 41.

[3] Zuständig für die Entscheidung über Anträge auf Invaliditätserklärung sowie die Festsetzung der aus der Pensionskasse zu gewährenden Unterstützungen ist nach § 181 Abs. 1 ausschließlich der Vorstand oder ein durch die Satzung dazu bestellter Ausschuß. Welche Knappschaftsorgane im übrigen für die hier in Betracht kommenden Entscheidungen zuständig sind, wird durch die Satzung zu bestimmen sein. Insbesondere gilt dies für die Entscheidungen über diejenigen Krankenkassenleistungen, welche üblicherweise lediglich auf Grund sog. Krankenscheine erfolgen. Begr. S. 41.

[4] Die Regelung ist hinsichtlich der Krankenkassenleistungen in Anlehnung an die entsprechenden Vorschriften in § 58 Abs. 1 KVG. erfolgt. Begr. S. 41 f.

[5] „Das Wort ‚Anspruch‘ ist in der Bedeutung gebraucht, welche diesem Rechtsbegriff in § 194 Abs. 1 BGB. beigelegt ist. Es wird damit insbesondere zum Ausdruck gebracht, daß Leistungen der Knappschaftsvereine, die — wie dies z. B. bei der Bewilligung außerordentlicher Unterstützungen nach den bestehenden Satzungen durchweg der Fall ist — lediglich in das Ermessen des Vorstandes gestellt sind, der in Ziff. 1 und 2 erfolgten Regelung nicht unterliegen.“ Begr. S. 42.

[6] „Eine Feststellung ‚nach der Zeitdauer‘ ist in jeder Entscheidung enthalten, durch welche der Beginn oder die Beendigung einer ihrer Art oder Höhe nach bestimmten einzelnen Leistung festgestellt wird.“ Begr. S. 42.

[7] „Entscheidungen, ‚welche die zu entrichtenden Eintrittsgelder und Beiträge betreffen‘, sind auch solche Entscheidungen, die über Anträge auf Rückerstattung von Eintrittsgeldern oder Beiträgen ergehen.“ Begr. S. 42.

[8] Wegen der Berechnung der Frist vgl. § 212 ABG.

[9] Als Beispiele der unter Ziff. 3 fallenden Entscheidungen führt die Begründung zum Regierungsentwurf die folgenden an: die Entscheidungen über Anträge auf Kassenleistungen, deren Gewährung lediglich in das Ermessen des Vorstandes gestellt ist, ferner die Verhängung von Ordnungsstrafen auf Grund der Satzung und weiter die Entscheidungen, welche der Vorstand auf Grund des § 181 bei der ihm zugewiesenen Leitung der Wahlen der Knappschaftsältesten oder der Handhabung der von ihnen erlassenen Dienstanweisungen für die Knappschaftsältesten trifft. Begr. S. 42.

[10] Die Anfechtung der in Abs. 2 bezeichneten Entscheidungen der zuständigen Knappschaftsorgane ist im Interesse der Rechtssicherheit nach Vorgang von § 76 Abs. 2 GUVG. und § 114 Abs. 2 JVG. an eine Ausschlußfrist von einem Monat gebunden. Begr. S. 42. Für die Anbringung von Beschwerden über die sonstige Verwaltung der Vorstände besteht dagegen keine Ausschlußfrist. Begr. S. 43.

[11] Nach der Begründung zum Regierungsentwurf und den

Verhandlungen in der Kommission des Abgeordnetenhauses soll in der ministeriellen Ausführungsanweisung ausdrücklich bestimmt werden, daß diese Bekanntmachung in der Regel durch Zustellung eines schriftlichen Bescheides zu erfolgen hat; für die Fälle indessen, in welchen die Entscheidung über eine Krankenkassenleistung üblicherweise auf Grund eines sog. Krankenscheins erfolgt, kann ein besonderer schriftlicher Bescheid neben dem Krankenschein regelmäßig nicht in Frage kommen. Vgl. Begr. S. 43; KommBerAH. S. 97f.

[12] „Ist das zur Entscheidung zuständige Knappschaftsorgan nicht der Vorstand, so kann die Beschwerde gleichwohl zur Vermeidung ihres Ausschlusses innerhalb der gesetzlichen Frist nur bei dem Oberbergamt erhoben werden. Das Oberbergamt wird in diesen Fällen — wie in der ministeriellen Ausführungsanweisung auch ausdrücklich bestimmt werden soll — seine Entscheidung erst treffen, nachdem es den Vorstand angehört und damit diesem Gelegenheit gegeben hat, bereits seinerseits der Beschwerde Folge zu geben.“ Begr. S. 43.

[13] Die Vorschrift in Satz 2 des Abs. 3 ist nach dem Vorgang in § 76 Abs. 4 GUVG. und § 114 Abs. 4 JVG. zum Schutze der Mitglieder getroffen. Vgl. Begr. S. 43.

Wegen Wahrung der Berufungsfrist bei Einlegung der Berufung bei einer nicht zuständigen Behörde vgl. § 186k Abs. 2 und Anm. 1 zu § 186k.

[14] Für die lediglich auf Grund sog. Krankenscheine erfolgenden Entscheidungen kann die geforderte Belehrung nur dadurch erteilt werden, daß sie auf dem Krankenscheine selbst enthalten ist. Damit der Krankenschein indessen als Kassenbeleg an den Knappschaftsverein zurückgegeben werden kann, empfiehlt sich, den in Abs. 3 geforderten Vermerk auf einen abtrennbaren Abschnitt des Krankenscheins, der vom Mitglied zurückbehalten wird, anzubringen. Vgl. Begr. S. 43 und KommBerAH. S. 98.

§ 186a.[1]

Für den Bezirk jedes Oberbergamts werden nach dem jeweiligen Bedürfnis ein Schiedsgericht oder mehrere Schiedsgerichte gebildet.[2]

Die Zahl, der Sitz und der Bezirk der Schiedsgerichte wird vom Minister für Handel und Gewerbe bestimmt.[2]

Die Bildung besonderer Schiedsgerichte unterbleibt insoweit, als die nach diesem Gesetze den Schiedsgerichten obliegenden Entscheidungen nach § 186i einem Schiedsgerichte für Arbeiterversicherung übertragen sind.[3]

[1] Die Einrichtung der Schiedsgerichte regelt das Gesetz in den §§ 186a bis 186n in tunlichster Anlehnung an die entsprechenden Vorschriften des JVG. Vgl. Begr. S. 43.

[2] Vgl. JVG. § 103.

[3] In § 186i „ist die Möglichkeit vorgesehen, die Schiedsgerichte für Arbeiterversicherung, welche nach dem JVG. und §§ 3 ff. des Gesetzes, betreffend die Abänderung der Unfallversicherungsgesetze, vom 5. Juli 1900 (RGBl. S. 573) über die Ansprüche aus dem JVG. wie den Unfallversicherungsgesetzen zu entscheiden haben, insoweit diese Schiedsgerichte ausschließlich für die von Knappschaftsmitgliedern erhobenen Ansprüche zuständig sind und demgemäß auch zur Entscheidung über knappschaftliche Ansprüche zweckentsprechend organisiert erscheinen, für diese letzteren Entscheidungen unmittelbar nutzbar zu machen". Insoweit von dieser Möglichkeit tatsächlich Gebrauch gemacht wird, unterbleibt naturgemäß die Bildung besonderer Schiedsgerichte. Vgl. Begr. S. 43 f. und unten § 186i.

§ 186b.[1]

Jedes Schiedsgericht besteht aus einem ständigen Vorsitzenden und aus Beisitzern. Die Zahl der Beisitzer muß mindestens zwölf[2] betragen und wird im übrigen für jedes Schiedsgericht durch den Minister für Handel und Gewerbe bestimmt.[3]

Der Vorsitzende wird vom Minister für Handel und Gewerbe aus der Zahl der öffentlichen Beamten des Bezirkes, für welchen das Schiedsgericht gebildet ist, ernannt. Für den Vorsitzenden ist in gleicher Weise mindestens ein Stellvertreter zu ernennen.

Die Beisitzer werden von der Generalversammlung[4] der Knappschaftsvereine zu gleichen Teilen in getrennter Wahlhandlung von den Werksbesitzern oder deren Vertretern (§ 180 Abs. 1) und von den Knappschaftsältesten nach einfacher Stimmenmehrheit aus ihrer Mitte gewählt.[5] Als Vertreter der Werksbesitzer sind auch solche Personen wählbar, welche mit der Leitung der zum Vereine gehörigen Betriebe betraut oder in der Verwaltung dieser Betriebe angestellt, indessen nicht selbst Mitglieder des Vereins sind.[5] Die Wahlen erfolgen in geheimer Abstimmung. Mitglieder des Knappschaftsvorstandes und der im § 181 Abs. 1 bezeichneten Ausschüsse sind nicht wählbar.[5]

[6]Erstreckt sich ein Schiedsgericht über den Bezirk mehrerer Knappschaftsvereine, so erfolgt die Wahl der Beisitzer durch die Generalversammlungen der beteiligten Knappschaftsvereine nach einer von der Aufsichtsbehörde[7] zu erlassenden Wahlordnung. Ergibt eine solche Wahl keine Stimmenmehrheit, so ist die Aufsichtsbehörde[7] befugt, die Beisitzer aus der Zahl derjenigen Personen, welche Stimmen erhalten haben,[8] zu bestimmen.

Die Beisitzer werden auf fünf Jahre gewählt. Die Gewählten bleiben nach Ablauf dieser Zeit so lange im Amte, bis ihre Nachfolger das Amt angetreten haben. Ausscheidende Beisitzer sind wieder wählbar.[9]

Kommt eine Wahl nicht zustande, so ernennt das Oberbergamt die Beisitzer aus der Zahl der wählbaren Personen. Das Gleiche gilt, wenn ein Beisitzer während der Wahlperiode ausscheidet;[10] die Ernennung erfolgt alsdann für den Rest der Wahlperiode.

[1] Der § 186b ist im wesentlichen dem § 104 JVG. nachgebildet.

[2] Die Mindestzahl der Beisitzer eines Schiedsgerichts ist auf

das Dreifache der nach § 186 g für die Besetzung des erkennenden Schiedsgerichts erforderlichen Beisitzerzahl bemessen. Bei dieser Einrichtung brauchte die besondere Bestellung von Stellvertretern der Beisitzer nicht vorgesehen zu werden. Vgl. KommBerAH. S. 98.

³ Maßgebend für die Bestimmung der Beisitzerzahl des einzelnen Schiedsgerichts ist der mutmaßliche Geschäftsumfang des betreffenden Schiedsgerichts. Vgl. Begr. S. 44.

⁴ Vgl. § 181 b.

⁵ Hiernach sind die Voraussetzungen für die Wählbarkeit als Beisitzer die gleichen, wie sie in § 180 für die Wählbarkeit als Vorstandsmitglied gefordert werden. Vgl. daher § 180 und Anm. 3, 4, 7 und 9 zu § 180. Dies gilt jedoch nur mit zwei Einschränkungen:

a) Die nach § 180 Abs. 3 als Vertreter der Werksbesitzer in den Vorstand wählbaren Personen sind als Vertreter der Werksbesitzer zum Beisitzer nur wählbar, wenn sie nicht selbst Mitglieder des Knappschaftsvereins sind.

b) Mitglieder des Knappschaftsvorstandes und der in § 181 Abs. 1 bezeichneten Ausschüsse sind zu Beisitzern nicht wählbar. (Vgl. auch JVG. § 104 Abs. 5 Ziff. 1).

⁶ Die Vorschriften in Abs. 4 „sind eine notwendige Folge des Umstandes, daß nur in wenigen Einzelfällen der Umfang der Vereine gestatten wird, Schiedsgerichte für je einen Verein zu errichten, daß vielmehr in der Regel für zahlreiche Vereine zusammen nur ein Schiedgericht zu errichten sein wird. Der Erlaß der Wahlordnung wird Gelegenheit bieten, in geeigneten Fällen die zu wählenden Beisitzer auf einzelne Vereine oder Gruppen von Vereinen zu verteilen. Da es möglicherweise schwierig sein wird, daß die beteiligten Kreise sich vor Abhaltung der einzelnen Generalversammlungen über die Personen der gemeinschaftlich zu wählenden Beisitzer einigen, so erscheint es unumgänglich, der Aufsichtsbehörde die im zweiten Satz des Abs. 4 bezeichneten Befugnisse einzuräumen.“ Begr. S. 44.

⁷ Aufsichtsbehörde ist das Oberbergamt.

⁸ Bei dieser Bestimmung der Beisitzer durch die Aufsichtsbehörde werden diejenigen Personen in erster Linie in Betracht

kommen müssen, welche die meisten Stimmen erhalten haben. Vgl. KommBerAH. S. 99.

[9] Vgl. JVG. § 104 Abs. 5 und § 90 Abs. 1.

[10] Bei dieser Ernennung der Beisitzer durch das Oberbergamt werden diejenigen Personen besonders in Betracht kommen müssen, welche bei der früheren Wahl Stimmen erhalten haben. Vgl. KommBerAH. S. 99.

§ 186c.

[1]Wählbar zu Beisitzern sind nur männliche, im Bezirke der beteiligten Knappschaftsvereine wohnende Personen, welche die deutsche Reichsangehörigkeit besitzen, das dreißigste Lebensjahr zurückgelegt haben und der deutschen Sprache in Wort und Schrift mächtig sind. Nicht wählbar ist, wer zum Amte eines Schöffen unfähig ist (§ 32 des Gerichtsverfassungsgesetzes).[2]

[3]Die Ablehnung der Wahl ist nur aus denselben Gründen zulässig, aus welchen gemäß § 1786 Abs. 1 Ziffer 2 bis 4 und 8 des Bürgerlichen Gesetzbuchs[4] das Amt eines Vormundes abgelehnt werden kann.[5]

[3]Die Wiederwahl kann für eine Wahlperiode[6] ohne weiteres abgelehnt werden.

[1] Die Vorschriften in Abs. 1 decken sich mit den entsprechenden Bestimmungen in § 104 Abs. 5, § 88 Abs. 1 JVG. Nur wird nach Vorgang von § 33 Ziff. 1 des Gerichtsverfassungsgesetzes in der Fassung der Bekanntmachung vom 20. Mai 1898 (RGBl. S. 371) und § 11 des Gewerbegerichtsgesetzes in der Fassung der Bekanntmachung vom 29. September 1901 (RGBl. S. 353) zur Wählbarkeit als Beisitzer die Zurücklegung des dreißigsten Lebensjahres verlangt. Außerdem wird verlangt, daß die Beisitzer der deutschen Sprache in Wort und Schrift mächtig sind, weil andernfalls die Teilnahme an der Gerichtsverhandlung als Beisitzer nicht möglich sein würde. Vgl. Begr. S. 45 und KommBerAH. S. 99.

[2] Der § 32 des Gerichtsverfassungsgesetzes in der Fassung der Bekanntmachung vom 20. Mai 1898 (RGBl. S. 371) lautet wie folgt:

„§ 32.

Unfähig zu dem Amte eines Schöffen sind:

1. Personen, welche die Befähigung infolge strafgerichtlicher Verurteilung verloren haben;
2. Personen, gegen welche das Hauptverfahren wegen eines Verbrechens oder Vergehens eröffnet ist, das die Aberkennung der bürgerlichen Ehrenrechte oder der Fähigkeit zur Bekleidung öffentlicher Ämter zur Folge haben kann;
3. Personen, welche infolge gerichtlicher Anordnung in der Verfügung über ihr Vermögen beschränkt sind."

[3] Die Vorschriften in Abs. 2 und 3 decken sich mit den entsprechenden Bestimmungen in § 104 Abs. 5. § 94 JVG.

[4] Der § 1786 Abs. 1 Ziff. 2 bis 4 und 8 BGB. lautet wie folgt:

„§ 1786.

Die Übernahme der Vormundschaft kann ablehnen:

. . . .

2. wer das sechzigste Lebensjahr vollendet hat;
3. wer mehr als vier minderjährige eheliche Kinder hat; ein von einem anderen an Kindesstatt angenommenes Kind wird nicht gerechnet;
4. wer durch Krankheit oder durch Gebrechen verhindert ist, die Vormundschaft ordnungsmäßig zu führen;

. . . .

8. wer mehr als eine Vormundschaft oder Pflegschaft führt; die Vormundschaft oder Pflegschaft über mehrere Geschwister gilt nur als eine; die Führung von zwei Gegenvormundschaften steht der Führung einer Vormundschaft gleich."

[5] Die unbegründete Ablehnung der Wahl kann nach § 186e Abs. 2 mit Geldstrafe bis zu 500 Mark bestraft werden.

[6] Die Wahlperiode beträgt nach § 186b Abs. 5 fünf Jahre.

§ 186d.

Der Vorsitzende und dessen Stellvertreter sowie die Beisitzer sind auf die gewissenhafte Erfüllung der Obliegenheiten ihres Amtes eidlich zu verpflichten.[1]

[2]Der Vorsitzende und dessen Stellvertreter werden durch

einen vom Minister für Handel und Gewerbe beauftragten Beamten, die Beisitzer durch den Vorsitzenden beeidigt.

[2]Die Beeidigung der Beisitzer erfolgt bei ihrer ersten Dienstleistung in öffentlicher Sitzung; sie gilt für die Dauer der Wahlperiode.[3] Im Falle der Wiederwahl genügt die Verweisung auf die frühere Beeidigung.

[2]Im übrigen finden auf die Beeidigung die Vorschriften im § 51 des Gerichtsverfassungsgesetzes[4] entsprechende Anwendung.

[1] Die Vorschrift in Abs. 1 deckt sich mit der entsprechenden Bestimmung in § 104 Abs. 5, § 83 Abs. 1 JVG.

[2] Die Vorschriften in Abs. 2 bis 4 decken sich mit den entsprechenden Bestimmungen in § 1 der Kaiserlichen Verordnung, betreffend das Verfahren vor den Schiedsgerichten für Arbeitsversicherung, vom 22. November 1900 (RGBl. S. 1017).

[3] Die Wahlperiode beträgt nach § 186b Abs. 5 fünf Jahre.

[4] Der § 51 des Gerichtsverfassungsgesetzes in der Fassung der Bekanntmachung vom 20. Mai 1898 (RGBl. S. 371) lautet wie folgt:

„§ 51.

Die Beeidigung der Schöffen erfolgt bei ihrer ersten Dienstleistung in öffentlicher Sitzung. Sie gilt für die Dauer des Geschäftsjahres.

Der Vorsitzende richtet an die zu Beeidigenden die Worte:

„Sie schwören bei Gott dem Allmächtigen und Allwissenden, die Pflichten eines Schöffen getreulich zu erfüllen und Ihre Stimmen nach bestem Wissen und Gewissen abzugeben."

Die Schöffen leisten den Eid, indem jeder einzeln die Worte spricht:

„ich schwöre es, so wahr mir Gott helfe."

Der Schwörende soll bei der Eidesleistung die rechte Hand erheben.

Ist ein Schöffe Mitglied einer Religionsgesellschaft, welcher das Gesetz den Gebrauch gewisser Beteuerungsformeln an Stelle des Eides gestattet, so wird die Abgabe einer Erklärung unter der

Beteuerungsformel dieser Religionsgesellschaft der Eidesleistung gleich geachtet.

Über die Beeidigung wird von dem Gerichtsschreiber ein Protokoll aufgenommen."

§ 186e.

[1]Die Beisitzer erhalten Ersatz für die ihnen durch die Teilnahme an den Sitzungen des Schiedsgerichts erwachsenden Reisekosten und sonstige bare Auslagen, die Vertreter der Mitglieder außerdem Ersatz für einen ihnen entgangenen Arbeitsverdienst.[2] Die Festsetzung der Reisekosten, baren Auslagen und des entgangenen Arbeitsverdienstes erfolgt durch den Vorsitzenden.

[3]Die Oberbergämter sind befugt, Personen, welche die Wahl zu Beisitzern ohne zulässigen Grund (§ 186c) ablehnen, ohne genügende Entschuldigung zu den Sitzungen sich nicht rechtzeitig einfinden oder ihren Obliegenheiten in anderer Weise sich entziehen, mit Geldstrafe bis zu fünfhundert Mark zu belegen. Die Geldstrafen fließen zu derjenigen Knappschaftskasse, von deren Generalversammlung der Beisitzer gewählt ist. Ist die Wahl durch die Generalversammlungen mehrerer Knappschaftsvereine erfolgt, so wird der Betrag der Geldstrafe unter diese nach einem von dem Oberbergamte zu bestimmenden Verhältnis verteilt.

[4]Verweigert ein Beisitzer dauernd seine Dienstleistung, oder werden hinsichlich eines Beisitzers Tatsachen bekannt, welche dessen Wählbarkeit auf Grund dieses Gesetzes ausschließen,[5] oder welche sich als grobe Verletzungen der Amtspflicht darstellen, so ist er, nachdem ihm Gelegenheit zur Äußerung gegeben worden ist, durch Beschluß des Oberbergamts seines Amtes zu entheben.[6] Der nachträgliche Fortfall des Amtes als Knappschaftsältester hat die Amtsenthebung so lange nicht zur Folge, als die Voraussetzungen

für die Wählbarkeit zum Knappschaftsältesten noch vorliegen.[7] Der Rekurs gegen den Beschluß des Oberbergamts hat keine aufschiebende Wirkung.[8]

[1] Die Vorschriften in Abs. 1 sind den entsprechenden Bestimmungen in § 104 Abs. 5, § 92 JVG. und in § 49 Abs. 2 des alten Unfallversicherungsgesetzes vom 6. Juli 1884 (RGBl. S. 69) nachgebildet.

[2] Die Vertreter der Werksbesitzer erhalten also nur Ersatz für bare Auslagen, die Vertreter der Mitglieder außerdem Ersatz für einen ihnen entgangenen Arbeitsverdienst.

[3] Die Vorschriften in Abs. 2 sind den entsprechenden Bestimmungen in § 104 Abs. 5, § 90 Abs. 2 JVG. und in § 49 Abs. 3 des alten Unfallversicherungsgesetzes vom 6. Juli 1884 (RGBl. S. 69) nachgebildet.

[4] Die Vorschrift in Satz 1 des Abs. 3 ist der entsprechenden Bestimmung in § 104 Abs. 5, § 91 JVG. mit der Maßnahme nachgebildet, daß auch bei dauernder Verweigerung der Dienstleistung als Beisitzer das Amt als Beisitzer in gleicher Weise durch Amtsenthebung zum Erlöschen zu bringen ist.

[5] Die gesetzlichen Voraussetzungen der Wählbarkeit sind in § 186b Abs. 3 und § 186c Abs. 1 enthalten. Vgl. auch Anm. 5 zu § 186b und Anm. 2 zu § 186c.

[6] „Die Amtsenthebung bewirkt das Ausscheiden eines Beisitzers während der Wahlperiode. Für die Regelung des Ersatzes ist daher § 186b Abs. 6 maßgebend." Begr. S. 45. Vgl. auch Anm. 10 zu § 186b.

[7] „Nach § 186b Abs. 3 bildet unter anderem die Eigenschaft als Knappschaftsältester eine Voraussetzung der Wählbarkeit für die von den Knappschaftsältesten zu wählenden Beisitzer. Es liegt indessen kein Bedürfnis vor, mit jedem Fortfall des Amtes als Knappschaftsältester auch das Amt als Beisitzer erlöschen zu lassen, und dies um so weniger, als unter Umständen die Vereinigung beider Ämter auf eine Person eine unverhältnismäßige Inanspruchnahme des betreffenden Knappschaftsmitgliedes herbeiführen und daher begründeten Anlaß zur Niederlegung des Amtes als Knappschaftsältester bieten könnte. Es empfiehlt sich vielmehr, bei dem nachträglichen Fortfall des Amtes als Knappschaftsältester das

Amt als Beisitzer nur dann erlöschen zu lassen, wenn die Voraussetzungen für die Wählbarkeit als Knappschaftsältester nicht mehr vorliegen." Begr. S. 45.

[8] Gegen den die Amtsenthebung aussprechenden Beschluß des Oberbergamts ist nach §§ 191 f. ABG. der Rekurs an den Handelsminister gegeben. Wie auch in § 91 JBG. vorgesehen ist, darf dem Rekurs gegen diesen Beschluß aufschiebende Wirkung nicht innewohnen. Begr. S. 45.

§ 186f.

Name und Wohnort der Vorsitzenden und ihrer Stellvertreter sowie der Schiedsgerichtsbeisitzer sind vom Minister für Handel und Gewerbe regelmäßig öffentlich bekannt zu machen.[1] Die Bekanntmachung ist auf allen Vereinswerken zum Aushang zu bringen.[2]

[1] Vgl. § 105 JBG.

[2] Die Bekanntmachung durch Aushang auf den Vereinswerken entspricht dem bei Bekanntmachungen an die Belegschaften üblichen Verfahren. Vgl. auch § 200 Abs. 3 ABG.

§ 186g.

[1]Der Vorsitzende beruft das Schiedsgericht und leitet dessen Verhandlungen.

[2]Das Schiedsgericht ist befugt, Zeugen und Sachverständige zu vernehmen und ihre Aussagen eidlich erhärten zu lassen.[3]

[4]Das Schiedsgericht hat unter Berücksichtigung des gesamten Inhalts der Verhandlungen und des Ergebnisses einer etwaigen Beweisaufnahme sowie unter Würdigung aller Umstände nach freier Überzeugung über den Anspruch zu entscheiden.

[5]Das Schiedsgericht entscheidet in der Besetzung von fünf[6] Mitgliedern, unter denen sich je zwei Vertreter der Werksbesitzer und der Knappschaftsmitglieder befinden müssen.

[7]Die Entscheidungen des Schiedsgerichts erfolgen nach Stimmenmehrheit und sollen spätestens innerhalb drei Wochen nach ihrer Verkündung den Parteien zugestellt werden.

[8]Die Zuziehung der Beisitzer erfolgt in der Regel nach einer von dem Vorsitzenden im voraus aufgestellten Reihenfolge. Will der Vorsitzende aus besonderen Gründen von dieser Reihenfolge abweichen, so sind diese aktenkundig zu machen.

[1] Vgl. § 106 Abs. 1 JVG.

[2] Vgl. § 106 Abs. 2 JVG.

[3] Die Fassung des Abs. 2 stellt außer Zweifel, daß die Zeugen und Sachverständigen erst nach ihrer Vernehmung zu vereidigen sind.

[4] Vgl. §§ 286 und 287 der Zivilprozeßordnung in der Fassung der Bekanntmachung vom 20. Mai 1898 (RGBl. S. 410).

[5] Vgl. § 106 Abs. 3 JVG.

[6] Der Regierungsentwurf sah eine Besetzung des erkennenden Schiedsgerichts mit drei Mitgliedern vor. Vgl. Begr. S. 46. In der Kommission des Abgeordnetenhauses wurde die Besetzung mit fünf Mitgliedern wie bei den Schiedsgerichten für Arbeiterversicherung beschlossen. Vgl. KommBerAH. S. 100.

[7] Vgl. § 106 Abs. 4 JVG.

[8] Vgl. § 106 Abs. 5 JVG.

Das Verfahren vor den Schiedsgerichten wird nach § 186n durch Königliche Verordnung geregelt.

§ 186h.

[1]Die Kosten des Schiedsgerichts trägt derjenige Knappschaftsverein, für dessen Bezirk das Schiedsgericht gebildet ist.[2] Erstreckt sich das Schiedsgericht über den Bezirk mehrerer Knappschaftsvereine, so werden die Kosten durch das Oberbergamt auf diese im Verhältnis ihrer Mitgliederzahl verteilt.

[1]Die Kosten des Verfahrens, welche durch die einzelnen Streitfälle erwachsen, sind von demjenigen Knappschaftsvereine zu zahlen, gegen dessen Entscheidung die Berufung eingelegt

ist.[1] Das Schiedsgericht ist indessen befugt, den Beteiligten solche Kosten des Verfahrens zur Last zu legen, welche durch Mutwillen oder durch ein auf Verschleppung oder Irreführung berechnetes Verhalten derselben veranlaßt worden sind.[3]

[1] Abs. 1 regelt die Aufbringung der allgemeinen Kosten des Schiedsgerichts; Abs. 3 regelt die Kosten des Verfahrens, welche durch die einzelnen Streitfälle vor dem Schiedsgericht erwachsen.

[2] „Der Ausdruck ‚die Kosten des Schiedsgerichts' ist hier in demselben Sinne gebraucht wie in § 10 Abs. 1 des Gesetzes, betreffend die Abänderung der Unfallversicherungsgesetze, vom 5. Juli 1900 (RGBl. S. 573). Danach gehören zu den Kosten des Schiedsgerichts die Bezüge der Hilfsbeamten des Schiedsgerichts, ferner die Kosten der Gerichtshaltung, z. B. die Bezüge der Beisitzer, die Tagegelder und Reisekosten, welche den Vorsitzenden für Abhaltung der Lokaltermine außerhalb des Sitzes des Schiedsgerichts zustehen, endlich die sonstigen Kosten, z. B. die Auslagen für die Geschäftsräume und Geschäftsbedürfnisse des Schiedsgerichts (vgl. Bericht der Reichstagskommission, Drucks. des Reichstags 1898 bis 1900 Anlageband VI S. 4423).

Daß dem Vorsitzenden und seinem Stellvertreter von den beteiligten Knappschaftsvereinen keine Vergütung gewährt werden darf (vgl. § 107 Abs. 2 JVG., § 50 Abs. 6 UVG. vom 6. Juli 1884), bedarf hier nicht einer ausdrücklichen Bestimmung." Begr. S. 46.

[3] Die Bestimmungen in Satz 1 wie in Satz 2 des Abs. 3 sind aus § 10 Abs. 2 und 4 des Gesetzes, betreffend die Abänderung der Unfallversicherungsgesetze, vom 5. Juli 1900 (RGBl. S. 573) entnommen. Die in Satz 2 des Abs. 3 vorgesehene Befugnis zur Auferlegung von Kosten des Verfahrens auf Beteiligte ist unter den gleichen Voraussetzungen auch in § 104 Abs. 5, § 64 Abs. 5 JVG. vorgesehen. Vgl. Begr. S. 46.

§ 186i.

Wenn ein Knappschaftsverein als eine besondere Kasseneinrichtung im Sinne des Invalidenversicherungsgesetzes anerkannt ist[1] oder einer solchen besonderen Kasseneinrichtung gemeinschaftlich mit anderen Knappschaftsvereinen angehört,[2] so kann die schiedsgerichtliche Entscheidung der diesen Knappschaftsverein betreffenden Streitigkeiten (§ 186 Abs. 2 Ziffer 2) durch den Minister für Handel und Gewerbe einem[5] Schiedsgericht für Arbeiterversicherung dieser Kasseneinrichtung übertragen werden.[3, 4] Einem[5] solchen Schiedsgerichte kann auch die schiedsgerichtliche Entscheidung von Streitigkeiten, welche einen an der Kasseneinrichtung nicht beteiligten Knappschaftsverein betreffen, durch den Minister für Handel und Gewerbe nach Anhörung des Knappschaftsvorstandes und des Vorstandes der Kasseneinrichtung übertragen werden.[4, 6]

Auf die Schiedsgerichte für Arbeiterversicherung, welchen die schiedsgerichtliche Entscheidung von Knappschaftsangelegenheiten übertragen ist, finden die Vorschriften in §§ 186b bis 186h Abs. 2 keine Anwendung.[7]

Das Verfahren in Knappschaftsangelegenheiten vor den Schiedsgerichten für Arbeiterversicherung regelt sich nach den für diese Gerichte geltenden Bestimmungen.[7]

[8]Die Kosten des Schiedsgerichts[9] sind nach Ablauf des Rechnungsjahrs der Kasseneinrichtung von den beteiligten Knappschaftsvereinen anteilig zu erstatten. Dabei wird das Verhältnis zu Grunde gelegt, in welchem die Zahl derjenigen auf Grund dieses Gesetzes bei dem Schiedsgericht eingelegten Berufungen, welche in diesem Jahre erledigt worden sind, zur Gesamtzahl der vor dem Schiedsgericht in demselben Zeitraum erledigten Berufungen steht. Die Verteilung der Kosten auf die Kasseneinrichtung, die Berufsgenossenschaften und die Knappschaftsvereine erfolgt durch den Vorsitzenden des Schiedsgerichts.

[1] Von den preußischen Knappschaftsvereinen sind als besondere Kasseneinrichtungen im Sinne der §§ 8 und 10 JVG. anerkannt der Allgemeine Knappschaftsverein in Bochum und der Saarbrücker Knappschaftsverein in St. Johann a. d. Saar.

[2] „Eine größere Zahl von preußischen Knappschaftsvereinen haben in Verbindung mit mehreren außerpreußischen Knappschaftsvereinen gemeinschaftlich die Norddeutsche Knappschaftspensionskasse in Halle a. d. Saale gebildet, welche gleichfalls als besondere Kasseneinrichtung im Sinne des JVG. anerkannt ist. Dieser letzeren Kasseneinrichtung gehören im Oberbergamtsbezirk Halle sämtliche Knappschaftsvereine bis auf einen kleinen Verein an und im Oberbergamtsbezirk Clausthal zwei Knappschaftsvereine mit ungefähr zwei Dritteln aller Knappschaftsmitglieder dieses Oberbergamtsbezirks." Begr. S. 46f.

[3] „In den Schiedsgerichten für Arbeiterversicherung der drei Kasseneinrichtungen stehen Organe zur Verfügung, welche ihrer Zusammensetzung nach auch zur schiedsgerichtlichen Entscheidung von Knappschaftsangelegenheiten wohl geeignet wären. Würde diesen Schiedsgerichten auch die schiedsgerichtliche Entscheidung der Knappschaftsangelegenheiten aus den für sie in Betracht kommenden Knappschaftsvereinen übertragen, so wäre der nicht zu unterschätzende Vorteil erreicht, daß für diese Knappschaftsvereine besondere Schiedsgerichte neben den bereits vorhandenen nicht errichtet zu werden brauchten, und daß die Berufungen der Mitglieder dieser Vereine gegen Entscheidungen, welche aus dem JVG., dem GUVG. und dem Knappschaftstitel des ABG. ergehen, an ein und dasselbe Schiedsgericht zu richten und von diesem zu entscheiden wären.

. . . .

Ob indessen die Übertragung der Entscheidungen in Knappschaftsangelegenheiten auf diese Schiedsgerichte bei dem einen oder anderen dieser Gerichte nicht dennoch zu Bedenken Anlaß geben könnte, die es ratsam erscheinen lassen könnten, von der Übertragung abzusehen, läßt sich nicht mit Sicherheit übersehen. Beispielsweise könnten solche Bedenken vielleicht erwachsen aus der Zugehörigkeit von außerpreußischen Knappschaftsvereinen zu einer der Kasseneinrichtungen oder aus der Notwendigkeit der Zustimmung des Bundesrats zu gewissen Änderungen oder Ergänzungen der Satzung der besonderen Kasseneinrichtungen. Der Entwurf überträgt daher nicht ohne weiteres diesen Schiedsgerichten für Arbeiterversicherung die Entscheidung über die knappschaftlichen Berufungen aus den in Betracht kommenden Knappschaftsvereinen, sondern er macht diese Übertragung von der Entscheidung des Ministers für Handel und Gewerbe abhängig, damit die bei den einzelnen Gerichten gegen die Übertragung etwa vorhandenen Bedenken geprüft und etwa entgegenstehende Schwierigkeiten, wenn angängig, vorher beseitigt werden können." Begr. S. 47.

[4] „Daß die nach Abs. 1 erfolgende Übertragung der schiedsgerichtlichen Entscheidung auf ein Schiedsgericht für Arbeiterversicherung unter Umständen wieder aufgehoben werden kann, und daß die Aufhebung alsdann auf demselben Wege zu erfolgen hat wie die Übertragung, ist als selbstverständlich im Entwurf nicht ausdrücklich ausgesprochen worden." Begr. S. 48.

[5] „Die Fassung am Schlusse von Satz 1 und im Eingang von Satz 2 ‚einem Schiedsgericht' ist im Hinblick auf den Umstand gewählt, daß für den Bezirk der Norddeutschen Knappschaftspensionskasse (in Halle a. d. Saale) zwei Schiedsgerichte bestehen." Begr. S. 47.

[6] „Bei einer nach Satz 1 erfolgenden Übertragung der schiedsgerichtlichen Entscheidung auf ein Schiedsgericht für Arbeiterversicherung kann unter Umständen der Fall eintreten, daß alsdann in dem betreffenden Oberbergamtsbezirk oder in einem Teile dieses Bezirks die Errichtung eines Schiedsgerichts nach §§ 186a ff. nur noch für einen einzelnen Knappschaftsverein oder einige Knappschaftsvereine erfolgen müßte, deren Umfang und Bedeutung zu der Einrichtung eines besonderen Schiedsgerichts in keinem angemessenen Verhältnis stehen würden. In solchen Fällen könnte die Übertragung der schiedsgerichtlichen Entscheidung auf das Schiedsgericht der besonderen Kasseneinrichtung sowohl im Interesse der in Betracht kommenden Knappschaftsvereine, wie auch ihrer Mitglieder liegen. Sind in den Angelegenheiten dieser Knappschaftsvereine Berufungen auf schiedsgerichtliche Entscheidung nur in seltenen Fällen zu erwarten, so müßte unter Umständen entweder zur Entscheidung einer einzelnen Berufung der umständliche und kostspielige Apparat des Schiedsgerichts in Bewegung gesetzt werden oder das Knappschaftsmitglied auf die Entscheidung seiner Berufung warten, bis einige Streitsachen behufs gemeinschaftlicher Verhandlung vor dem Schiedsgericht terminsreif sind, was unter Umständen lange Zeit in Anspruch nehmen könnte. Demgegenüber wird dem Umstand, daß den Mitgliedern der in Betracht kommenden Knappschaftsvereine auf die Zusammensetzung des Schiedsgerichts alsdann eine Einwirkung nicht zustehen würde, eine aus-

schlaggebende Bedeutung um so weniger beigemessen werden können, als auch bei Bildung besonderer Schiedsgerichte für einen angemessenen Bezirk die Einwirkung eines einzelnen kleinen Knappschaftsvereins auf die Zusammensetzung des Schiedsgerichts für diesen Bezirk naturgemäß nur gering sein wird. Dagegen wird, bevor eine solche Übertragung stattfindet, sowohl dem Knappschaftsvorstand wie auch dem Vorstand der Kasseneinrichtung Gelegenheit gegeben werden müssen, sich zu einer solchen Maßnahme zu äußern." Begr. S. 47 f.

7 Das Verfahren vor den Schiedsgerichten für Arbeiterversicherung der in Rede stehenden drei besonderen Kasseneinrichtungen ist in der Satzung der betreffenden Kasseneinrichtung geregelt und zwar derart, daß dieses Verfahren auch ohne weiteres auf die diesen Schiedsgerichten überwiesenen Knappschaftsangelegenheiten angewendet werden kann. Durch die Bestimmungen in Abs. 2 und 3 ist daher Vorsorge getroffen, daß in dem Verfahren vor diesen Gerichten keine Verschiedenheiten eintreten, je nachdem es sich einerseits um Knappschaftsangelegenheiten oder anderseits um Angelegenheiten der Invalidenversicherung oder Unfallversicherung handelt. Die Bestimmungen in § 186h Abs. 3 finden dagegen in Knappschaftsangelegenheiten auch auf diese Schiedsgerichte Anwendung. Vgl. Begr. S. 48.

8 „Die bei Anwendung der Bestimmungen in Abs. 1 eintretende Erweiterung des Geschäftskreises des betreffenden Schiedsgerichts für Arbeiterversicherung wird eine Erhöhung der allgemeinen Kosten dieses Schiedsgerichts zur Folge haben. Selbstverständlich müssen die beteiligten Knappschaftsvereine zur Aufbringung dieser Kosten in angemessenem Verhältnis herangezogen werden. Hierüber trifft Abs. 4 in Anlehnung an § 10 des Gesetzes, betreffend die Abänderung der Unfallversicherungsgesetze, vom 5. Juli 1900 (RGBl. S. 573) die erforderlichen Bestimmungen." Begr. S. 48.

9 „Der Ausdruck ‚die Kosten des Schiedsgerichts' ist hier in demselben Sinne gebraucht wie in § 186h Abs. 1." Begr. S. 48. Vgl. auch Anm. 1 und 2 zu § 186h.

§ 186k.[1]

Die Berufung auf schiedsgerichtliche Entscheidung ist bei dem zuständigen[2] Schiedsgerichte zu erheben.

Die Berufungsfrist[3] gilt auch dann als gewahrt, wenn innerhalb derselben die Berufung bei einer anderen amtlichen Stelle oder einem Knappschaftsorgan eingegangen ist; diese haben die Berufungsschrift unverzüglich an das zuständige Schiedsgericht abzugeben.

Die Berufung hat keine aufschiebende Wirkung.

Die Entscheidung des Schiedsgerichts ist dem Berufenden sowie dem Vorstande des beteiligten Knappschaftsvereins in Ausfertigung zuzustellen.

[1] Die im § 186k getroffenen Bestimmungen entsprechen den Vorschriften in § 114 JVG. und in § 76 GUVG. Die in den beiden letztgenannten Gesetzesvorschriften noch weiter enthaltenen Bestimmungen über die Berufungsfrist und über die Aufnahme einer Rechtsbelehrung in jedem durch Berufung anfechtbaren Bescheid sind bereits in § 186 Abs. 3 dieses Gesetzes vorgesehen. Begr. S. 49.

[2] Die Zuständigkeit der einzelnen Schiedsgerichte regelt sich nach den vom Handelsminister auf Grund der §§ 186a Abs. 2 und 186i Abs. 1 getroffenen Bestimmungen.

[3] Die Berufungsfrist beträgt einen Monat. Sie läuft von der Bekanntgabe der Entscheidung des Knappschaftsvorstandes an. Vgl. § 186 Abs. 3 und Anm. 8 und 11 zu § 186.

§ 186l.[1]

Gegen die Entscheidungen der Schiedsgerichte steht beiden Teilen die Revision[2] an das Oberschiedsgericht in Knappschaftsangelegenheiten[3] zu. Die Revision der Knappschaftsvorstände hat aufschiebende Wirkung insoweit, als es sich um Beträge handelt, die für die Zeit vor dem Erlasse der angefochtenen Entscheidung nachträglich gezahlt werden sollen. Im übrigen hat die Revision keine aufschiebende Wirkung.

Die Revision ist bei dem Oberschiedsgerichte zur Vermeidung des Ausschlusses innerhalb eines Monats[4] nach der Zustellung der Entscheidung des Schiedsgerichts einzulegen.

Die Vorschrift des § 186k Abs. 2 findet entsprechende Anwendung.

Die Revision kann nur darauf gestützt werden:

1. daß die angefochtene Entscheidung auf der Nichtanwendung oder der unrichtigen Anwendung des bestehenden Rechtes oder auf einem Verstoße wider den klaren Inhalt der Akten beruhe;
2. daß das Verfahren an wesentlichen Mängeln leide.

Bei Einlegung der Revision ist anzugeben, worin die Nichtanwendung oder die unrichtige Anwendung des bestehenden Rechtes oder der Verstoß wider den klaren Inhalt der Akten oder worin die behaupteten Mängel des Verfahrens gefunden werden. Das Oberschiedsgericht ist bei seiner Entscheidung an diejenigen Gründe nicht gebunden, welche zur Rechtfertigung der gestellten Anträge geltend gemacht worden sind.

Wird das angefochtene Urteil aufgehoben, so kann das Oberschiedsgericht zugleich in der Sache selbst entscheiden oder dieselbe an das Schiedsgericht oder an den Vorstand zurückverweisen. Dabei kann das Oberschiedsgericht bestimmen, daß dem Unterstützungsbewerber eine ihrem Betrage nach bestimmte Unterstützung vorläufig zu zahlen ist.[1] Im Falle der Zurückverweisung ist die rechtliche Beurteilung, auf welche das Oberschiedsgericht die Aufhebung gestützt hat, den weiteren Entscheidungen zu Grunde zu legen.

[1] Die Bestimmungen des § 186l sind „in ihren Einzelheiten den §§ 116 und 117 JVG. nachgebildet. Dabei ist der Abs. 2 des § 117 nicht mit übernommen worden. Für ähnliche Fälle, wie sie dort behandelt sind, wird hier die Möglichkeit der Erteilung eines Vorbescheides durch den Vorsitzenden des Oberschiedsgerichts vorzusehen und das Erforderliche hierüber in der nach § 186n ergehenden Königlichen Verordnung zu bestimmen sein (vgl. auch § 8 der Kaiserlichen Verordnung, betreffend das Verfahren vor den

Schiedsgerichten für Arbeiterversicherung, vom 22. November 1900 — RGBl. S. 1017 —)." Begr. S. 49.

[2] In der Kommission des Abgeordnetenhauses war ein Antrag gestellt worden, an Stelle des Rechtsmittels der Revision, d. h. der bloß rechtlichen Nachprüfung, den Rekurs und damit auch die tatsächliche Nachprüfung der Entscheidungen der Schiedsgerichte durch das Oberschiedsgericht zuzulassen. Der Antrag wurde indessen auf Grund der Verhandlungen vom Antragsteller zurückgezogen. Vgl. KommBerAH. S. 101 f.

[3] Wegen der Einrichtung des Oberschiedsgerichts und des Verfahrens vgl. §§ 186m und 186n.

[4] Wegen Berechnung der Frist vgl. § 242 ABG.

[5] Von dieser Befugnis wird dann Gebrauch zu machen sein, wenn das Oberschiedsgericht zwar noch nicht endgültig entscheiden kann, gleichwohl aber der Ansicht ist, daß die Bewilligung der Unterstützung mit Wahrscheinlichkeit erwartet werden kann. Dabei kommen namentlich die Fälle in Betracht, in denen die Sache selbst klar liegt, aber ein wesentlicher Mangel des Verfahrens, z. B. die Mitwirkung eines ungeeigneten Beisitzers, die Aufhebung der Vorentscheidung notwendig macht. Vgl. oben Anm. 1 und die Begr. zu § 117 JVG., Verhandlungen des Reichstages Session 1898/1900, erster Anlageband, Drucks. Nr. 93 S. 730 (zu § 81).

§ 186m.

Das Oberschiedsgericht hat seinen Sitz in Berlin.

Für die Einrichtung des Oberschiedsgerichts und das Verfahren vor demselben finden die §§ 186b bis 186h entsprechende Anwendung mit folgenden Ausnahmen:

1. Die Beisitzer werden von den Generalversammlungen sämtlicher Knappschaftsvereine nach einer von dem Minister für Handel und Gewerbe zu erlassenden Wahlordnung gewählt.
2. Die den Oberbergämtern zugewiesenen Befugnisse werden von dem Minister für Handel und Gewerbe wahrgenommen.

3.[1] Das Oberschiedsgericht entscheidet über die Beschwerden aus § 180a Abs. 3 in der Besetzung von drei Mitgliedern, nämlich dem Vorsitzenden und je einem Vertreter der Werksbesitzer und der Knappschaftsmitglieder. Im übrigen entscheidet das Oberschiedsgericht in der Besetzung von fünf Mitgliedern einschließlich des Vorsitzenden und je eines Vertreters der Werksbesitzer und der Knappschaftsmitglieder. Die weiter zuzuziehenden zwei Mitglieder sind

a) bei den im § 166 Abs. 4 bezeichneten Streitigkeiten ein richterlicher Beamter und ein Versicherungsverständiger;

b) bei Beschwerden aus § 169 Abs. 3, § 175d Abs. 2 und § 177c ein Versicherungsverständiger und ein Bergbauverständiger;[2]

c) bei Revisionen (§ 186 l) zwei richterliche Beamte.

Die unter a bis c bezeichneten Mitglieder und ihre Stellvertreter werden von dem Minister für Handel und Gewerbe ernannt.

4. Die Kosten des Oberschiedsgerichts[3] trägt der Staat.

[1] Nach Ziff. 3 des Regierungsentwurfs beschränkte sich die Zuständigkeit des Oberschiedsgerichts auf die Entscheidung der aus § 186 l gegen die Entscheidungen der Schiedsgerichte eingelegten Revisionen. Die Kommission des AH. hat die Zuständigkeit des Oberschiedsgerichts ausgedehnt auf die Streitigkeiten aus § 166 Abs. 4 und die Beschwerden aus § 169 Abs. 3, § 175d Abs. 2 und § 177c. Für diese erst durch Beschluß der Kommission des AH. der Zuständigkeit des Oberschiedsgerichts unterworfenen Fälle hat die Kommission die Ziff. 3 des Regierungsentwurfs ergänzt. Die Ergänzung ist in der Weise erfolgt, daß bei der Entscheidung über diese Fälle auch weitere Beisitzer, und zwar teils mit richterlicher Qualifikation, teils Versicherungs- oder Bergbautechniker zugezogen werden müssen, um so nach jeder Richtung hin die weitgehendste Garantie für Berücksichtigung aller bei den Streitsachen

in Frage kommenden technischen Fragen und für eine sachgemäße Entscheidung derselben zu geben. Vgl. KommBerAH. S. 102, 117 bis 119; KommBerHH. S. 14.

[2] Der Ausdruck „Bergbauverständiger" ist im weitesten Sinne zu verstehen, sodaß er das gesamte Berg-, Hütten- und Salinenwesen umfaßt. KommBerAH. S. 118f.

[3] Der Ausdruck „die Kosten des Oberschiedsgerichts" ist in demselben Sinne gebraucht wie der Ausdruck „die Kosten des Schiedsgerichts" in § 186h Abs. 1. Begr. S. 50. Vgl. Anm. 1 und 2 zu § 186h.

Hinsichtlich der Kosten des Verfahrens vor dem Oberschiedsgericht findet nach den Eingangsworten in § 186m Abs. 2 der Abs. 3 des § 186h entsprechende Anwendung. Begr. S. 50. Vgl. Anm. 3 zu § 186h.

§ 186n.

Im übrigen wird das Verfahren vor den Schiedsgerichten und vor dem Oberschiedsgerichte durch Königliche Verordnung geregelt.[1]

[1] Über die Regelung des Verfahrens vor den Schiedsgerichten und dem Oberschiedsgericht enthalten die §§ 186g bis 186m Vorschriften. Insoweit eine weitere Regelung des Verfahrens angezeigt erscheint, erfolgt diese Regelung durch Königliche Verordnung. Vgl. auch 105 Abs. 6 JVG.

§ 186o.[1]

Die öffentlichen Behörden sind verpflichtet, den im Vollzuge dieses Gesetzes an sie ergehenden Ersuchen[2] des Oberschiedsgerichts, der Schiedsgerichte, anderer öffentlicher Behörden, der Vorstände der Knappschaftsvereine und besonderen Krankenkassen sowie der Ausschüsse[3] (§ 181 Abs. 1 und § 181a Abs. 2 Ziffer 3) zu entsprechen und den Organen der Knappschaftsvereine auch unaufgefordert alle Mitteilungen zukommen zu lassen, welche für deren Geschäftsbetrieb von Wichtigkeit sind. Die gleiche Verpflichtung liegt den Organen der Knappschaftsvereine gegeneinander und gegenüber den Behörden sowie den Organen der Versicherungsanstalten für Invalidenversicherung, der Berufsgenossenschaften und der Krankenkassen ob.

Die durch die Erfüllung dieser Verpflichtungen entstehenden Kosten sind von den Knappschaftsvereinen als eigene Verwaltungskosten insoweit zu erstatten, als sie in Tagegeldern und Reisekosten sowie in Gebühren für Zeugen und Sachverständige oder in sonstigen baren Auslagen bestehen.

[1] „Die Aufnahme dieser dem § 144 GUVG. und dem § 172 JVG. nachgebildeten Vorschriften entspricht dem lebhaften Verlangen der Knappschaftsvereine. Zudem sichert das den Knappschaftsvorständen beigelegte Requisitionsrecht den Knappschaftsvereinen die Möglichkeit, für die Entscheidungen des Knappschaftsvorstandes und der Geschäftsausschüsse eine sichere tatsächliche Unterlage zu schaffen." Begr. S. 50.

[2] Die Rechtshilfe aus § 186o ist auf Ersuchen beschränkt, welche sich im Vollzuge des Gesetzes bewegen und eine Rechtshilfe fordern. Vgl. auch Handb. der Unfallvers. S. 432.

[3] Von den Organen der Knappschaftsvereine haben nur die hier erwähnten Vorstände und Ausschüsse, nicht auch die sonstigen Organe, wie z. B. die Verwaltungsbeamten, die Befugnis zu Ersuchen um die Rechtshilfe. Vgl. auch Handb. d. Unfallvers. S. 432.

§ 186p.[1]

Den Werksbesitzern ist untersagt, die Anwendung der Bestimmungen dieses Titels zum Nachteile der Arbeiter oder der beitrittspflichtigen Beamten durch Verträge (mittels Reglements, Arbeitsordnungen oder besonderer Übereinkunft) auszuschließen oder zu beschränken.

Vertragsbestimmungen, welche diesem Verbote zuwiderlaufen, haben keine rechtliche Wirkung.[2]

[1] Die Vorschriften in § 186p sind aus § 80 KVG. entnommen. Begr. S. 50.

² Die Übertretung des Verbots in Abs. 1 noch mit einer Strafe zu bedrohen, wie dies in § 82 KVG. geschehen ist, erschien nicht erforderlich. Begr. S. 50.

Artikel II.

Soweit die Gesetze Hinweisungen auf die Vorschriften des Siebenten Titels im Allgemeinen Berggesetze vom 24. Juni 1865 enthalten, treten an deren Stelle die Bestimmungen des Artikels I.[1]

[1]) „Nach Erlaß des ABG. vom 24. Juni 1865 ist durch eine Reihe besonderer Gesetze einmal das ABG. in neu erworbene Landesteile eingeführt und ferner der Siebente Titel des ABG. auf Betriebe ausgedehnt worden, für welche dieser Titel ohne solche ausdrückliche Gesetzesvorschrift keine Gültigkeit haben würde. Vgl. die Verordnungen, betreffend die Einführung des ABG. vom 24. Juni 1865

a) in das Gebiet des vormaligen Herzogtums Nassau, vom 22. Februar 1867 (GS. S. 237);
b) in die mit der Preußischen Monarchie vereinigten Landesteile der Großherzoglich Hessischen Provinz Oberhessen, sowie in das Gebiet der vormaligen Landgrafschaft Hessen-Homburg, einschließlich des Oberamtsbezirkes Meisenheim, vom 22. Februar 1867 (GS. S. 242);
c) in das Gebiet des vormaligen Königreichs Hannover, vom 8. Mai 1867 (GS. S. 601);
d) in das Gebiet des vormaligen Kurfürstentums Hessen und der vormaligen freien Stadt Frankfurt, sowie der vormals Königlich Bayerischen Landesteile, vom 1. Juni 1867 (GS. S. 770);

das Gesetz, betreffend die Einführung des ABG. vom 24. Juni 1865 in das Gebiet der Herzogtümer Schleswig und Holstein, vom 12. März 1869 (GS. S. 453);

das Gesetz, betreffend die Ausdehnung verschiedener Bestimmungen des ABG. vom 24. Juni 1865 auf den Stein- und Kalisalzbergbau in der Provinz Hannover, vom 14. Juli 1895 (GS. S. 295).

Außerdem finden sich in verschiedenen anderen späteren Gesetzen Hinweisungen auf Vorschriften des Siebenten Titels im ABG. vom 24. Juni 1865. Vgl. z. B.

§ 9 Buchst. e des Gesetzes, betreffend die Rechtsverhältnisse des Stein- und Braunkohlenbergbaues in denjenigen Landesteilen, in welchen das Kurfürstlich Sächsische Mandat vom 19. August 1743 Gesetzeskraft hat, vom 22. Februar 1869 (GS. S. 401);

Art. I § 89 Abs. 2 des Gesetzes vom 24. Juni 1892, betreffend die Abänderung einzelner Bestimmungen des ABG. vom 24. Juni 1865 (GS. S. 131);

Art. II § 214 a des Gesetzes vom 7. Juli 1902, betreffend die Abänderung einzelner Bestimmungen des ABG. vom 24. Juni 1865 (GS. S. 255);

Art. 17 Abs. 2 des Ausführungsgesetzes zum Reichsgesetz über die Zwangsversteigerung und die Zwangsverwaltung vom 23. September 1899 (GS. S. 291).

Durch die ausdrückliche Vorschrift in Art. II stellt der Entwurf außer Zweifel, daß in allen derartigen Fällen mit dem Inkrafttreten des Entwurfs die Bestimmungen des Art. I an die Stelle der bisherigen Bestimmungen im Siebenten Titel des ABG. vom 24. Juni 1865 treten." Begr. S. 50f.

Artikel III.

Dieses Gesetz tritt am 1. Januar 1908 in Kraft.[1]

Auf diejenigen Fälle, in denen bereits vor Inkrafttreten dieses Gesetzes Knappschaftsmitglieder den Knappschaftsvereinsbezirk, in welchem ihre Beschäftigung stattfand, gewechselt haben, finden die Vorschriften im § 172c keine Anwendung.[2]

Das Oberbergamt ist ermächtigt, auf Antrag der Mehrheit der Knappschaftsältesten eines Knappschaftsvereins, in welchem bisher auch invalide Mitglieder zu Knappschaftsältesten wählbar waren, zu genehmigen, daß die auf Grund der bisherigen Satzung gewählten Knappschaftsältesten und die aus diesen Knappschaftsältesten gewählten Vorstandsmitglieder bis zum Ablauf ihrer Wahlperiode im Amte bleiben, auch wenn die im § 179 für die Wahlen der Knappschaftsältesten aufgestellten Erfordernisse bei ihnen nicht sämtlich erfüllt sind.[3]

Mit der Ausführung dieses Gesetzes ist der Minister für Handel und Gewerbe beauftragt.

[1] „Die Durchführung dieses Gesetzes erfordert bei sämtlichen Knappschaftsvereinen umfassende Satzungsänderungen, sodaß ein früherer Zeitpunkt als der 1. Januar 1908 für das Inkrafttreten dieser Bestimmungen nicht in Frage kommen kann, zumal die durch dieses Gesetz notwendig werdenden, einschneidenden Änderungen sachgemäß nur mit dem Beginn eines Rechnungsjahres — das bei den preußischen Knappschaftsvereinen mit dem Kalenderjahr zusammenfällt — ins Leben treten können." Begr. S. 51.

[3] „Die hier vorgesehene Vorschrift stellt ausdrücklich außer Zweifel, daß die Bestimmungen des Entwurfs in § 172c über die knappschaftliche Freizügigkeit zwar auf alle diejenigen Fälle Anwendung finden, in denen nach Inkrafttreten dieses Gesetzes ein Vereinswechsel eintritt, dagegen auf die vor Inkrafttreten dieses Gesetzes eingetretenen Fälle von Vereinswechsel nicht anwendbar sind. Für diese vor Inkrafttreten dieses Gesetzes eingetretenen Fälle von Vereinswechsel sind daher die bisherigen Satzungsvorschriften bzw. die zwischen einzelnen Knappschaftsvereinen zur Regelung eines Gegenseitigkeitsverhältnisses etwa erfolgten vertraglichen Abmachungen auch ferner maßgebend. Die Ausdehnung der Vorschriften in § 172c auf die früheren Fälle von Vereinswechsel erschien schon um deswillen nicht angängig, weil die Ausdehnung dieser Vorschriften eine neue Belastung der Knappschaftsvereine in sich schließen würde, deren Höhe und Tragweite sich nicht übersehen läßt.

In dem Entwurf sind keine Übergangsbestimmungen aufgenommen über die Anpassung der gegenwärtigen Ansprüche der aktiven Mitglieder an die neuen Vorschriften in § 172b über die Bemessung der Invaliden- und Witwenunterstützungen. Hier können bei denjenigen Knappschaftsvereinen Schwierigkeiten entstehen, welche mehrere Mitgliederklassen haben und bisher diese

Pensionskassenleistungen für ein einzelnes Mitglied nicht nach den in den verschiedenen Mitgliederklassen zurückgelegten Beitragszeiten, sondern lediglich nach den Sätzen der letzten Mitgliederklasse, der das einzelne Mitglied angehört hat, berechnet haben. Da hierfür keine Übergangsbestimmungen durch das Gesetz getroffen sind, muß die Satzung dies regeln. Die Vereine haben alsdann die Möglichkeit, entweder nach den wirklichen Mitgliedzeiten in den einzelnen Klassen oder lediglich nach der letzten Mitgliederklasse diese Regelung vorzunehmen. Die durch die Satzung erfolgte Regelung ist natürlich auch bei später erfolgendem Vereinswechsel für die Regelung der Ansprüche aus § 172c bindend." Begr. S. 51 f.

[3] Der Abs. 3 ist durch das Abgeordnetenhaus bei der zweiten Lesung des Gesetzentwurfs in das Gesetz aufgenommen worden, um für die Knappschaftsvereine mit invaliden Ältesten die Möglichkeit zu bieten, die zur Zeit des Inkrafttretens des Gesetzes im Amt befindlichen Knappschaftsältesten bis zum Ablauf ihrer satzungsmäßigen Wahlperiode in diesem Amte zu belassen. Vgl. Verhandlungen des AH. Session 1905/06, Spalte 4937 bis 4943; KommBer HH. S. 12 bis 14. Im übrigen vgl. Anm. 6 zu § 179.

Artikel IV.

Sofern bis zum 1. Januar 1908 die Satzung eines Knappschaftsvereins oder einer besonderen Krankenkasse die nach dem gegenwärtigen Gesetz erforderlichen Änderungen nicht erfahren haben sollte, werden diese Änderungen durch das zuständige Oberbergamt mit rechtsverbindlicher Wirkung von Aufsichts wegen vollzogen.[1] Die Vorschriften im Abs. 2 finden hierbei entsprechende Anwendung.[2]

[3]Das Oberbergamt ist ermächtigt, zu den behufs Durchführung dieses Gesetzes erstmalig erfolgenden Satzungsänderungen die Bestätigung zu erteilen, auch wenn den Vorschriften im § 169 Abs. 2 nicht entsprochen oder die dauernde Erfüllbarkeit der Pensionskassenleistungen nicht festgestellt ist, sofern die neuen Sätze für die Pensionskassenleistungen die

finanzielle Lage des Vereins im allgemeinen nicht ungünstiger erscheinen lassen als bisher. In diesen Fällen hat der Knappschaftsvorstand unverzüglich eine Prüfung der Vermögenslage durch einen Sachverständigen dahin vornehmen zu lassen, ob der Vorschrift im § 175c Abs. 2 genügt ist, und den Prüfungsbericht nebst seinen Unterlagen dem Oberbergamte binnen einer von diesem zu bestimmenden Frist einzureichen. Der Ablauf dieser Frist darf nur mit Genehmigung des Ministers für Handel und Gewerbe auf einen späteren Zeitpunkt als den 31. Dezember 1908 festgesetzt werden.

[4]Der Minister für Handel und Gewerbe ist ermächtigt, den einzelnen Knappschaftsvereinen Fristen zu gewähren, innerhalb deren den Vorschriften im § 175c Abs. 2 durch die Satzung Rechnung getragen sein muß. Über den 31. Dezember 1912 hinaus darf diese Frist nicht erstreckt werden.

Urkundlich unter Unserer Höchsteigenhändigen Unterschrift und beigedrucktem Königlichen Insiegel.

Gegeben Kuxhaven, an Bord M. Y. „Meteor", den 19. Juni 1906.

(L. S.) Wilhelm.

Fürst v. Bülow. Gr. v. Posadowsky. Studt. Frhr. v. Rheinbaben. v. Podbielski. v. Bethmann Hollweg. Delbrück. Beseler.

[1] Die in Satz 1 des Abs. 1 „vorgesehene Bestimmung ist zur Sicherung der rechtzeitigen Durchführung des Gesetzes notwendig und entspricht den Vorschriften in § 194 Abs. 2 JVG., § 26 des Gesetzes, betreffend die Abänderung der Unfallversicherungsgesetze, vom 5. Juli 1900 (RGBl. S. 573) und Art. IV Abs. 3 des Gesetzes, betreffend weitere Abänderungen des KVG., vom 25. Mai 1903 (RGBl. S. 233)." Begr. S. 52.

[2] „Dieselben Schwierigkeiten, welche zur Aufnahme des Abs. 2 in den Entwurf Anlaß gegeben haben, können auch dann vorliegen, wenn die Organe eines Knappschaftsvereins der Aufsichtsbehörde bis zum Inkrafttreten dieses Gesetzes die zur Durchführung dieses Gesetzes erforderlichen Satzungsänderungen nicht vorgelegt haben und das Oberbergamt alsdann von Aufsichts wegen für den betreffenden Knappschaftsverein die erforderlichen Änderungen der Satzung vollziehen muß. Nach der ausdrücklichen Vorschrift am Schlusse von Abs. 1 kommen alsdann die Vorschriften des Abs. 2 zur entsprechenden Anwendung." Begr. S. 53. Vgl. unten Anm. 3.

[3] „Die Beschaffung der Unterlagen für die Ermittelung der dauernden Erfüllbarkeit der Pensionskassenleistungen wird unter Umständen, und zwar insbesondere für diejenigen Knappschaftsvereine, welche eine solche Ermittelung bisher nicht vorgenommen hatten, mit Schwierigkeiten verbunden sein. Des weiteren erfordert die Ermittelung der dauernden Leistungsfähigkeit selbst beim Vorhandensein der erforderlichen Unterlagen eine vorgängige sachverständige Prüfung, die unter Umständen zeitraubend sein wird. Diese Aufgabe wird zudem noch dadurch erschwert, daß die Knappschaftsvereine nach § 172b des Entwurfs durchweg genötigt sind, ihre Invaliden- und Witwenunterstützungen nach einem neuen System zu bemessen, das von dem bisherigen System durchaus verschieden ist. Endlich ist es für diejenigen Knappschaftsvereine, deren bisherige Pensionskassenleistungen nicht als dauernd erfüllbar angesehen werden können, keine leichte Aufgabe, die Beiträge und Leistungen sachgemäß derart zu bemessen, daß der Vorschrift in § 175c Abs. 2 genügt ist. Einzelne Knappschaftsvereine werden voraussichtlich sogar dazu für sich allein überhaupt nicht imstande sein, sondern nur nach vorgängiger Vereinigung mit anderen Knappschaftsvereinen (§ 177b).

Hiernach läßt sich schon jetzt voraussehen, daß in der verhältnismäßig kurzen Zeit zwischen der Verabschiedung und dem Inkrafttreten dieses Gesetzes nicht bei sämtlichen, mehr als siebzig preußischen Knappschaftsvereinen neben den zahlreichen und zum Teil einschneidenden sonstigen Satzungsänderungen, welche der vorliegende Gesetzentwurf mit sich bringt, auch die weitere schwierige Frage nach der dauernden Erfüllbarkeit der Pensionskassenleistungen ihre Erledigung wird finden können, sowie ferner, daß bei einzelnen Knappschaftsvereinen in diesem Zeitraum vielleicht nicht einmal die vollständige Beschaffung der Unterlagen für die Prüfung dieser Frage zu ermöglichen sein wird, und endlich, daß bei einzelnen, und zwar namentlich bei zur Zeit leistungsunfähigen Knappschaftsvereinen die Verwirklichung der in § 172c Abs. 2 aufgestellten Forderung sachgemäß nur in einer längeren Frist zu erreichen sein wird. Zur Beseitigung der hieraus erwachsenden Schwierigkeiten sind in Abs. 2 und 3 die erforderlichen Übergangsbestimmungen vorgesehen.

Zunächst ermächtigt Abs. 2 die Oberbergämter, zu den behufs Durchführung dieses Gesetzes erstmalig erfolgenden Satzungsänderungen die Bestätigung zu erteilen, auch wenn die dauernde Erfüllbarkeit der Pensionskassenleistungen nicht festgestellt oder gar die Einreichung der Unterlagen für die Prüfung der Frage nach der dauernden Erfüllbarkeit der Pensionskassenleistungen noch nicht erfolgt sein sollte. Diese Ermächtigung mußte indessen naturgemäß an die Voraussetzung geknüpft werden, daß die neuen Sätze für die Pensionskassenleistungen die finanzielle Lage des Vereins im allgemeinen nicht ungünstiger erscheinen lassen als bisher. Insoweit diese Sätze eine Erhöhung der Belastung in sich schließen, wird daher gleichzeitig eine entsprechende Erhöhung der Beiträge vorgesehen sein müssen. Des weiteren war dafür Sorge zu tragen, daß die etwa noch ausstehende Einreichung der Unterlagen für die Prüfung der dauernden Erfüllbarkeit der Pensionskassenleistungen und diese Prüfung selbst durch diese Ermächtigung nicht länger hinausgeschoben wird, als dies nach den Verhältnissen des einzelnen Falles sachlich geboten erscheint. Der Entwurf macht daher in diesen Fällen dem Knappschaftsvorstand die Auflage, unverzüglich eine Prüfung der Vermögenslage durch einen Sachverständigen vornehmen zu lassen und dessen Gutachten nebst den Unterlagen binnen einer vom Oberbergamt in jedem einzelnen Falle zu bestimmenden Frist der Aufsichtsbehörde einzureichen. Zugleich trifft der Entwurf Vorsorge, daß diese Frist nicht weiter erstreckt wird, als es die Verhältnisse des einzelnen Falles erfordern. Unter diesen Einschränkungen wird die in Rede stehende Ermächtigung dem Oberbergamt unbedenklich erteilt werden können. Das Oberbergamt wird in entsprechender Anwendung von § 169 Abs. 2

Satz 2 eine Nachprüfung des Gutachtens herbeizuführen haben. Ergibt sich alsdann, daß durch die bestätigte Satzungsänderung den Bestimmungen in § 175c Abs. 2 nicht genügt ist, so bietet § 175d die erforderlichen Handhaben, um die Beseitigung dieses Mangels tunlichst bald herbeizuführen". Begr. S. 52f.

[4] „Die Vorschrift in Abs. 3, welche den Minister für Handel und Gewerbe ermächtigt, zur Durchführung der Vorschrift in § 175c Abs. 2 den einzelnen Knappschaftsvereinen Fristen zu gewähren, bezweckt, auch bei besonders schwierig gestalteten Verhältnissen, insbesondere bei feststehender Leistungsunfähigkeit eines einzelnen Knappschaftsvereins, eine sachgemäße Lösung der obwaltenden Schwierigkeiten zu ermöglichen. Durch die weitere Vorschrift, daß diese Fristen auf einen längeren Zeitraum als fünf Jahre nach Inkrafttreten dieses Gesetzes nicht erstreckt werden dürfen, ist Vorsorge getroffen, daß in nicht allzu ferner Zeit bei sämtlichen Knappschaftsvereinen die Vorschriften des Entwurfs über die dauernde Erfüllbarkeit der Pensionskassenleistungen zur uneingeschränkten Geltung kommen müssen." Begr. S. 53. Vgl. auch oben Anm. 3.

Anhang.

Auszug aus dem Krankenversicherungsgesetz, dem Gewerbe-Unfallversicherungsgesetz und dem Invalidenversicherungsgesetz, enthaltend diejenigen Bestimmungen dieser Gesetze, deren Kenntnis für die Knappschaftsvereine und deren Mitglieder von besonderem Interesse ist.

A. Krankenversicherungsgesetz

in der Fassung der Novelle vom 25. Mai 1903 (RGBl. S. 233).

§ 1.

I. Personen, welche gegen Gehalt oder Lohn beschäftigt sind:

1. in Bergwerken, Salinen, Aufbereitungsanstalten, Brüchen und Gruben, in Fabriken und Hüttenwerken, beim Eisenbahn-, Binnenschiffahrts- und Baggereibetriebe, auf Werften und bei Bauten;

. . . .

sind, ... sofern nicht die Beschäftigung durch die Natur ihres Gegenstandes oder im voraus durch den Arbeitsvertrag auf einen Zeitraum von weniger als einer Woche beschränkt ist, nach Maßgabe der Vorschriften dieses Gesetzes gegen Krankheit zu versichern.

. . . .

IV. Als Gehalt oder Lohn im Sinne dieses Gesetzes gelten auch Tantiemen und Naturalbezüge. Für die letzteren wird der Durchschnittswert in Ansatz gebracht; dieser Wert wird von der unteren Verwaltungsbehörde festgesetzt.

§ 2b.

I. Betriebsbeamte, Werkmeister und Techniker, Handlungsgehilfen und -lehrlinge sowie die unter § 1 Abs. 1 Ziffer 2a fallenden Personen unterliegen der Versicherungspflicht nur, wenn ihr Arbeitsverdienst an Lohn oder Gehalt sechszweidrittel Mark für den Arbeitstag oder, sofern Lohn oder Gehalt nach größeren Zeitabschnitten bemessen ist, zweitausend Mark für das Jahr gerechnet, nicht übersteigt.

Dasselbe gilt von anderen unter § 2 Abs. 1 Ziffer 2 und § 2a fallenden Personen, soweit sie Beamte sind. II.

§ 3a.

Auf ihren Antrag sind von der Versicherungspflicht zu befreien: I.

1. Personen, welche infolge von Verletzungen, Gebrechen, chronischen Krankheiten oder Alter nur teilweise oder nur zeitweise erwerbsfähig sind, wenn der unterstützungspflichtige Armenverband der Befreiung zustimmt;
2. Personen, welchen gegen ihren Arbeitgeber für den Fall der Erkrankung ein Rechtsanspruch auf eine den Bestimmungen des § 6 entsprechende oder gleichwertige Unterstützung zusteht, sofern die Leistungsfähigkeit des Arbeitgebers zur Erfüllung des Anspruchs gesichert ist.

Wird der Antrag auf Befreiung von der Verwaltung der Gemeinde-Krankenversicherung oder von dem Vorstande der Krankenkasse, welcher der Antragsteller angehören würde, abgelehnt, so entscheidet auf Anrufen des Antragstellers die Aufsichtsbehörde endgültig. II.

In dem Falle zu 2 gilt die eingeräumte Befreiung nur für die Dauer des Arbeitsvertrages. Sie erlischt vor Beendigung des Arbeitsvertrages: III.

a) wenn sie von der Aufsichtsbehörde wegen nicht genügender Leistungsfähigkeit des Arbeitgebers von Amts wegen oder auf Antrag eines Beteiligten aufgehoben wird;
b) wenn der Arbeitgeber die befreite Person zur Krankenversicherung anmeldet. Die Anmeldung ist ohne rechtliche Wirkung, wenn die befreite Person zur Zeit derselben bereits erkrankt war.

Insoweit im Erkrankungsfalle der gegen den Arbeitgeber bestehende Anspruch nicht erfüllt wird, ist auf Antrag der befreiten Person von der Gemeinde-Krankenversicherung oder von der Kranken- IV.

kasse, welcher sie im Nichtbefreiungsfalle angehört haben würde, die gesetzliche oder statutenmäßige Krankenunterstützung zu gewähren. Die zu dem Ende gemachten Aufwendungen sind von dem Arbeitgeber zu erstatten.

§ 6.

I. Als Krankenunterstützung ist zu gewähren:

1. vom Beginne der Krankheit ab freie ärztliche Behandlung, Arznei sowie Brillen, Bruchbänder und ähnliche Heilmittel;
2. im Falle der Erwerbsunfähigkeit vom dritten Tage nach dem Tage der Erkrankung ab für jeden Arbeitstag ein Krankengeld in Höhe der Hälfte des ortsüblichen Tagelohns gewöhnlicher Tagearbeiter.

II. Die Krankenunterstützung endet spätestens mit dem Ablaufe der sechsundzwanzigsten Woche nach Beginn der Krankheit, im Falle der Erwerbsunfähigkeit spätestens mit dem Ablaufe der sechsundzwanzigsten Woche nach Beginn des Krankengeldbezugs. Endet der Bezug des Krankengeldes erst nach Ablauf der sechsundzwanzigsten Woche nach dem Beginne der Krankheit, so endet mit dem Bezuge des Krankengeldes zugleich auch der Anspruch auf die im Abs. 1 unter Ziffer 1 bezeichneten Leistungen.

III. Das Krankengeld ist nach Ablauf jeder Woche zu zahlen.

§ 7.

I. An Stelle der im § 6 vorgeschriebenen Leistungen kann freie Kur und Verpflegung in einem Krankenhause gewährt werden, und zwar:

1. für diejenigen welche verheiratet sind, oder eine eigene Haushaltung haben, oder Mitglieder der Haushaltung ihrer Familie sind, mit ihrer Zustimmung, oder unabhängig von derselben, wenn die Art der Krankheit Anforderungen an die Behandlung oder Verpflegung stellt, welchen in der Familie des Erkrankten nicht genügt werden kann, oder wenn die Krankheit eine ansteckende ist, oder wenn der Erkrankte wiederholt den auf Grund des § 6a Abs. 2 erlassenen Vorschriften zuwider gehandelt hat, oder wenn dessen Zustand oder Verhalten eine fortgesetzte Beobachtung erfordert;
2. für sonstige Erkrankte unbedingt.

II. Hat der in einem Krankenhause Untergebrachte Angehörige, deren Unterhalt er bisher aus seinem Arbeitsverdienste bestritten hat, so ist neben der freien Kur und Verpflegung die Hälfte des im § 6 als Krankengeld festgesetzten Betrages für diese Angehörigen zu zahlen. Die Zahlung kann unmittelbar an die Angehörigen erfolgen.

§ 8.

Der Betrag des ortsüblichen Tagelohns gewöhnlicher Tagearbeiter wird, nach Anhörung der Gemeindebehörde und nachdem Vertretern der beteiligten Arbeitgeber und der beteiligten Versicherungspflichtigen Gelegenheit zu einer Äußerung gegeben worden ist, von der höheren Verwaltungsbehörde festgesetzt und durch das für ihre amtlichen Bekanntmachungen bestimmte Blatt veröffentlicht. Änderungen der Festsetzung treten erst sechs Monate nach der Veröffentlichung in Kraft. I.

Die Festsetzung findet für männliche und weibliche, für Personen über und unter sechzehn Jahren besonders statt. Für Personen unter sechzehn Jahren (jugendliche Personen) kann die Festsetzung getrennt für junge Leute zwischen vierzehn und sechzehn Jahren und für Kinder unter vierzehn Jahren vorgenommen werden. Für Lehrlinge gilt die für junge Leute getroffene Feststellung. II.

§ 20.

Die Orts-Krankenkassen sollen mindestens gewähren: I.

1. im Falle einer Krankheit oder durch Krankheit herbeigeführten Erwerbsunfähigkeit eine Krankenunterstützung, welche nach §§ 6, 7, 8 mit der Maßgabe zu bemessen ist, daß der durchschnittliche Tagelohn derjenigen Klassen der Versicherten, für welche die Kasse errichtet wird, soweit er vier Mark für den Arbeitstag nicht überschreitet, an die Stelle des ortsüblichen Tagelohns gewöhnlicher Tagearbeiter tritt;
2. eine Unterstützung in Höhe des Krankengeldes an Wöchnerinnen, welche innerhalb des letzten Jahres, vom Tage der Entbindung ab gerechnet, mindestens sechs Monate hindurch einer auf Grund dieses Gesetzes errichteten Kasse oder einer Gemeinde-Krankenversicherung angehört haben, auf die Dauer von sechs Wochen nach ihrer Niederkunft;

3. für den Todesfall eines Mitgliedes ein Sterbegeld im zwanzigfachen Betrage des durchschnittlichen Tagelohns (Ziffer 1).

II. Die Feststellung des durchschnittlichen Tagelohns kann auch unter Berücksichtigung der zwischen den Kassenmitgliedern hinsichtlich der Lohnhöhe bestehenden Verschiedenheiten klassenweise erfolgen. Der durchschnittliche Tagelohn einer Klasse darf in diesem Falle nicht über den Betrag von fünf Mark festgestellt werden.

III. Verstirbt ein als Mitglied der Kasse Erkrankter nach Beendigung der Krankenunterstützung, so ist das Sterbegeld zu gewähren, wenn die Erwerbsunfähigkeit bis zum Tode fortgedauert hat und der Tod infolge derselben Krankheit vor Ablauf eines Jahres nach Beendigung der Krankenunterstützung eingetreten ist.

IV. Das Sterbegeld ist zunächst zur Deckung der Kosten des Begräbnisses bestimmt und in dem aufgewendeten Betrage demjenigen auszuzahlen, welcher das Begräbnis besorgt. Ein etwaiger Überschuß ist dem hinterbliebenen Ehegatten, in Ermangelung eines solchen den nächsten Erben auszuzahlen. Sind solche Personen nicht vorhanden, so verbleibt der Überschuß der Kasse.

V. In den Fällen, in welchen auf Grund der Reichsgesetze über Unfallversicherung gleichfalls ein Anspruch auf Sterbegeld begründet ist, ist der Kasse bis zur Höhe des von ihr gewährten Sterbegeldes durch Überweisung des auf Grund der Unfallversicherungsgesetze zu gewährenden Sterbegeldes Ersatz zu leisten.

§ 21.

I. Eine Erhöhung und Erweiterung der Leistungen der Ortskrankenkassen ist in folgendem Umfange zulässig:

1. Die Dauer der Krankenunterstützung kann auf einen längeren Zeitraum als sechsundzwanzig Wochen bis zu einem Jahre festgesetzt werden.

1a. **Das Krankengeld kann allgemein oder unter bestimmten Voraussetzungen schon vom Tage des Eintritts der Erwerbsunfähigkeit ab, sowie für Sonn- und Festtage gewährt werden, sofern dieses sowohl von der Vertretung der zu Beiträgen verpflichteten Arbeitgeber (§ 38) als auch von derjenigen der Versicherten beschlossen wird, oder sofern der Betrag des gesetzlich vorgeschriebenen Reservefonds erreicht ist.**

2. Das Krankengeld kann auf einen höheren Betrag, und zwar bis zu drei Viertel des durchschnittlichen Tagelohns (§ 20) festgesetzt werden; neben freier ärztlicher Behandlung und Arznei können auch andere als die im § 6 bezeichneten Heilmittel gewährt werden.

2 a. Neben freier Kur und Verpflegung in einem Krankenhause kann, falls der Untergebrachte Angehörige hat, deren Unterhalt bisher aus seinem Arbeitsverdienste bestritten wurde, ein Krankengeld bis zur Hälfte des durchschnittlichen Tagelohns (§ 20) bewilligt werden.

3. Neben freier Kur und Verpflegung in einem Krankenhause kann Krankengeld bis zu einem Viertel des durchschnittlichen Tagelohns (§ 20) auch solchen bewilligt werden, welche nicht den Unterhalt von Angehörigen aus ihrem Lohne bestritten haben.

3 a. Für die Dauer eines Jahres von Beendigung der Krankenunterstützung ab kann Fürsorge für Rekonvaleszenten, namentlich auch Unterbringung in einer Rekonvaleszentenanstalt gewährt werden.

4. Schwangeren, welche mindestens sechs Monate der Kasse angehören, kann eine der Wöchnerinnenunterstützung gleiche Unterstützung wegen der durch die Schwangerschaft verursachten Erwerbsunfähigkeit bis zur Gesamtdauer von sechs Wochen gewährt werden. Auch kann freie Gewährung der erforderlichen Hebammendienste und freie ärztliche Behandlung der Schwangerschaftsbeschwerden beschlossen werden.

5. Freie ärztliche Behandlung, freie Arznei und sonstige Heilmittel können für erkrankte Familienangehörige der Kassenmitglieder, sofern sie nicht selbst dem Krankenversicherungszwange unterliegen, auf besonderen Antrag oder allgemein gewährt werden. Unter derselben Voraussetzung kann für Ehefrauen der Kassenmitglieder die nach Ziffer 4 zulässige Unterstützung gewährt werden.

6. Das Sterbegeld kann auf einen höheren als den zwanzigfachen Betrag, und zwar bis zum vierzigfachen Betrage des durchschnittlichen Tagelohns (§ 20) erhöht, auch kann ein Mindestbetrag von fünfzig Mark festgesetzt werden.

7. Beim Tode der Ehefrau oder eines Kindes eines Kassen-

mitgliedes kann, sofern diese Personen nicht selbst in einem gesetzlichen Versicherungsverhältnisse stehen, auf Grund dessen ihren Hinterbliebenen ein Anspruch auf Sterbegeld zusteht, ein Sterbegeld, und zwar für erstere im Betrage bis zu zwei Dritteln, für letztere bis zur Hälfte des für das Mitglied festgestellten Sterbegeldes gewährt werden.

II. Auf weitere Unterstützungen, namentlich auf Invaliden-, Witwen- und Waisenunterstützungen, dürfen die Leistungen der Orts-Krankenkassen nicht ausgedehnt werden.

§ 26.

I. Für sämtliche versicherungspflichtige Kassenmitglieder beginnt der Anspruch auf die gesetzlichen Unterstützungen der Kasse zum Betrage der gesetzlichen Mindestleistungen der Kasse (§ 20) mit dem Zeitpunkte, in welchem sie Mitglieder der Kasse geworden sind (§ 19). Von Kassenmitgliedern, welche nachweisen, daß sie bereits einer anderen Krankenkasse angehört oder Beiträge zur Gemeinde-Krankenversicherung geleistet haben, und daß zwischen dem Zeitpunkte, mit welchem sie aufgehört haben, einer solchen Krankenkasse anzugehören oder Beiträge zur Gemeinde-Krankenversicherung zu leisten, und dem Zeitpunkte, in welchem sie Mitglieder der Orts-Krankenkasse geworden sind, nicht mehr als sechsundzwanzig Wochen liegen, darf ein Eintrittsgeld nicht erhoben werden.

II. Kassenmitglieder, welche aus der Beschäftigung, vermöge welcher sie der Kasse angehörten, behufs Erfüllung ihrer Dienstpflicht im Heere oder in der Marine ausgeschieden sind und nach Erfüllung der Dienstpflicht in eine Beschäftigung zurückkehren, vermöge welcher sie der Kasse wieder angehören, erwerben mit dem Zeitpunkte des Wiedereintritts in die Kasse das Recht auf die vollen statutenmäßigen Unterstützungen derselben und können zur Zahlung eines neuen Eintrittsgeldes nicht verpflichtet werden.

. . . .

§ 26a.

I. Kassenmitgliedern, welche gleichzeitig anderweitig gegen Krankheit versichert sind, ist das Krankengeld so weit zu kürzen, als dasselbe zusammen mit dem aus anderweiter Versicherung bezogenen Krankengelde den vollen Betrag ihres durchschnittlichen

Tagelohns übersteigen würde. Durch das Kassenstatut kann diese Kürzung ganz oder teilweise ausgeschlossen werden.

Durch das Kassenstatut kann ferner bestimmt werden: II.

1. daß die Mitglieder verpflichtet sind, andere von ihnen eingegangene Versicherungsverhältnisse, aus welchen ihnen Ansprüche auf Krankenunterstützung zustehen, sofern sie zur Zeit des Eintritts in die Kasse bereits bestanden, binnen einer Woche nach dem Eintritte, sofern sie später abgeschlossen werden, binnen einer Woche nach dem Abschlusse, dem Kassenvorstand anzuzeigen;
2. daß Mitgliedern, welche die Kasse durch eine mit dem Verluste der bürgerlichen Ehrenrechte bedrohte strafbare Handlung geschädigt haben, für die Dauer von zwölf Monaten seit Begehung der Straftat, sowie daß Versicherten, welche sich eine Krankheit vorsätzlich oder durch schuldhafte Beteiligung bei Schlägereien oder Raufhändeln oder durch Trunkfälligkeit zugezogen haben, für diese Krankheit das statutenmäßige Krankengeld gar nicht oder nur teilweise zu gewähren ist;

2a. daß Mitglieder, welche der gemäß Ziffer 1 getroffenen Bestimmung oder den durch Beschluß der Generalversammlung über die Krankenmeldung, das Verhalten der Kranken und die Krankenaufsicht erlassenen Vorschriften oder den Anordnungen des behandelnden Arztes zuwiderhandeln, Ordnungsstrafen bis zum dreifachen Betrage des täglichen Krankengeldes für jeden einzelnen Übertretungsfall zu erlegen haben;

2b. daß die ärztliche Behandlung, die Lieferung der Arznei und die Kur und Verpflegung nur durch bestimmte Ärzte, Apotheken und Krankenhäuser zu gewähren sind und die Bezahlung der durch Inanspruchnahme anderer Ärzte, Apotheken und Krankenhäuser entstandenen Kosten, von dringenden Fällen abgesehen, abgelehnt werden kann; die auf Grund dieser Bestimmung abgeschlossenen Verträge sind der Aufsichtsbehörde (§ 44) mitzuteilen;

3. daß Mitgliedern, welche von dieser Krankenkasse eine Krankenunterstützung ununterbrochen oder im Laufe eines Zeitraums von zwölf Monaten für sechsundzwanzig Wochen

bezogen haben, bei Eintritt eines neuen Unterstützungsfalls, sofern dieser durch die gleiche nicht gehobene Krankheitsursache veranlaßt worden ist, im Laufe der nächsten zwölf Monate Krankenunterstützung nur im gesetzlichen Mindestbetrage (§ 20) und nur für die Gesamtdauer von dreizehn Wochen zu gewähren ist;

4. daß Personen, welche der Versicherungspflicht nicht unterliegen und freiwillig der Kasse beitreten, erst nach Ablauf einer auf höchstens sechs Wochen vom Beitritt ab zu bemessenden Frist Krankenunterstützung erhalten;
5. daß auch andere als die in den §§ 1 bis 3 genannten Personen als Mitglieder der Kasse aufgenommen werden können, sofern ihr jährliches Gesamteinkommen zweitausend Mark nicht übersteigt;
6. daß die Unterstützungen und Beiträge statt nach den durchschnittlichen Tagelöhnen (§ 20) in Prozenten des wirklichen Arbeitsverdienstes der einzelnen Versicherten festgesetzt werden, soweit dieser fünf Mark für den Arbeitstag nicht übersteigt.

Die unter 2a bezeichneten Beschlüsse der Generalversammlung bedürfen der Genehmigung der Aufsichtsbehörde. Über Beschwerden gegen die Versagung der Genehmigung entscheidet die nächst vorgesetzte Dienstbehörde endgültig.

III. Abänderungen des Statuts, durch welche die bisherigen Kassenleistungen herabgesetzt werden, finden auf solche Mitglieder, welchen bereits zur Zeit der Abänderung ein Unterstützungsanspruch wegen eingetretener Krankheit zusteht, für die Dauer dieser Krankheit keine Anwendung.

§ 56.

I. Die Unterstützungsansprüche auf Grund dieses Gesetzes verjähren in zwei Jahren vom Tage ihrer Entstehung an.

II. Die Übertragung der dem Unterstützungsberechtigten zustehenden Ansprüche auf Dritte sowie die Verpfändung oder Pfändung hat nur insoweit rechtliche Wirkung, als sie erfolgt:

1. zur Deckung eines Vorschusses, welcher dem Berechtigten auf seine Ansprüche vor Anweisung der Unterstützung von dem Arbeitgeber oder einem Organe der Kasse oder dem Mitglied eines solchen Organs gegeben worden ist;

2. zur Deckung der im § 850 Abs. 4 der Zivilprozeßordnung bezeichneten Forderungen.

Die Ansprüche dürfen auf geschuldete Eintrittsgelder und III. Beiträge, auf gezahlte Vorschüsse, auf zu Unrecht gezahlte Unterstützungsbeträge und auf die von den Organen der Kassen verhängten Geldstrafen aufgerechnet werden. Die Ansprüche dürfen ferner aufgerechnet werden auf Ersatzforderungen für Beträge, welche der Unterstützungsberechtigte in den Fällen des § 57 Abs. 4 oder auf Grund der Reichsgesetze über Unfallversicherung bezogen, aber an die Kasse zu erstatten hat; Ansprüche auf Krankengeld dürfen jedoch nur bis zur Hälfte aufgerechnet werden.

Ausnahmsweise darf der Berechtigte den Anspruch ganz IV. oder zum Teil auf andere übertragen, sofern dies von der unteren Verwaltungsbehörde genehmigt wird.

§ 56a.

Auf Antrag von mindestens dreißig beteiligten Versicherten I. kann die höhere Verwaltungsbehörde nach Anhörung der Kasse und der Aufsichtsbehörde die Gewährung der im § 6 Abs. 1 Ziffer 1 und § 7 Abs. 1 bezeichneten Leistungen durch weitere als die von der Kasse bestimmten Ärzte, Apotheken und Krankenhäuser verfügen, wenn durch die von der Kasse getroffenen Anordnungen eine den berechtigten Anforderungen der Versicherten entsprechende Gewährung jener Leistungen nicht gesichert ist.

Wird einer solchen Verfügung nicht binnen der gesetzten II. Frist Folge geleistet, so kann die höhere Verwaltungsbehörde die erforderlichen Anordnungen statt der zuständigen Kassenorgane mit verbindlicher Wirkung für die Kasse treffen.

Die nach Abs. 1 und 2 zulässigen Verfügungen sind der III. Kasse zu eröffnen und zur Kenntnis der beteiligten Versicherten zu bringen. Die Verfügung der höheren Verwaltungsbehörde ist endgültig.

§ 57a.

Auf Erfordern einer Gemeinde-Krankenversicherung oder einer I. Orts-Krankenkasse ist den bei ihr versicherten Personen, welche außerhalb des Bezirks derselben wohnen, im Falle der Erkrankung von der für Versicherungspflichtige desselben Gewerbszweiges oder derselben Betriebsart bestehenden Orts-Krankenkasse oder in Ermangelung einer solchen von der Gemeinde-Krankenversicherung des Wohnortes dieselbe Unterstützung zu gewähren, welche der Erkrankte von der Gemeinde-Krankenversicherung oder Orts-Krankenkasse, der er angehört, zu beanspruchen hat. Diese haben der unterstützenden Orts-Krankenkasse oder Gemeinde-Krankenversicherung die hieraus erwachsenden Kosten zu erstatten.

II. Dasselbe gilt für Versicherte, welche während eines vorübergehenden Aufenthalts außerhalb des Bezirks der Gemeinde-Krankenversicherung oder Orts-Krankenkasse, der sie angehören, erkranken, sofern oder solange ihre Überführung nach ihrem Wohnorte nicht erfolgen kann. Eines besonderen Antrags der Gemeinde-Krankenversicherung oder Orts-Krankenkasse bedarf es in diesen Fällen nicht.

III. Erfolgt die Erkrankung im Auslande, so hat der Betriebsunternehmer dem Erkrankten, sofern oder solange eine Überführung in das Inland nicht erfolgen kann, diejenigen Unterstützungen zu gewähren, welche der letztere von der Gemeinde-Krankenversicherung oder der Orts-Krankenkasse, der er angehört, zu beanspruchen hat. Diese hat dem Betriebsunternehmer die ihm hieraus erwachsenden Kosten zu erstatten.

VI. Für die Erstattung der Kosten gilt in diesen Fällen als Ersatz der im § 6 Abs. 1 Ziffer 1 bezeichneten Leistungen die Hälfte des Krankengeldes, sofern nicht höhere Aufwendungen nachgewiesen werden.

§ 64.

Die für Orts-Krankenkassen geltenden Bestimmungen der §§ 20 bis 42, 46 bis 46b, 48a und 49a Abs. 4 finden auf die Betriebs-(Fabrik-)Krankenkassen mit folgenden Abänderungen Anwendung:

1 Das Kassenstatut (§ 23) ist durch den Betriebsunternehmer in Person oder durch einen Beauftragten nach Anhörung der beschäftigten Personen oder der von denselben gewählten Vertreter zu errichten.

2. Durch das Kassenstatut kann dem Betriebsunternehmer oder einem Vertreter desselben der Vorsitz im Vorstande und in der Generalversammlung übertragen werden.

3. Die Rechnungs- und Kassenführung ist unter Verantwortlichkeit und auf Kosten des Betriebsunternehmers durch einen von demselben zu bestellenden Rechnungs- und Kassenführer

wahrzunehmen. Verwendungen von Kassengeldern in den Nutzen der Betriebsunternehmer fallen unter die Vorschrift des § 42 Abs. 2.

4. Reichen die Bestände einer auf Grund der Vorschrift des § 61 errichteten Betriebs-(Fabrik-)Krankenkasse nicht aus, um die laufenden Ausgaben derselben zu decken, so sind von dem Betriebsunternehmer die erforderlichen Vorschüsse zu leisten.

5. Die aus dem Betrieb ausgeschiedenen Personen, welche auf Grund der Vorschrift des § 27 Mitglieder der Kasse bleiben, können Stimmrechte nicht ausüben und Kassenämter nicht bekleiden.

§ 74.

Für die Mitglieder der auf Grund berggesetzlicher Vorschriften I. errichteten Krankenkassen (Knappschaftskassen) tritt weder die Gemeinde-Krankenversicherung noch die Verpflichtung, einer nach Maßgabe der Vorschriften dieses Gesetzes errichteten Krankenkasse anzugehören, ein.

Die statutenmäßigen Leistungen dieser Kassen in Krankheits- II. ällen müssen die für die Betriebs-(Fabrik-)Krankenkassen vorgeschriebenen Mindestleistungen erreichen.

Die Vorschriften des § 20 Abs. 5, § 26 Abs. 1 und Abs. 2 III. Satz 1, § 56 Abs. 2 bis 4, § 56a und § 57a finden auch auf Knappschaftskassen Anwendung, und zwar die Vorschriften des § 56 Abs. 2 bis 4 auch hinsichtlich aller den Knappschaftskassen berggesetzlich obliegenden Leistungen.

Im übrigen bleiben die landesgesetzlichen Vorschriften über VI. die Knappschaftskassen unberührt.

§ 76b.

Die Verwaltungen der Gemeinde-Krankenversicherung sowie die I. Vorstände der Krankenkassen und der im § 75 bezeichneten Hilfskassen sind verpflichtet, jeden Erkrankungsfall, welcher durch einen nach den Unfallversicherungsgesetzen zu entschädigenden Unfall herbeigeführt ist, sofern mit dem Ablaufe der vierten Woche der Krankheit die Erwerbsfähigkeit des Erkrankten noch nicht wiederhergestellt ist, binnen einer Woche nach diesem Zeitpunkte dem Vorstande der Berufsgenossenschaft, bei welcher der Erkrankte gegen Unfall versichert ist, anzuzeigen. Ist die Berufsgenossenschaft in Sektionen geteilt, so ist die Anzeige an den Sektionsvorstand zu richten. Zur Erstattung der Anzeige ist, sofern der Vorstand der Gemeinde oder der Krankenkasse nicht eine andere Person damit beauftragt, der Rechnungsführer, für örtliche Verwaltungsstellen der eingeschriebenen Hilfskassen dasjenige Mitglied, welches die Rechnungsgeschäfte derselben führt, verpflichtet.

II. Die Unterlassung der Anzeige kann von der Aufsichtsbehörde mit Ordnungsstrafe bis zu zwanzig Mark geahndet werden.

§ 76c.

I. In Erkrankungsfällen, welche durch Unfall herbeigeführt werden, ist die Berufsgenossenschaft berechtigt, das Heilverfahren auf ihre Kosten zu übernehmen. Vom Tage der Übernahme an bis zur Beendigung des Heilverfahrens oder bis zum Ablaufe der dreizehnten Woche nach Beginn des Krankengeldbezugs geht der Anspruch des Erkrankten auf Krankengeld auf die Berufsgenossenschaft über. Auf diese gehen dagegen für denselben Zeitraum alle Verpflichtungen über, welche der Krankenkasse dem Erkrankten gegenüber obliegen.

II. Streitigkeiten aus diesem Verhältnisse werden, soweit sie zwischen dem Erkrankten und der Berufsgenossenschaft entstehen, nach Vorschrift des § 58 Abs. 1, soweit sie zwischen der Berufsgenossenschaft und der Gemeinde-Krankenversicherung oder Krankenkasse entstehen, nach Vorschrift des § 58 Abs. 2 entschieden.

§ 76d.

Den Berufsgenossenschaften stehen in Beziehung auf die Anwendung der §§ 76a, 76b, 76c das Reich, die Staaten und diejenigen Verbände gleich, welche nach den Bestimmungen der Unfallversicherungsgesetze an die Stelle der Berufsgenossenschaften treten.

B. Gewerbe-Unfallversicherungsgesetz

in der Fassung der Bekanntmachung vom 5. Juli 1900 (RGBl. S. 585).

§ 1.

Alle Arbeiter und Betriebsbeamte, letztere sofern ihr Jahres- I.
arbeitsverdienst an Lohn oder Gehalt dreitausend Mark nicht übersteigt, werden nach Maßgabe dieses Gesetzes gegen die Folgen der bei dem Betriebe sich ereignenden Unfälle versichert, wenn sie beschäftigt sind:

1. in Bergwerken, Salinen, Aufbereitungsanstalten, Steinbrüchen, Gräbereien (Gruben), auf Werften und Bauhöfen sowie in Fabriken, gewerblichen Brauereien und Hüttenwerken;

. . . .

§ 3.

Die Versicherung erstreckt sich auf häusliche und andere Dienste, zu denen versicherte Personen neben der Beschäftigung im Betriebe von ihren Arbeitgebern oder von deren Beauftragten herangezogen werden.

§ 8.

Gegenstand der Versicherung ist der nach Maßgabe der nach- I.
folgenden Bestimmungen zu bemessende Ersatz des Schadens, welcher durch Körperverletzung oder Tötung entsteht.

Dem Verletzten und seinen Hinterbliebenen steht ein Anspruch II.
nicht zu, wenn er den Unfall vorsätzlich herbeigeführt hat. Der Anspruch kann ganz oder teilweise abgelehnt werden, wenn der Verletzte den Unfall bei Begehung eines durch strafgerichtliches Urteil festgestellten Verbrechens oder vorsätzlichen Vergehens sich zugezogen hat. In Fällen der letzteren Art kann die Rente, sofern

der Verletzte im Inlande wohnende Angehörige hat, welche im Falle seines Todes Anspruch auf Rente haben würden, ganz oder teilweise den Angehörigen überwiesen werden.

III. Die Ablehnung kann, auch ohne daß die vorgesehene Feststellung durch strafgerichtliches Urteil stattgefunden hat, erfolgen, falls diese Feststellung wegen des Todes oder der Abwesenheit des Betreffenden oder aus einem anderen in seiner Person liegenden Grunde nicht erfolgen kann.

§ 9.

I. Im Falle der Verletzung werden als Schadensersatz vom Beginne der vierzehnten Woche nach Eintritt des Unfalls ab gewährt:

1. freie ärztliche Behandlung, Arznei und sonstige Heilmittel sowie die zur Sicherung des Erfolges des Heilverfahrens und zur Erleichterung der Folgen der Verletzung erforderlichen Hilfsmittel (Krücken, Stützapparate und dergleichen);
2. eine Rente für die Dauer der Erwerbsunfähigkeit.

II. Die Rente beträgt:

a) im Falle völliger Erwerbsunfähigkeit für die Dauer derselben sechsundsechzigzweidrittel Prozent des Jahresarbeitsverdienstes (Vollrente);
b) im Falle teilweiser Erwerbsunfähigkeit für die Dauer derselben denjenigen Teil der Vollrente, welcher dem Maße der durch den Unfall herbeigeführten Einbuße an Erwerbsfähigkeit entspricht (Teilrente).

III. Ist der Verletzte infolge des Unfalls nicht nur völlig erwerbsunfähig, sondern auch derart hilflos geworden, daß er ohne fremde Wartung und Pflege nicht bestehen kann, so ist für die Dauer dieser Hilflosigkeit die Rente bis zu hundert Prozent des Jahresarbeitsverdienstes zu erhöhen.

IV. War der Verletzte zur Zeit des Unfalls bereits dauernd völlig erwerbsunfähig, so beschränkt sich der zu leistende Schadensersatz auf die im Abs. 1 Ziffer 1 bezeichneten Leistungen. Wird ein solcher Verletzter infolge des Unfalls derart hilflos, daß er ohne fremde Wartung und Pflege nicht bestehen kann, so ist eine Rente bis zur Hälfte der Vollrente zu gewähren.

V. Solange der Verletzte aus Anlaß des Unfalls tatsächlich und unverschuldet arbeitslos ist, kann der Genossenschaftsvorstand die Teilrente bis zum Betrage der Vollrente vorübergehend erhöhen.

§ 11.

Die Berufsgenossenschaft ist befugt, der Krankenkasse, welcher I.
der Verletzte angehört oder zuletzt angehört hat, gegen Ersatz der ihr dadurch erwachsenden Kosten die Fürsorge für den Verletzten über den Beginn der vierzehnten Woche hinaus bis zur Beendigung des Heilverfahrens in demjenigen Umfange zu übertragen, welchen die Berufsgenossenschaft für geboten erachtet. Zu ersetzen ist bei Gewährung der im § 6 Abs. 1 Ziffer 1 des Krankenversicherungsgesetzes bezeichneten Leistungen die Hälfte, bei Unterbringung des Verletzten in ein Krankenhaus oder in eine Anstalt für Genesende das Einundeinhalbfache des in jenem Gesetze bestimmten Mindestbetrags des Krankengeldes, sofern nicht höhere Aufwendungen nachgewiesen werden.

Die Bestimmungen der §§ 76b bis 76d des Krankenversiche- II.
rungsgesetzes finden auch auf Knappschaftskassen (§ 74 a. a. O.) Anwendung. Haben Knappschaftskassen, sonstige Krankenkassen oder Verbände von Krankenkassen Heilanstalten errichtet, in welchen ausreichende Einrichtungen für die Heilung der durch Unfall herbeigeführten Verletzungen getroffen sind, so kann die Landes-Zentralbehörde anordnen, daß die Mitglieder der betreffenden Kassen bis zum Beginne der vierzehnten Woche nach Eintritt des Unfalls nur mit Genehmigung der Vorstände dieser Kassen oder Kassenverbände in andere Heilanstalten untergebracht werden dürfen.

Verletzte Personen, welche auf Veranlassung von Knappschafts- III.
kassen, sonstigen Krankenkassen, Verbänden von Krankenkassen oder von Organen der Berufsgenossenschaften in eine Heilanstalt untergebracht sind, dürfen während des Heilverfahrens in andere Heilanstalten nur mit ihrer Zustimmung übergeführt werden. Diese Zustimmung kann durch die untere Verwaltungsbehörde des Aufenthaltsorts ergänzt werden.

Als Krankenkassen im Sinne der vorstehenden Bestimmungen IV.
sowie der §§ 76b bis 76d des Krankenversicherungsgesetzes gelten außer der Gemeinde-Krankenversicherung auch diejenigen Hilfskassen, welche die im § 75a a. a. O. vorgesehene amtliche Bescheinigung besitzen.

§ 12.

I. Vom Beginne der fünften Woche nach Eintritt des Unfalls bis zum Ablaufe der dreizehnten Woche ist das Krankengeld, welches den durch einen Betriebsunfall verletzten Personen auf Grund des Krankenversicherungsgesetzes gewährt wird, auf mindestens zwei Drittel des bei der Berechnung desselben zugrunde gelegten Arbeitslohns zu bemessen. Die Differenz zwischen diesen zwei Dritteln und dem gesetzlich oder statutengemäß zu gewährenden niedrigeren Krankengeld ist der beteiligten Krankenkasse (Gemeinde-Krankenversicherung) von dem Unternehmer desjenigen Betriebs zu ersetzen, in welchem der Unfall sich ereignet hat. Die zur Ausführung dieser Bestimmung erforderlichen Vorschriften erläßt das Reichs-Versicherungsamt.

II. Den nach §§ 1 oder 2 versicherten Arbeitern und Betriebsbeamten, letzteren bei einem Jahresarbeitsverdienste bis zu zweitausend Mark, welche nicht nach den Bestimmungen des Krankenversicherungsgesetzes versichert sind, hat der Betriebsunternehmer die in den §§ 6, 7 des Krankenversicherungsgesetzes vorgesehenen Unterstützungen einschließlich des aus dem vorhergehenden Absatze sich ergebenden Mehrbetrags für die ersten dreizehn Wochen aus eigenen Mitteln zu gewähren. Die Berufsgenossenschaft kann die dem Unternehmer obliegenden Leistungen ganz oder teilweise statt desselben übernehmen. Der Unternehmer hat in diesem Falle der Berufsgenossenschaft Ersatz zu leisten. Dabei gilt als Ersatz der im § 9 Abs. 1 Ziffer 1 bezeichneten Leistungen die Hälfte desjenigen Krankengeldes, welches dem Verletzten nach § 6 Abs. 1 Ziffer 2 des Krankenversicherungsgesetzes zustehen würde, wenn er nach dessen Bestimmungen versichert wäre.

§ 13.

I. Wenn der aus der Krankenversicherung oder aus der Bestimmung des § 12 Abs. 2 erwachsende Anspruch auf Krankengeld vor dem Ablaufe von dreizehn Wochen nach Eintritt des Unfalls weggefallen, aber bei dem Verletzten eine noch über die dreizehnte Woche hinaus andauernde Beschränkung der Erwerbsfähigkeit zurückgeblieben ist, so hat die Berufsgenossenschaft dem Verletzten die Unfallrente (§ 9 Abs. 2 lit. b) schon von dem Tage ab zu gewähren, an welchem der Anspruch auf Krankengeld in Wegfall kommt. Erachtet die Berufsgenossenschaft die Voraussetzungen des Anspruchs schon vor dem Ablaufe der dreizehnten Woche nach dem Unfalle für gegeben, so hat sie die Rente zu diesem früheren Zeitpunkte festzustellen.

Durch Statut kann bestimmt werden, daß die Rente nach II. dem Wegfalle des Anspruchs auf Krankengeld auch dann zu gewähren ist, wenn nach jenem Zeitpunkte zwar noch eine Beschränkung der Erwerbsfähigkeit infolge des Unfalls verblieben ist, aber voraussichtlich schon vor Ablauf der dreizehnten Woche nach dem Unfalle fortfallen wird.

Hat die Krankenkasse die ihr aus der Krankenversicherung, III. oder hat der Betriebsunternehmer die ihm aus § 12 Abs. 2 obliegenden Leistungen vor dem Ablaufe der dreizehnten Woche zu Unrecht eingestellt, so geht der Anspruch des Verletzten auf Krankengeld auf die Berufsgenossenschaft bis zu demjenigen Betrag über, welcher der gemäß Abs. 1, 2 gewährten Enschädigung gleichkommt.

§ 15.

Im Falle der Tötung ist als Schadensersatz außerdem zu I. leisten:

1. als Sterbegeld der fünfzehnte Teil des nach § 10 Abs. 1 bis 4 zugrunde zu legenden Jahresarbeitsverdienstes, jedoch mindestens ein Betrag von fünfzig Mark;
2. eine den Hinterbliebenen vom Todestage des Verstorbenen ab zu gewährende Rente. Dieselbe besteht nach näherer Bestimmung der §§ 16 bis 20 in einem Bruchteile seines nach § 10 Abs. 1 bis 4 ermittelten Jahresarbeitsverdienstes.

Ist der der Berechnung zugrunde zu legende Jahresarbeits- II. verdienst infolge eines früher erlittenen, nach den reichsgesetzlichen Bestimmungen über Unfallversicherung entschädigten Unfalls geringer als der vor diesem Unfalle bezogene Lohn, so ist die aus Anlaß des früheren Unfalls bei Lebzeiten bezogene Rente dem Jahresarbeitsverdienste bis zur Höhe des der früheren Rentenfeststellung zugrunde gelegten Jahresarbeitsverdienstes hinzuzurechnen.

§ 16.

Hinterläßt der Verstorbene eine Witwe oder Kinder, so be- I. trägt die Rente für die Witwe bis zu deren Tode oder Wiederverheiratung sowie für jedes hinterbliebene Kind bis zu dessen zurückgelegtem fünfzehnten Lebensjahre je zwanzig Prozent des Jahresarbeitsverdienstes.

II. Im Falle der Wiederverheiratung erhält die Witwe sechzig Prozent des Jahresarbeitsverdienstes als Abfindung.

III. Der Anspruch der Witwe ist ausgeschlossen, wenn die Ehe erst nach dem Unfalle geschlossen worden ist; die Berufsgenossenschaft kann jedoch in besonderen Fällen auch dann eine Witwenrente gewähren.

IV. Die Bestimmungen über die Renten der Kinder finden auch Anwendung, wenn der Unfall eine alleinstehende weibliche Person betroffen hat und diese mit Hinterlassung von Kindern verstirbt.

§ 17.

I. War die Verstorbene beim Eintritte des Unfalls verheiratet, aber der Lebensunterhalt ihrer Familie wegen Erwerbsunfähigkeit des Ehemanns ganz oder überwiegend durch sie bestritten worden, so erhalten bis zum Wegfalle der Bedürftigkeit an Rente

a) der Witwer zwanzig Prozent,
b) jedes hinterbliebene Kind bis zu dessen zurückgelegtem fünfzehnten Lebensjahre zwanzig Prozent des Arbeitsverdienstes.

II. Die Berufsgenossenschaft ist berechtigt, im Falle der Tötung einer Ehefrau, deren Ehemann sich ohne gesetzlichen Grund von der häuslichen Gemeinschaft ferngehalten und der Pflicht der Unterhaltung der Kinder entzogen hat, diesen Kindern die Rente zu gewähren.

§ 18.

Hinterläßt der Verstorbene Verwandte der aufsteigenden Linie, so wird ihnen, falls ihr Lebensunterhalt ganz oder überwiegend durch den Verstorbenen bestritten worden war, bis zum Wegfalle der Bedürftigkeit eine Rente von insgesamt zwanzig Prozent des Jahresarbeitsverdienstes gewährt.

§ 19.

Hinterläßt der Verstorbene elternlose Enkel, so wird ihnen, falls ihr Lebensunterhalt ganz oder überwiegend durch den Verstorbenen bestritten worden war, im Falle der Bedürftigkeit bis zum zurückgelegten fünfzehnten Lebensjahr eine Rente von insgesamt zwanzig Prozent des Jahresarbeitsverdienstes gewährt.

§ 20.

Die Renten der Hinterbliebenen dürfen insgesamt sechzig Prozent I.
des Jahresarbeitsverdienstes nicht übersteigen. Ergibt sich ein höherer Betrag, so werden die Renten gekürzt. Bei Ehegatten und Kindern erfolgt die Kürzung im Verhältnisse der Höhe ihrer Renten; Verwandte der aufsteigenden Linie haben einen Anspruch nur insoweit, als der Höchstbetrag der Renten nicht für Ehegatten oder Kinder in Anspruch genommen wird; Enkel nur insoweit, als der Höchstbetrag der Renten nicht für Ehegatten, Kinder oder Verwandte der aufsteigenden Linie in Anspruch genommen wird.

Sind aus der aufsteigenden Linie Verwandte verschiedenen II.
Grades vorhanden, so wird die Rente den Eltern vor den Großeltern gewährt.

§ 21.

Die Hinterbliebenen eines Ausländers, welche zur Zeit des Unfalls nicht im Inland ihren gewöhnlichen Aufenthalt hatten, haben keinen Anspruch auf die Rente. Durch Beschluß des Bundesrats kann diese Bestimmung für bestimmte Grenzgebiete sowie für die Angehörigen solcher auswärtiger Staaten, durch deren Gesetzgebung eine entsprechende Fürsorge für die Hinterbliebenen durch Betriebsunfall getöteter Deutscher gewährleistet ist, außer Kraft gesetzt werden.

§ 22.

An Stelle der in den §§ 9 und 12 vorgeschriebenen Leistungen I.
kann von der Berufsgenossenschaft freie Kur und Verpflegung in einer Heilanstalt gewährt werden, und zwar:

1. für Verletzte, welche verheiratet sind oder eine eigene Haushaltung haben oder Mitglieder der Haushaltung ihrer Familie sind, mit ihrer Zustimmung. Der Zustimmung bedarf es nicht, wenn die Art der Verletzung Anforderungen an die Behandlung oder Verpflegung stellt, denen in der Familie nicht genügt werden kann, oder wenn der für den Aufenthaltsort des Verletzen amtlich bestellte Arzt bezeugt, daß Zustand oder Verhalten des Verletzten eine fortgesetzte Beobachtung erfordert;
2. für sonstige Verletzte in allen Fällen.

Hat die Berufsgenossenschaft von dieser Befugnis in den Fällen II.

des § 12 Abs. 2 Gebrauch gemacht, so hat der Betriebsunternehmer als Ersatz für die freie Kur und Verpflegung der Berufsgenossenschaft das Einundeinhalbfache des im § 12 Abs. 2 bezeichneten Krankengeldes zu vergüten. Auf Streitigkeiten, welche aus Anlaß dieser Bestimmung zwischen der Berufsgenossenschaft und dem Betriebsunternehmer entstehen, findet der § 14 Anwendung

III. Für die Zeit der Verpflegung des Verletzten in der Heilanstalt steht seinen Angehörigen ein Anspruch auf Rente insoweit zu, als sie dieselbe im Falle seines Todes würden beanspruchen können (§§ 16 ff.).

IV. Die Berufsgenossenschaften sind befugt, auf Grund statutarischer Bestimmung allgemein, ohne eine solche im Falle der Bedürftigkeit, dem in einer Heilanstalt untergebrachten Verletzten sowie seinen Angehörigen eine besondere Unterstützung zu gewähren.

§ 23.

I. Ist begründete Annahme vorhanden, daß der Empfänger einer Unfallrente bei Durchführung eines Heilverfahrens eine Erhöhung seiner Erwerbsfähigkeit erlangen werde, so kann die Berufsgenossenschaft zu diesem Zwecke jederzeit ein neues Heilverfahren eintreten lassen. Dabei finden die Bestimmungen der §§ 11, 22 Abs. 1, 3, 4 Anwendung.

II. Hat sich der Verletzte solchen Maßnahmen der Berufsgenossenschaft, den gemäß § 9 Abs. 1 Ziffer 1, §§ 11, 12 Abs. 2, § 22 oder gemäß den Bestimmungen der §§ 76c, 76d des Krankenversicherungsgesetzes getroffenen Anordnungen ohne gesetzlichen oder sonst triftigen Grund entzogen, so kann ihm der Schadensersatz auf Zeit ganz oder teilweise versagt werden, sofern er auf diese Folge hingewiesen worden ist und nachgewiesen wird, daß durch sein Verhalten die Erwerbsfähigkeit ungünstig beeinflußt wird.

§ 25.

I. Die Verpflichtung der eingeschriebenen Hilfskassen sowie der sonstigen Kranken-, Sterbe-, Invaliden- und anderen Unterstützungskassen, den von Unfällen betroffenen Arbeitern und Betriebsbeamten sowie deren Angehörigen und Hinterbliebenen Unterstützungen zu gewähren, sowie die Verpflichtung von Gemeinden oder Armenverbänden zur Unterstützung hilfsbedürftiger Personen wird durch dieses Gesetz nicht berührt.

Wenn auf Grund solcher Verpflichtung Unterstützungen für II.
einen Zeitraum geleistet werden, für welchen den Unterstützten nach Maßgabe dieses Gesetzes ein Entschädigungsanspruch zustand oder noch zusteht, so ist hierfür den die Unterstützung gewährenden Kassen, Gemeinden oder Armenverbänden durch Überweisung von Rentenbeträgen Ersatz zu leisten.

In Fällen dieser Art gilt für die unter das Krankenver- III.
sicherungsgesetz fallenden Kassen als Ersatz der im § 6 Abs. 1 Ziffer 1 des Krankenversicherungsgesetzes bezeichneten Leistungen die Hälfte des gesetzlichen Mindestbetrags des Krankengeldes dieser Kassen, sofern nicht höhere Aufwendungen nachgewiesen werden.

Ist die von Kassen, Gemeinden oder Armenverbänden ge- IV.
leistete Unterstützung eine vorübergehende, so können als Ersatz höchstens drei Monatsbeträge der Rente, und zwar mit nicht mehr als der Hälfte in Anspruch genommen werden.

Ist die Unterstützung eine fortlaufende, so kann als Ersatz, V.
wenn die Unterstützung in der Gewährung des Unterhalts in einer Anstalt besteht, für dessen Dauer und in dem zur Ersatzleistung erforderlichen Betrage die fortlaufende Überweisung der vollen Rente, im übrigen die fortlaufende Überweisung von höchstens der halben Rente beansprucht werden.

§ 26.

Der Antrag auf Überweisung von Rentenbeträgen (§ 25 Abs. 2 I.
bis 5) ist bei der Berufsgenossenschaft anzumelden; soweit es sich um den Ersatz für eine vorübergehende Unterstützung handelt, ist der Anspruch bei Vermeidung des Ausschlusses spätestens binnen drei Monaten seit Beendigung der Unterstützung geltend zu machen.

Streitigkeiten, welche aus den Bestimmungen des § 25 Abs. 2 II.
bis 5 zwischen den Beteiligten über den Anspruch auf Überweisung von Rentenbeträgen entstehen, werden im Verwaltungsstreitverfahren und, wo ein solches nicht besteht, durch die dem Ersatzberechtigten vorgesetzte Aufsichtsbehörde entschieden. Die Entscheidung der letzteren kann innerhalb eines Monats nach der Zustellung im Wege des Rekurses nach Maßgabe der §§ 20, 21 der Gewerbeordnung angefochten werden.

§ 64.

Jeder zur Anzeige gelangte Unfall, durch welchen eine ver- I.

sicherte Person getötet ist oder eine Körperverletzung erlitten hat, die voraussichtlich einen Entschädigungsanspruch auf Grund dieses Gesetzes zur Folge haben wird, ist sobald als möglich, in den im § 76b des Krankenversicherungsgesetzes und im § 13 dieses Gesetzes bezeichneten Fällen spätestens unmittelbar nach Eingang eines entsprechenden Ersuchens der Berufsgenossenschaft oder der beteiligten Krankenkasse, von der Ortspolizeibehörde einer Untersuchung zu unterziehen, durch welche festzustellen sind:

1. die Veranlassung und Art des Unfalls,
2. die getöteten oder verletzten Personen,
3. die Art der vorgekommenen Verletzungen,
4. der Verbleib der verletzten Personen,
5. die Hinterbliebenen der durch den Unfall getöteten und die Angehörigen der durch den Unfall verletzten Personen, welche auf Grund dieses Gesetzes einen Entschädigungsanspruch erheben können,
6. die Höhe der Renten, welche der Verletzte etwa auf Grund der Unfallversicherungsgesetze oder des Invalidenversicherungsgesetzes bezieht.

II. Auf Antrag des Vorstandes der Genossenschaft oder der Sektion oder der beteiligten Krankenkasse hat die Ortspolizeibehörde die Untersuchung auch dann vorzunehmen, wenn sie die Voraussetzung des ersten Absatzes nicht als gegeben ansieht.

§ 65.

I. An den Untersuchungsverhandlungen können teilnehmen: der staatliche Aufsichtsbeamte (§ 139b der Gewerbeordnung), Vertreter der Genossenschaft, ein von dem Vorstande der Krankenkasse, welcher der Getötete oder Verletzte zur Zeit des Unfalls angehört hat, bestellter Bevollmächtigter sowie der Betriebsunternehmer oder ein Vertreter desselben. Zu diesem Zwecke ist dem staatlichen Aufsichtsbeamten, dem Genossenschaftsvorstande, dem Kassenvorstand und dem Betriebsunternehmer von der Einleitung der Untersuchung rechtzeitig Kenntnis zu geben. Ist die Genossenschaft in Sektionen geteilt oder sind von der Genossenschaft Vertrauensmänner bestellt, so ist die Mitteilung von der Einleitung der Untersuchung an den Sektionsvorstand bzw. an den Vertrauensmann zu richten.

II. Außerdem sind, soweit tunlich, die sonstigen Beteiligten und auf Antrag und Kosten der Genossenschaft Sachverständige zuzuziehen.

§ 66.

Von dem über die Untersuchung aufgenommenen Protokolle sowie von den sonstigen Untersuchungsverhandlungen ist den Beteiligten auf ihren Antrag Einsicht und gegen Erstattung der Schreibgebühren Abschrift zu erteilen. Die Erstattung der Schreibgebühren kann erlassen werden.

§ 95.

Ist bei teilweiser Erwerbsunfähigkeit eine Rente von fünfzehn I.
oder weniger Prozent der Vollrente festgestellt, so kann nach Anhörung der unteren Verwaltungsbehörde die Berufsgenossenschaft den Entschädigungsberechtigten auf seinen Antrag durch eine entsprechende Kapitalzahlung abfinden. Der Verletzte muß vor Annahme seines Antrags darüber belehrt werden, daß er nach der Abfindung auch in dem Falle keinerlei Anspruch auf Rente mehr habe, wenn sein Zustand sich erheblich verschlechtern würde. Gegen den Bescheid, durch welchen die Kapitalabfindung festgesetzt wird, ist Berufung (§ 76) zuläſſig. Das Rechtsmittel hat in diesem Falle aufschiebende Wirkung. Bis zur Verkündung der Entscheidung kann der Antrag zurückgezogen werden. Die Entscheidung des Schiedsgerichts ist endgültig. Sie kann nur auf Bestätigung oder auf Aufhebung des Bescheids lauten.

Ist der Entschädigungsberechtigte ein Ausländer, so kann er, II.
falls er seinen Wohnsitz im Deutschen Reiche aufgibt, auf seinen Antrag mit dem dreifachen Betrage der Jahresrente abgefunden werden. Durch Beschluß des Bundesrats kann diese Bestimmung für bestimmte Grenzgebiete oder für die Angehörigen solcher auswärtiger Staaten, durch deren Gesetzgebung deutschen, durch Unfall verletzten Arbeitern eine entsprechende Fürsorge gewährleistet ist, außer Kraft gesetzt werden.

Diese Bestimmungen finden auch Anwendung auf solche III.
Renten, welche vor dem Inkrafttreten dieses Gesetzes festgestellt worden sind. Wird eine solche Abfindung im Laufe der ersten drei Jahre nach Inkrafttreten des Gesetzes ausgesprochen, so sind die Berufsgenossenschaften berechtigt, die erforderlichen Mittel aus dem Reservefonds zu entnehmen. Dieser ist dann nach näherer

Anordnung des Reichs-Versicherungsamts (§ 34 Abs. 2) wieder zu ergänzen.

§ 96.

I. Die Übertragung der aus diesem Gesetze sich ergebenden Ansprüche auf Dritte sowie deren Verpfändung oder Pfändung hat nur insoweit rechtliche Wirkung, als sie erfolgt:

1. zur Deckung eines Vorschusses, welcher dem Berechtigten auf seine Ansprüche vor Anweisung der Rente oder des Sterbegeldes von dem Betriebsunternehmer oder einem Genossenschaftsorgan oder dem Mitglied eines solchen Organs gegeben worden ist;
2. zur Deckung der im § 850 Abs. 4 der Zivilprozeßordnung bezeichneten Forderungen;
3. zur Deckung von Forderungen der nach §§ 25, 27 ersatzberechtigten Gemeinden, Armenverbände und an deren Stelle getretenen Betriebsunternehmer und Kassen, der Krankenkassen sowie der Versicherungsanstalten für Invalidenversicherung.

II. Die Ansprüche dürfen nur auf geschuldete Beiträge, auf gezahlte Vorschüsse, auf zu Unrecht gezahlte Entschädigungen, auf die zu erstattenden Kosten des Verfahrens, auf die vom Vorstande verhängten Geldstrafen sowie auf die im § 136 Abs. 1 bezeichneten Regreßansprüche der Berufsgenossenschaften aufgerechnet werden.

III. Ausnahmsweise darf der Berechtigte den Anspruch ganz oder zum Teil auf andere übertragen, sofern dies von der unteren Verwaltungsbehörde genehmigt wird.

§ 112.

I. Die Genossenschaften sind befugt und können im Aufsichtsweg angehalten werden, Vorschriften zu erlassen:

1. . . . .
2. über das in den Betrieben von den Versicherten zur Verhütung von Unfällen zu beobachtende Verhalten unter Bedrohung der Zuwiderhandelnden mit Geldstrafen bis zu sechs Mark.

. . . .

§ 134.

I. Unternehmer von Betrieben, welche landesgesetzlich bestehenden

Knappschaftsverbänden angehören, können auf Antrag der Vorstände der letzteren vom Bundesrate zu Knappschafts-Berufsgenossenschaften vereinigt werden.

Die Knappschafts-Berufsgenossenschaften können durch Statut bestimmen: II.

a) daß die Entschädigungsbeträge auch über fünfundsiebenzig Prozent hinaus (§ 50) von denjenigen Sektionen zu tragen sind, in deren Bezirken die Unfälle eingetreten sind;
b) daß den Knappschaftsältesten die Funktionen der in den §§ 113 bis 115 bezeichneten Vertreter der Arbeiter übertragen werden;
c) daß Knappschaftsälteste stimmberechtigte Mitglieder des Genossenschaftsvorstandes oder, sofern die Knappschafts-Berufsgenossenschaft in Sektionen geteilt ist, der Sektionsvorstände sind;
d) daß die Auszahlung der Entschädigungen durch die Knappschaftskassen bewirkt wird (§ 97).

§ 136.

Diejenigen Betriebsunternehmer, Bevollmächtigten oder Repräsentanten, Betriebs- oder Arbeiteraufseher, gegen welche durch strafgerichtliches Urteil festgestellt worden ist, daß sie den Unfall vorsätzlich oder durch Fahrlässigkeit mit Außerachtlassung derjenigen Aufmerksamkeit, zu der sie vermöge ihres Amtes, Berufs oder Gewerbes besonders verpflichtet sind, herbeigeführt haben, haften für alle Aufwendungen, welche infolge des Unfalls auf Grund dieses Gesetzes oder des Krankenversicherungsgesetzes von den Gemeinden, Armenverbänden, Krankenkassen und sonstigen Unterstützungskassen (§ 25 Abs. 1) gemacht worden sind. Dieselben Personen haften der Genossenschaft für deren Aufwendungen auch ohne Feststellung durch strafgerichtliches Urteil. Ist der Unfall durch Fahrlässigkeit mit Außerachtlassung derjenigen Aufmerksamkeit, zu der sie vermöge ihres Amtes, Berufs oder Gewerbes verpflichtet sind, herbeigeführt, so ist die Genossenschaftsversammlung befugt, von der Verfolgung des Anspruchs abzusehen. Durch das Statut kann diese Befugnis auf den Vorstand übertragen werden. I.

In gleicher Weise haftet als Betriebsunternehmer eine Aktiengesellschaft, eine Innung oder eingetragene Genossenschaft II.

für die durch ein Mitglied ihres Vorstandes, sowie eine Handelsgesellschaft, eine Innung oder eingetragene Genossenschaft für die durch einen der Liquidatoren herbeigeführten Unfälle.

III. Als Ersatz für die Rente kann in diesen Fällen deren Kapitalwert gefordert werden.

§ 138.

I. Der Anspruch (§ 136 Abs. 1 Satz 1) verjährt in achtzehn Monaten von dem Tage, an welchem das strafgerichtliche Urteil rechtskräftig geworden ist, im übrigen in zwei Jahren nach dem Unfalle. Die Anrufung der Beschlußfassung der Genossenschaftsversammlung (§ 137 Abs. 1) unterbricht die Verjährung.

II. Die Bestimmung des § 135 Abs. 3 findet Anwendung.

§ 139.

Die in den §§ 135, 136 bezeichneten Ansprüche können, auch ohne daß die daselbst vorgesehene Feststellung durch strafgerichtliches Urteil stattgefunden hat, geltend gemacht werden, falls diese Feststellung wegen des Todes oder der Abwesenheit des Betreffenden oder aus einem anderen in seiner Person liegenden Grunde nicht erfolgen kann.

§ 144.

I. Die öffentlichen Behörden sind verpflichtet, den im Vollzuge dieses Gesetzes an sie ergehenden Ersuchen des Reichs-Versicherungsamts, der Landes-Versicherungsämter, der Schiedsgerichte, anderer öffentlicher Behörden sowie der Genossenschafts- und Sektionsvorstände zu entsprechen und den Organen der Berufsgenossenschaften auch unaufgefordert alle Mitteilungen zukommen zu lassen, welche für deren Geschäftsbetrieb von Wichtigkeit sind. Die gleiche Verpflichtung liegt den Organen der Genossenschaften gegeneinander und gegenüber den Behörden sowie den Organen der Versicherungsanstalten für Invalidenversicherung und der Krankenkassen ob. Die Verpflichtung der Behörden erstreckt sich insbesondere auch auf die Vollstreckung rechtskräftiger Bescheide und Erkenntnisse.

II. Die durch die Erfüllung dieser Verpflichtungen entstehenden Kosten sind von den Genossenschaften als eigene Verwaltungskosten (§ 29) insoweit zu erstatten, als sie in Tagegeldern und

Reisekosten sowie in Gebühren für Zeugen und Sachverständige oder in sonstigen baren Auslagen bestehen.

§ 154.

Die im § 112 Abs. 1 Ziffer 2 bezeichneten Geldstrafen fließen in die Krankenkasse, welcher der zu ihrer Zahlung Verpflichtete zur Zeit der Zuwiderhandlung angehört, oder, wenn er keiner Krankenkasse angehört, in die Kasse der Gemeinde-Krankenversicherung des Beschäftigungsorts. Das Gleiche gilt von den Geldstrafen, welche auf Grund der im § 133 bezeichneten Vorschriften verhängt sind. I.

Die übrigen auf Grund dieses Gesetzes verhängten Geldstrafen fließen, soweit sie nicht von den Gerichten erkannt sind, in die Genossenschaftskasse. II.

C. Invalidenversicherungsgesetz

in der Fassung der Bekanntmachung vom 19. Juli 1899 (RGBl. S. 463).

§ 1.

Nach Maßgabe der Bestimmungen dieses Gesetzes werden vom vollendeten sechzehnten Lebensjahr ab versichert:

1. Personen, welche als Arbeiter, Gehilfen, Gesellen, Lehrlinge oder Dienstboten gegen Lohn oder Gehalt beschäftigt werden;
2. Betriebsbeamte, Werkmeister und Techniker, Handlungsgehilfen und -lehrlinge (ausschließlich der in Apotheken beschäftigten Gehilfen und Lehrlinge), sonstige Angestellte, deren dienstliche Beschäftigung ihren Hauptberuf bildet, sowie Lehrer und Erzieher, sämtlich sofern sie Lohn oder Gehalt beziehen, ihr regelmäßiger Jahresarbeitsverdienst aber zweitausend Mark nicht übersteigt;
3. . . . .

§ 3.

I. Als Lohn oder Gehalt gelten auch Tantiemen und Naturalbezüge. Für dieselben wird der Durchschnittswert in Ansatz gebracht; dieser Wert wird von der unteren Verwaltungsbehörde festgesetzt.

II. Eine Beschäftigung, für welche als Entgelt nur freier Unterhalt gewährt wird, gilt im Sinne dieses Gesetzes nicht als eine die Versicherungspflicht begründende Beschäftigung.

§ 5.

I. Beamte des Reichs, der Bundesstaaten und der Kommunalverbände sowie Lehrer und Erzieher an öffentlichen Schulen oder

Anstalten unterliegen der Versicherungspflicht nicht, solange sie lediglich zur Ausbildung für ihren zukünftigen Beruf beschäftigt werden oder sofern ihnen eine Anwartschaft auf Pension im Mindestbetrage der Invalidenrente nach den Sätzen der ersten Lohnklasse gewährleistet ist.

Beamte der Versicherungsanstalten und zugelassenen besonderen Kasseneinrichtungen unterliegen der Versicherungspflicht nicht, sofern ihnen eine Anwartschaft auf Pension in der im Abs. 1 bezeichneten Höhe gewährleistet ist. II.

Der Versicherungspflicht unterliegen ferner nicht Personen, welche Unterricht gegen Entgelt erteilen, sofern dies während ihrer wissenschaftlichen Ausbildung für ihren zukünftigen Lebensberuf geschieht, Personen des Soldatenstandes, welche dienstlich als Arbeiter beschäftigt werden, sowie Personen, welchen auf Grund der reichsgesetzlichen Bestimmungen eine Invalidenrente bewilligt ist. III.

Der Versicherungspflicht unterliegen endlich nicht diejenigen Personen, deren Erwerbsfähigkeit infolge von Alter, Krankheit oder anderen Gebrechen dauernd auf weniger als ein Drittel herabgesetzt ist. Dies ist dann anzunehmen, wenn sie nicht mehr imstande sind, durch eine ihren Kräften und Fähigkeiten entsprechende Tätigkeit, die ihnen unter billiger Berücksichtigung ihrer Ausbildung und ihres bisherigen Berufs zugemutet werden kann, ein Drittel desjenigen zu erwerben, was körperlich und geistig gesunde Personen derselben Art mit ähnlicher Ausbildung in derselben Gegend durch Arbeit zu verdienen pflegen. IV.

§ 8.

Versicherungspflichtige Personen, welche in Betrieben des Reichs, eines Bundesstaats oder eines Kommunalverbandes beschäftigt werden, genügen der gesetzlichen Versicherungspflicht durch Beteiligung an einer für den betreffenden Betrieb bestehenden oder zu errichtenden besonderen Kasseneinrichtung, durch welche ihnen eine den reichsgesetzlich vorgesehenen Leistungen gleichwertige Fürsorge gesichert ist, sofern bei der betreffenden Kasseneinrichtung folgende Voraussetzungen zutreffen: I.

1. Die Beiträge der Versicherten dürfen, soweit sie für die Invalidenversicherung in Höhe des reichsgesetzlichen Anspruchs

entrichtet werden, die Hälfte des für den letzteren nach § 32 zu erhebenden Beitrags nicht übersteigen. Diese Bestimmung findet keine Anwendung, sofern in der betreffenden Kasseneinrichtung die Beiträge nach einem von der Berechnungsweise der §§ 32, 33 abweichenden Verfahren aufgebracht und infolgedessen höhere Beiträge erforderlich werden, um die der Kasseneinrichtung aus Invaliden- und Altersrenten in Höhe des reichsgesetzlichen Anspruchs obliegenden Leistungen zu decken. Sofern hiernach höhere Beiträge zu erheben sind, dürfen die Beiträge der Versicherten diejenigen der Arbeitgeber nicht übersteigen.

2. Bei der Verwaltung der Kassen müssen die Versicherten mindestens nach Maßgabe des Verhältnisses ihrer Beiträge zu den Beiträgen der Arbeitgeber durch in geheimer Wahl gewählte Vertreter beteiligt sein.

3. Bei Berechnung der Wartezeit und der Rente ist den bei solchen Kasseneinrichtungen beteiligten Personen, soweit es sich um das Maß des reichsgesetzlichen Anspruchs handelt, unbeschadet der Bestimmung des § 46 die bei Versicherungsanstalten (§ 65) zurückgelegte Beitragszeit in Anrechnung zu bringen.

4. Über den Anspruch der einzelnen Beteiligten auf Gewährung von Invaliden- und Altersrente muß ein schiedsgerichtliches Verfahren unter Mitwirkung von Vertretern der Versicherten zugelassen sein.

5. Wenn für die Gewährung der reichsgesetzlichen Leistungen besondere Beiträge von den Versicherten erhoben werden oder eine Erhöhung der Beiträge derselben eingetreten ist oder eintritt, so dürfen die reichsgesetzlichen Renten auf die sonstigen Kassenleistungen nur insoweit angerechnet werden, daß der zur Auszahlung gelangende Teil der letzteren für die einzelnen Mitgliederklassen im Durchschnitte mindestens den Reichszuschuß erreicht.

II. Der Bundesrat bestimmt auf Antrag der zuständigen Reichs-, Staats- oder Kommunalbehörde, welche Kasseneinrichtungen (Pensions-, Alters-, Invalidenkassen) den vorstehenden Anforderungen entsprechen. Den vom Bundesrat anerkannten Kasseneinrichtungen dieser Art wird zu den von ihnen zu leistenden Invaliden- und

Altersrenten der Reichszuschuß (§ 35) gewährt, sofern ein Anspruch auf solche Renten auch nach den reichsgesetzlichen Bestimmungen bestehen würde.

§ 9.

Vom 1. Januar 1891 ab wird die Beteiligung bei solchen vom Bundesrate zugelassenen Kasseneinrichtungen der Versicherung in einer Versicherungsanstalt gleich geachtet. I.

Wenn bei einer solchen Kasseneinrichtung die Beiträge nicht in der nach §§ 130ff. vorgeschriebenen Form erhoben werden, hat der Vorstand der Kasseneinrichtung den aus der letzteren ausscheidenden Personen die Dauer ihrer Beteiligung und für diesen Zeitraum die Höhe des bezogenen Lohnes, die Zugehörigkeit zu einer Krankenkasse sowie die Dauer etwaiger Krankheiten (§ 30) zu bescheinigen. Der Bundesrat ist befugt, über Form und Inhalt der Bescheinigung Vorschriften zu erlassen. II.

§ 10.

Durch Beschluß des Bundesrats kann auf Antrag bestimmt werden, daß die Bestimmungen der §§ 8, 9 auf Mitglieder anderer Kasseneinrichtungen, welche die Fürsorge für den Fall der Invalidität und des Alters zum Gegenstande haben, Anwendung finden sollen.

§ 14.

Folgende Personen sind befugt, freiwillig in die Versicherung einzutreten, solange sie das vierzigste Lebensjahr nicht vollendet haben (Selbstversicherung): I.

1. Betriebsbeamte, Werkmeister, Techniker, Handlungsgehilfen und sonstige Angestellte, deren dienstliche Beschäftigung ihren Hauptberuf bildet, ferner Lehrer und Erzieher sowie Schiffsführer, sämtlich sofern ihr regelmäßiger Jahresarbeitsverdienst an Lohn oder Gehalt mehr als zweitausend Mark, aber nicht über dreitausend Mark beträgt;
2. Gewerbetreibende und sonstige Betriebsunternehmer, welche nicht regelmäßig mehr als zwei versicherungspflichtige Lohnarbeiter beschäftigen, sowie Hausgewerbetreibende, sämtlich soweit nicht durch Beschluß des Bundesrats (§ 2 Abs. 1) die Versicherungspflicht auf sie erstreckt worden ist;

3. Personen, welche auf Grund des § 3 Abs. 2 und § 4 Abs. 1 der Versicherungspflicht nicht unterliegen.

Diese Personen sind ferner berechtigt, beim Ausscheiden aus dem die Berechtigung zur Selbstversicherung begründenden Verhältnisse die Selbstversicherung fortzusetzen und nach den Bestimmungen des § 46 zu erneuern.

II. Personen, welche aus einem die Versicherungspflicht begründenden Verhältnis ausscheiden, sind befugt, die Versicherung freiwillig fortzusetzen oder zu erneuern (Weiterversicherung).

III. Die in Betrieben, für welche eine besondere Kasseneinrichtung §§ 8, 10, 11) errichtet ist, beschäftigten Personen der im Abs. 1 Ziffer 1 bis 3 bezeichneten Art sind berechtigt, sich bei der Kasseneinrichtung freiwillig zu versichern (Abs. 1). Die in solchen Betrieben beschäftigten versicherungspflichtigen Personen sind ferner beim Ausscheiden aus dem die Versicherungspflicht begründenden Arbeits- oder Dienstverhältnisse befugt, sich bei der besonderen Kasseneinrichtung weiter zu versichern (Abs. 2), solange sie nicht durch ein neues Arbeits- oder Dienstverhältnis bei einer anderen besonderen Kasseneinrichtung oder bei einer Versicherungsanstalt versicherungspflichtig werden. Solange die Voraussetzungen für die freiwillige Versicherung bei einer besonderen Kasseneinrichtung gegeben sind, findet die freiwillige Versicherung bei einer Versicherungsanstalt nicht statt.

§ 15.

I. Gegenstand der Versicherung ist der Anspruch auf Gewährung einer Rente für den Fall der Erwerbsunfähigkeit oder des Alters.

II. Invalidenrente erhält ohne Rücksicht auf das Lebensalter derjenige Versicherte, welcher im Sinne des § 5 Abs. 4 dauernd erwerbsunfähig ist. Eine durch einen Unfall herbeigeführte Erwerbsunfähigkeit begründet unbeschadet der Vorschriften des § 113 den Anspruch auf Invalidenrente nur insoweit, als die zu gewährende Invalidenrente die gewährte Unfallrente übersteigt.

III. Altersrente erhält ohne Rücksicht auf das Vorhandensein von Erwerbsunfähigkeit derjenige Versicherte, welcher das siebenzigste Lebensjahr vollendet hat.

§ 16.

Invalidenrente erhält auch derjenige nicht dauernd erwerbsunfähige Versicherte, welcher während sechsundzwanzig Wochen ununterbrochen erwerbsunfähig gewesen ist, für die weitere Dauer seiner Erwerbsunfähigkeit.

§ 18.

Ist ein Versicherter dergestalt erkrankt, daß als Folge der Krankheit Erwerbsunfähigkeit zu besorgen ist, welche einen Anspruch auf reichsgesetzliche Invalidenrente begründet, so ist die Versicherungsanstalt befugt, zur Abwendung dieses Nachteils ein Heilverfahren in dem ihr geeignet erscheinenden Umfang eintreten zu lassen. I.

Die Versicherungsanstalt kann das Heilverfahren durch Unterbringung des Erkrankten in einem Krankenhaus oder in einer Anstalt für Genesende gewähren. Ist der Erkrankte verheiratet oder hat er eine eigene Haushaltung oder ist er Mitglied der Haushaltung seiner Familie, so bedarf es hierzu seiner Zustimmung. II.

Läßt die Versicherungsanstalt ein Heilverfahren eintreten, so gehen bei Versicherten, welche der reichs- oder landesgesetzlichen Krankenfürsorge unterliegen, vom Beginne dieses Heilverfahrens an bis zu dessen Beendigung die Verpflichtungen der Krankenkasse gegen den Versicherten auf die Versicherungsanstalt über. Dieser hat die Krankenkasse Ersatz zu leisten in Höhe desjenigen Krankengeldes, welches der Versicherte von der Krankenkasse für sich beanspruchen konnte. III.

Während des Heilverfahrens ist für solche Angehörigen des Versicherten, deren Unterhalt dieser bisher aus seinem Arbeitsverdienste bestritten hat, eine Unterstützung auch dann zu zahlen, wenn der Versicherte der reichs- oder landesgesetzlichen Krankenversorgung nicht unterliegt. Diese Angehörigenunterstützung beträgt, sofern der Versicherte der reichs- oder landesgesetzlichen Krankenfürsorge bis zum Eingreifen der Versicherungsanstalt unterlag, die Hälfte des für ihn während der gesetzlichen Dauer der Krankenunterstützung maßgebend gewesenen Krankengeldes, im übrigen ein Viertel des für den Ort seiner letzten Beschäftigung oder seines letzten Aufenthalts maßgebenden ortsüblichen Tagelohns gewöhnlicher Tagearbeiter. Wenn der Versicherte Invalidenrente erhält, kann dieselbe auf die Angehörigenunterstützung angerechnet werden. VI.

§ 19.

Die Versicherungsanstalt, welche ein Heilverfahren eintreten läßt, ist befugt, die Fürsorge für den Erkrankten der Krankenkasse, welcher er angehört oder zuletzt angehört hat, in demjenigen Umfange zu übertragen, welchen die Versicherungsanstalt für geboten erachtet. Werden dadurch der Kasse Leistungen auferlegt, welche über den Umfang der von ihr gesetzlich oder statutarisch zu leistenden Fürsorge hinausgehen, so hat die Versicherungsanstalt die entstehenden Mehrkosten zu ersetzen. Bestand eine Fürsorgepflicht der Krankenkasse nicht mehr, so ist ihr von der Versicherungsanstalt bei Gewährung der im § 6 Abs. 1 Ziffer 1 des Krankenversicherungsgesetzes bezeichneten Leistungen das halbe, bei Unterbringung des Versicherten in ein Krankenhaus oder in eine Anstalt für Genesende das einundeinhalbfache Krankengeld zu ersetzen, sofern nicht höhere Aufwendungen nachgewiesen werden.

§ 23.

I. Streitigkeiten, welche aus den Bestimmungen in den §§ 18 bis 20, 22 zwischen den Versicherungsanstalten und den Versicherten entstehen, werden, soweit sie nicht bei der Rentenfeststellung zum Austrage gelangen, von der Aufsichtsbehörde der Versicherungsanstalten entschieden.

II. Streitigkeiten, welche aus den Bestimmungen in den §§ 18 bis 20, 22 zwischen den Versicherungsanstalten und den Krankenkassen entstehen, werden, sofern es sich um die Geltendmachung der den Versicherungsanstalten eingeräumten Befugnisse handelt, von der Aufsichtsbehörde der beteiligten Krankenkasse, sofern es sich aber um Ersatzansprüche handelt, im Verwaltungsstreitverfahren oder, wo ein solches nicht besteht, ebenfalls durch die Aufsichtsbehörde der beteiligten Krankenkasse entschieden. Die Entscheidung dieser Aufsichtsbehörde ist im ersteren Falle endgültig; im letzteren Falle kann sie innerhalb eines Monats nach der Zustellung im Wege des Rekurses nach Maßgabe der §§ 20, 21 der Gewerbeordnung angefochten werden.

III. Streitigkeiten über Ersatzansprüche in den Fällen des § 21 Abs. 1 werden durch das Reichs-Versicherungsamt entschieden.

§ 31.

I. Zum Nachweis einer Krankheit (§ 30) genügt die Bescheinigung des Vorstandes derjenigen Krankenkasse (§ 166) bzw. derjenigen eingeschriebenen oder auf Grund landesrechtlicher Vorschriften errichteten Hilfskasse, welcher der Versicherte angehört hat, für diejenige Zeit aber, welche über die Dauer der von den betreffenden Kassen zu gewährenden Krankenunterstützung hinausreicht, sowie für diejenigen Personen, welche einer derartigen Kasse nicht angehört haben, die Bescheinigung der Gemeindebehörde. Die Kassenvorstände sind verpflichtet, diese Bescheinigungen den Versicherten sofort nach Beendigung der Krankenunterstützung oder der Fürsorge während der Genesungszeit von Amts wegen auszustellen und können hierzu von der Aufsichtsbehörde durch Geldstrafe bis zu einhundert Mark angehalten werden.

Für die in Reichs- und Staatsbetrieben beschäftigten Personen können die vorstehend bezeichneten Bescheinigungen durch die vorgesetzte Dienstbehörde ausgestellt werden. Für diese Fälle ist die Krankenkasse durch die Aufsichtsbehörde von der Ausstellungspflicht zu entbinden. II.

Der Nachweis geleisteter Militärdienste erfolgt durch Vorlegung der Militärpapiere. III.

§ 34.

Nach der Höhe des Jahresarbeitsverdienstes werden für die Versicherten folgende Lohnklassen gebildet: I.

Klasse I bis zu 350 Mark einschließlich,
„ II von mehr als 350 bis zu 550 Mark,
„ III von mehr als 550 bis zu 850 Mark,
„ IV von mehr als 850 bis zu 1150 Mark,
„ V von mehr als 1150 Mark.

Für die Zugehörigkeit der Versicherten zu den Lohnklassen ist mit den aus den nachfolgenden Bestimmungen sich ergebenden Abweichungen nicht die Höhe des tatsächlichen Jahresarbeitsverdienstes, sondern ein Durchschnittsbetrag maßgebend.

Im einzelnen gilt als Jahresarbeitsverdienst: II

1. für Mitglieder einer Orts-, Betriebs- (Fabrik-), Bau- oder Innungs-Krankenkasse der dreihundertfache Betrag des für ihre Krankenkassenbeiträge maßgebenden durchschnittlichen Tagelohns bzw. wirklichen Arbeitsverdienstes (§§ 26, 26a Abs. 2 Ziffer 6 des Krankenversicherungsgesetzes);

2. für die in der Land- und Forstwirtschaft beschäftigten Personen, soweit sie nicht einer unter Ziffer 1 bezeichneten Krankenkasse angehören, ein Betrag, der für sie von der höheren Verwaltungsbehörde unter Berücksichtigung des § 3 als durchschnittlicher Jahresarbeitsverdienst festzusetzen ist; bei Betriebsbeamten wird jedoch der für jeden von ihnen nach § 3 des Gesetzes vom 5. Mai 1886 (RGBl. S. 132) maßgebende Jahresarbeitsverdienst zugrunde gelegt;
3. für die auf Grund des Gesetzes vom 13. Juli 1887 (RGBl. S. 329) versicherten Seeleute und anderen bei der Seeschiffahrt beteiligten Personen der Durchschnittsbetrag des Jahresarbeitsverdienstes, welcher gemäß §§ 6 und 7 a. a. O. vom Reichskanzler bzw. von der höheren Verwaltungsbehörde festgesetzt worden ist;
4. für Mitglieder einer Knappschaftskasse der dreihundertfache Betrag des von dem Kassenvorstande festzusetzenden durchschnittlichen täglichen Arbeitsverdienstes derjenigen Klasse von Arbeitern, welcher der Versicherte angehört, jedoch nicht weniger als der dreihundertfache Betrag des ortsüblichen Tagelohns gewöhnlicher Tagearbeiter des Beschäftigungsorts (§ 8 des Krankenversicherungsgesetzes);
5. im übrigen der dreihundertfache Betrag des ortsüblichen Tagelohns gewöhnlicher Tagearbeiter des Beschäftigungsorts (§ 8 des Krankenversicherungsgesetzes), soweit nicht für einzelne Berufszweige von der höheren Verwaltungsbehörde ein anderer Jahresarbeitsverdienst festgesetzt wird.

. . . .

§ 52.

I Fabrikkassen, Knappschaftskassen, Seemannskassen und andere für gewerbliche, landwirtschaftliche oder ähnliche Unternehmungen bestehende Kasseneinrichtungen, welche ihren nach den reichsgesetzlichen Bestimmungen versicherten Mitgliedern für den Fall des Alters oder der Erwerbsunfähigkeit Renten oder Kapitalien gewähren, sind berechtigt, diese Unterstützungen für solche Personen, welche auf Grund der reichsgesetzlichen Bestimmungen einen Anspruch auf Invaliden- oder Altersrenten haben, um den Wert der letzteren oder zu einem geringeren Betrage zu ermäßigen, sofern gleichzeitig die Beiträge der Betriebsunternehmer und Kassenmitglieder oder im Falle der Zustimmung der Betriebsunternehmer wenigstens diejenigen der Kassenmitglieder in entsprechendem Verhältnisse herabgemindert werden. Auf statutenmäßige Kassenleistungen, welche vor dem betreffenden Beschlusse der zuständigen Organe oder vor dem 1. Januar 1891 aus der Kasse bewilligt worden sind, erstreckt sich die Ermäßigung nicht.

Die hierzu erforderliche Abänderung der Statuten bedarf der Genehmigung der zuständigen Landesbehörde. Die letztere ist befugt, eine entsprechende Abänderung der Statuten ihrerseits mit rechtsgültiger Wirkung vorzunehmen, sofern die zu den erwähnten Kasseneinrichtungen beitragenden Betriebsunternehmer oder die Mehrheit der Kassenmitglieder die Abänderung beantragt haben, die letztere aber von den zuständigen Organen der Kasse abgelehnt worden ist. II.

Der Ermäßigung der Beiträge bedarf es nicht, sofern die durch die Herabminderung der Unterstützungen ersparten Beträge zu anderen Wohlfahrtseinrichtungen für Betriebsbeamte, Arbeiter oder deren Hinterbliebene verwendet werden sollen und diese anderweite Verwendung durch das Statut geregelt und von der Aufsichtsbehörde genehmigt wird, oder soweit die Beiträge in der bisherigen Höhe erforderlich sind, um die der Kasse verbleibenden Leistungen zu decken. III.

§ 148.

Durch die Landes-Zentralbehörde oder mit Genehmigung derselben durch das Statut einer Versicherungsanstalt oder mit Genehmigung der höheren Verwaltungsbehörde durch statutarische Bestimmung eines weiteren Kommunalverbandes oder einer Gemeinde kann abweichend von den Vorschriften des § 141 Abs. 1 angeordnet werden, daß die Beiträge für alle versicherungspflichtigen Personen oder für bestimmte Klassen derselben I.

1. durch reichs- oder landesgesetzliche Krankenkassen oder durch Knappschaftskassen,
2. durch Gemeindebehörden oder andere von der Landes-Zentralbehörde bezeichnete Stellen oder durch örtliche von der Versicherungsanstalt einzurichtende Hebestellen

für Rechnung der Versicherungsanstalt eingezogen werden. Auf demselben Wege können in diesen Fällen Bestimmungen über die Verpflichtung zur Anmeldung und Abmeldung der Versicherten getroffen werden.

. . . .

III Die Versicherungsanstalten sind verpflichtet, den mit der Einziehung der Beiträge beauftragten Krankenkassen, Gemeindebehörden und sonstigen von der Landes-Zentralbehörde bezeichneten Stellen eine von der Landes-Zentralbehörde zu bestimmende Vergütung zu gewähren.

. . . .

V. Die Landes-Zentralbehörde kann die Befugnisse regeln, welche der Versicherungsanstalt gegenüber den Einzugsstellen, soweit sie nicht von der Versicherungsanstalt selbst eingerichtet sind, zur Sicherung einer ordnungsmäßigen Erfüllung ihrer Aufgabe zustehen.

VI. Für die freiwillige Versicherung (§ 14) kann die Einziehung der Beiträge nicht vorgeschrieben werden.

§ 149.

I. Die Landes-Zentralbehörden oder die von ihnen als zuständig bezeichneten Stellen können nähere Bestimmungen über das Verfahren der Einzugsstellen (§ 148) bei Einziehung, Verwendung und Verrechnung der Beiträge erlassen.

II. Soweit diese Bestimmungen nichts anderes anordnen, werden die Beiträge durch die Einzugsstellen zugleich mit den Beiträgen zur Krankenversicherung an deren Fälligkeitsterminen, bei solchen Versicherten aber, für welche Krankenversicherungsbeiträge nicht einzuziehen sind, zu den von der Einzugsstelle bestimmten Zeitpunkten von den Arbeitgebern eingezogen und die den eingezogenen Beiträgen entsprechenden Marken in die Quittungskarten der Versicherten eingeklebt. Dabei findet die Bestimmung des § 131 Abs. 2 entsprechende Anwendung.

§ 151.

I. Wird die Einziehung der Beiträge angeordnet, so kann auf demselben Wege weiter bestimmt werden, daß

1. die Ausstellung und der Umtausch der Quittungskarten (§§ 134, 136) durch die nach § 148 Abs. 1 mit der Einziehung der Beiträge beauftragten Stellen stattzufinden hat;

2. für diejenigen Versicherten, deren Beschäftigung durch die Natur ihres Gegenstandes oder im voraus durch den Arbeitsvertrag auf einen Zeitraum von weniger als einer Woche beschränkt ist, die auf die Versicherten entfallende Hälfte der Beiträge unmittelbar von den Versicherten, die auf die Arbeitgeber entfallende Hälfte aber von dem weiteren Kommunalverband oder der Gemeinde entrichtet und durch sie von den Arbeitgebern wieder eingezogen wird.

II. Für diese Fälle hat die Versicherungsanstalt den mit der Einziehung der Beiträge beauftragten Krankenkassen, Gemeindebehörden und sonstigen von der Landes-Zentralbehörde bezeichneten Stellen besondere Vergütungen zu gewähren, deren Höhe von der Landes-Zentralbehörde zu bestimmen ist.

§ 152.

Die im § 148 Abs. 1, § 151 Abs. 1 Ziffer 1 vorgesehenen Maßregeln können für die Mitglieder einer Krankenkasse (§ 166) auch durch das Kassenstatut und für diejenigen Versicherten, welche einer für Reichs- oder Staatsbetriebe errichteten Krankenkasse angehören, auch durch die den Verwaltungen dieser Betriebe vorgesetzte Dienstbehörde getroffen werden.

§ 153.

Der Versicherte ist berechtigt, die Quittungskarte bei der die Beiträge einziehenden Stelle, solange er in dem Bezirke dieser Stelle versichert ist, zu hinterlegen. Die Landes-Zentralbehörde kann im Einvernehmen mit der Versicherungsanstalt die Verpflichtung zur Hinterlegung vorschreiben. In diesem Falle findet die Bestimmung des § 131 Abs. 2 Satz 2 Anwendung.

§ 166.

Als Krankenkassen im Sinne dieses Gesetzes gelten vorbehaltlich der Bestimmung in den §§ 20, 62 Abs. 1, § 82 Abs. 2 die Orts-, Betriebs- (Fabrik-), Bau- und Innungs-Krankenkassen, die Knappschaftskassen sowie die Gemeinede-Krankenversicherung und landesrechtliche Einrichtungen ähnlicher Art.

§ 173.

I. Die Bestimmungen der §§ 18 bis 23, 33, 47 bis 52, 54, 55, 99, 100 bis 102, 113, 115 bis 119, 123 bis 127, 128 Abs. 3, 6, §§ 156, 165 Abs. 1, §§ 171, 172 finden auch auf die nach §§ 8, 10, 11 zugelassenen Kasseneinrichtungen entsprechende Anwendung.

. . . .

Sachregister.

(Die Zahlen beziehen sich auf die Seiten.)

A.

F.

G.

S.

W.

Druck von A. W. Hayn's Erben, Berlin und Potsdam.

Kolibri 360 GmbH
Ferdinand-Jühlke-Straße 7
99095 Erfurt, Deutschland
produktsicherheit@kolibri360.de